대학생을 위한 연세한국어

YONSEI KOREAN

for college students

101

KOREAN LANGUAGE INSTITUTE

YONSEI UNIVERSITY PRESS

머리말

연세대학교 한국어학당은 1959년 설립된 한국 최초의 대학 부설 한국어 교육 기관으로서 역사와 명성에 걸맞게 다양한 한국어 교재 편찬 및 관련 연구를 해 옴으로써 한국어 교육을 선도해 왔습니다. 1960년 『한국어교본 I』 출간 이후 『한국어』, 『한국어 독본』, 『한국어 읽기』, 『한달완성 한국어』, 『100시간 한국어』, 『연세 시사한국어』, 『3주 완성 연세한국어』, 『연세한국어』, 『활용연습』, 『연세 토픽』, 『대학한국어 어휘 · 문법』, 『대학생활을 위한 한국어』, 『대학 강의 수강을 위한 한국어』, 『새 연세한국어』 시리즈 등 260여 권에 달하는 양질의 한국어 주요 교재를 출간해 왔습니다.

연세대학교 한국어학당은 교육 현장의 변화와 한국어 학습자의 다양한 수요에 부응하고자 과정별 맞춤형 교재를 개발하는 데 노력을 기울여 왔으며 이 교재 또한 특수 목적 학습자를 대상으로 하는 맞춤형 교재로 개발되었습니다. 미주 지역 학습자의 요구를 이해하고 최적의 한국어 교수법을 적용하기 위하여 북미권 대학에서 가르친 경험이 있는 한국어 교육 전문가와 본 기관 안팎의 한국어 교육 전문가 십여 명이 본 교재 개발에 참여하였습니다.

이 교재 시리즈는 연세대학교 한국어학당의 표준 한국어 등급뿐만 아니라 유럽공통참조기준 CEFR과 ACTFL 등급 체계를 참고하여 개발되었으므로 해외 대학과 한국어 교육기관의 다양한 교육과정에 적절하게 사용될 수 있습니다. 이 교재 시리즈는 초급과 중급의 단기 과정용 교재로서 총 6단계로 되어 있으며, 각 권은 100시간 미만으로 과정에 따라 유연하게 적용 가능하도록 구성되었습니다. 한국의 실생활에서 자주 사용되는 문형 표현과 주제 어휘가 다양한 문제 해결 상황과 함께 체계적으로 제시되어 있으며, 단원별로 주제와 관련된 한국 문화 및 지역 사회와 함께 할 수 있는 과제 활동이 제안되어 있어서 한국어 실력은 물론 한국 문화에 대한 이해와 참여의 기회를 동시에 높일 수 있습니다. 한국어 학습자를 위하여 자습용 연습 문제와 단원별 새 어휘, 문법, 대화, 읽기, 듣기, 문화 텍스트에 대한 영문 번역을 실어서 학습자의 자기주도적 학습이 가능하도록 기획했습니다. 특히 어휘와 문법뿐만 아니라 말하기, 듣기, 읽기, 쓰기 네 영역을 정확하고 유창하게 학습할 수 있도록 하는 과제를 고르게 배치하여서 단기간에 이해 능력과 표현 기능을 향상시킬 수 있도록 구성하였습니다.

이 교재 시리즈가 연세대학교 한국어학당에서 학습하는 학습자뿐만 아니라 국내와 국외에서 단기간에 한국어와 한국 문화를 배우고자 하는 모든 학습자에게 크게 도움이 되기를 바랍니다. 연세대학교 한국어학당은 앞으로도 전 세계 한국어 학습자의 요구와 기대에 부응하는 교재 개발을 위해 최선을 다할 것입니다.

연세대학교 언어연구교육원
한국어학당 교재편찬위원회

Preface

Established in 1959 as Korea's first university-affiliated Korean language institution, the Yonsei University Korean Language Institute has been leading Korean language education by compiling various Korean language textbooks and conducting related research, befitting its history and reputation. Since the publication of "An Intensive Course in Korean I" in 1960, the institute has published over 260 major high-quality Korean language textbooks, including "Korean," "Readings in Korean," "Korean Reading," "Mastering Korean within a Month," "Korean in 100 Hours," "Yonsei Current Issues and Affairs," "Yonsei Korean in 3 Weeks," "Yonsei Korean," "Yonsei Korean Workbook," "Yonsei TOPIK," "Academic Korean Vocabulary & Grammar," "Korean for University Life," "Academic Korean," and the "New Yonsei Korean" series.

The Yonsei Korean Language Institute has made efforts to develop customized textbooks for each course to meet changes in the educational field and the diverse needs of Korean language learners. This textbook has also been developed as customized teaching material for special-purpose learners. In order to understand the needs of learners in the Americas and apply the optimal Korean language teaching method, more than a dozen Korean language education experts, including those with experience teaching at North American universities and those inside and outside the institute, participated in the development of this textbook.

This textbook series has been developed in reference to the Yonsei University Korean Language Institute's standard Korean language proficiency levels, as well as the Common European Reference Framework for Languages (CEFR) and ACTFL Proficiency Guidelines, to be suitable for various curricula of overseas universities and Korean language institutions. This textbook series is for beginner and intermediate short-term courses, comprised of a total of 6 levels, with each book designed to be applied flexibly in courses of less than 100 hours. Commonly used sentence expressions in everyday life and practical problem-solving scenarios with various topic vocabulary are presented systematically. Each unit is designed to incorporate Korean culture related to the topic and proposes collaborative community engagement activities to enable learners to improve their Korean language proficiency and, at the same time, have more opportunities to understand and participate in Korean culture. For Korean language learners, self-study exercises and English translations of new vocabulary, grammar, dialogues, readings, listening materials, and cultural texts for each unit are included to encourage autonomous learning. Tasks to strengthen not only vocabulary and grammar but also the four areas of speaking, listening, reading, and writing, are strategically placed to allow students to learn accurately and fluently, to ensure the enhancement of comprehension and expression within a short period.

We hope that this textbook series will greatly benefit not only learners studying at the Yonsei University Korean Language Institute, but also all learners, both in Korea and abroad, who wish to learn Korean language and culture in a short period of time. The Yonsei University Korean Language Institute will continue to do its best to develop textbooks that meet the demands and expectations of Korean language learners worldwide.

Yonsei University Language Research and Education Center
Korean Language Institute Textbook Compilation Committee

일러두기

<한국어 101, 102>는 CEFR A1, A2, ACTFL Novice 수준으로 표준화된 언어 숙달도 등급 체계를 따르고 있습니다. 각각 총 10개 과(20개 항)에 실생활에서 자주 사용되는 문형 표현과 주제 어휘가 다양한 문제 해결 상황과 함께 체계적으로 제시되었습니다. 단원별로 주제와 관련된 한국 문화 및 실제적 표현 과제 활동도 있어서 한국어 실력은 물론 한국 문화에 대한 이해와 한국어 담화 공동체 참여의 기회를 동시에 높일 수 있습니다. 국내외 한국어 학습자들이 책으로 재미있게 공부할 수 있도록 교재 뒤에 자습용 연습 문제를 따로 실었고 단원별 새 어휘, 문법, 대화, 읽기, 듣기, 문화 텍스트에 대한 영문 번역도 실었습니다. 이 책의 구성은 다음과 같습니다.

교재 구성

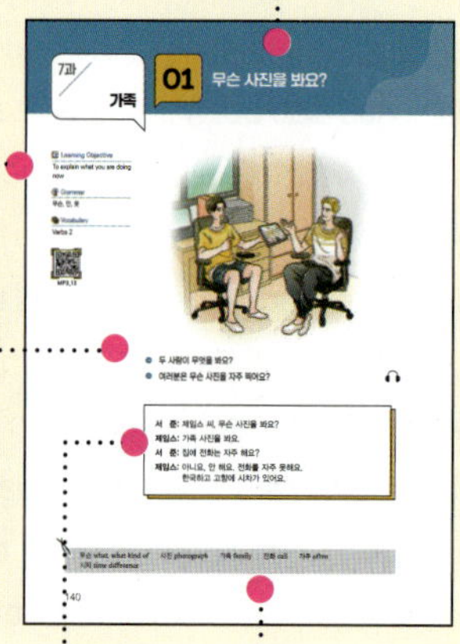

(1) 단원 제목

공부할 주제와 목표 문법이 담겨 있으므로 수업 내용을 미리 추측해 볼 수 있다.

(2) 학습 목표

수업 목표가 영어로 제시되어서 수업 중 무엇에 집중해야 하는지 학생이 알 수 있다.

(3) 도입 질문

그림의 상황에 대한 이해와 관련 의견을 묻는 질문에 대답하며 배경지식을 환기할 수 있다.

(4) 대화

대화를 듣고 따라 하면서 특정 주제 및 상황에 필요한 어휘와 표현을 익힐 수 있다.

(5) 대화 어휘

대화에 사용된 새 어휘의 뜻을 교재 하단에서 바로 확인하면서 대화 내용을 유추할 수 있다.

(6) 주제 어휘

학습 목표를 수행할 때 필요한 어휘들을 관련 이미지나 정리된 목록으로 확인할 수 있다.

(7) 어휘 연습

어휘 연습 문제를 풀면서 주제와 관련된 어휘장을 확장하고 문맥에 맞는 형태로 고쳐 쓰는 연습을 할 수 있다.

(8) 문법 연습

그림이나 문장 등의 힌트를 보고 목표 문법을 사용하여 문장을 완성한다. 교재 뒤에 실린 <연습 문제> 부분에서 문장이나 대화 완성하기 활동을 하면서 추가로 더 연습할 수 있다. 문법 옆에 적힌 부록의 페이지를 찾아가면 각 문법에 대한 설명을 읽을 수 있다.

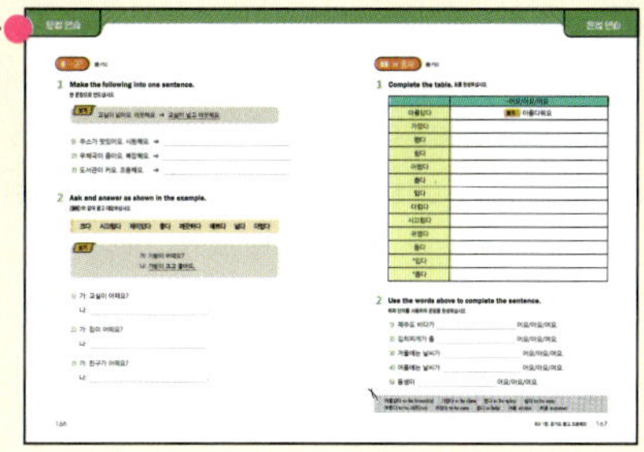

(9) 읽어 봅시다

주제와 관련된 긴 글을 읽고 네 개 질문에 대답한다. 내용 이해도를 묻는 질문 유형은 단답형, 서술형, 4지선다형, OX 문제 등으로 다양하다. 마지막 문제는 읽은 내용과 관련된 주제를 학습자 본인에게 적용시켜 이야기해 보도록 의도되었다.

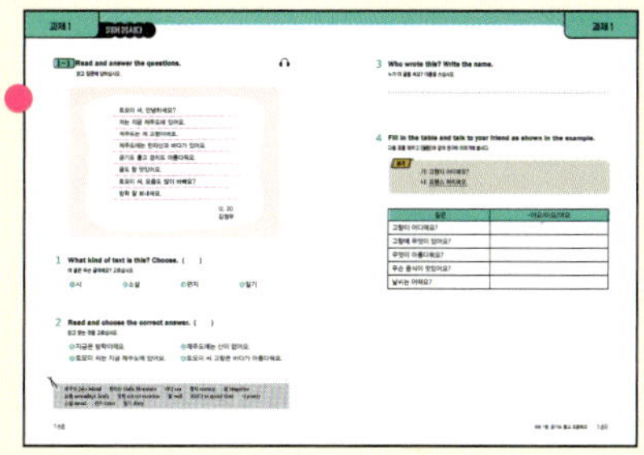

(10) 들어 봅시다

주제와 관련된 문장, 대화나 이야기를 듣고 질문에 대답한다. 들은 내용의 이해도를 묻는 질문은 독해 능력을 묻는 <읽어 봅시다>의 질문 유형과 마찬가지로 다양하고 마지막 문제는 들은 내용과 관련된 주제로 학습자 본인의 이야기를 하도록 의도되었다.

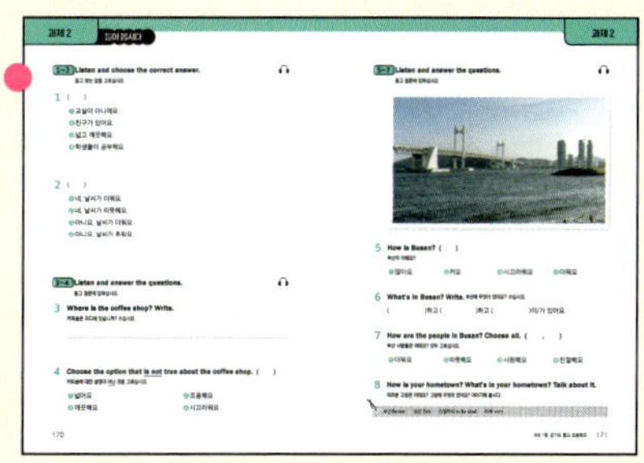

(11) 해 봅시다

교실에서 배운 주제 어휘와 문형 표현을 가지고 교실 안팎의 실제 의사소통 생활에 적용할 수 있는 실천적 과제를 제시하였다.

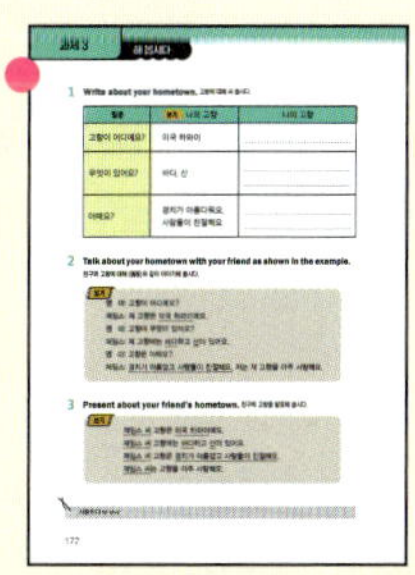

(12) 문화

10개 단원별로 주제와 관련된 한국 문화를 소개하여 학습자의 흥미를 돋우고 학습 의욕을 고취하였다.

(13) 연습 문제

각 단원의 새 어휘와 문법을 사용해 문장과 대화를 완성하는 연습 활동을 제시하여 학습자가 수업에서 배운 것을 복습할 수 있도록 하였다. 1-5과, 6-10과의 복습문제도 따로 실어서 학생 혼자서 각 단원에서 공부한 주제에 대해 말하기, 쓰기, 듣기, 읽기 영역의 중간시험과 기말시험 준비를 할 수 있다.

(14) 별책

모범답안 (어휘와 문법 연습), 어휘·문법 색인, 문법 설명, 본문 대화, 읽기 및 듣기 지문, 문화 텍스트에 대한 번역을 실었다. 특히 문법 설명 영역에는 단원마다 두 개 문법에 대한 영문 설명과 문장 및 대화문으로 제시된 예문을 제시함으로써 학습자의 자기주도학습에 도움을 주고자 하였다.

Introduction

<Korean 101, 102> are at CEFR A1, A2, ACTFL Novice levels, so they can be directly connected to the semester-based curriculum of universities systematically. There are a total of 10 chapters (20 sub-sections) for each unit, which systematically present frequently used grammatical expressions and real-life problem solving situations that involve various subject-related vocabulary. In addition, each unit includes tasks related to Korean culture and the use of practical expressions. This will not only enhance Korean language skills and understanding of Korean culture, but also provide greater opportunities to participate in Korean language discourse communities. To ensure enjoyable learning for overseas Korean learners and international students, the book includes separate self-study exercises at the end, as well as English translations for unit-specific conversations, new vocabulary, grammar, reading, listening, and cultural texts. The structure of this book is as follows:

Textbook Composition

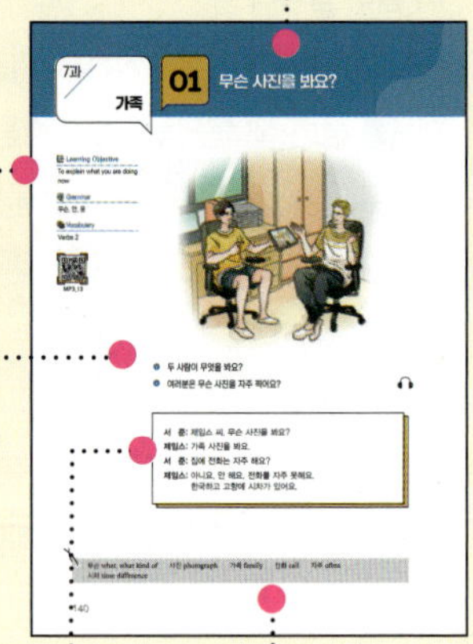

(1) Unit Title

The title contains the topics of study and grammatical expressions, allowing students to anticipate the contents of the class in advance.

(2) Learning Objectives

The objectives of the class are presented in English, enabling students to know what to focus on during class.

(3) Introduction Questions

By answering questions and expressing opinions about the situations depicted in the pictures, students can refresh and strengthen the required background knowledge.

(4) Dialogue

By listening to following, and practicing conversations, students can become familiar with the vocabulary and expressions necessary for specific conversations and situations.

(5) Dialogue Vocabulary

Students can infer the contents of the conversation by referring to the definitions of newly presented vocabulary directly at the bottom of the textbook.

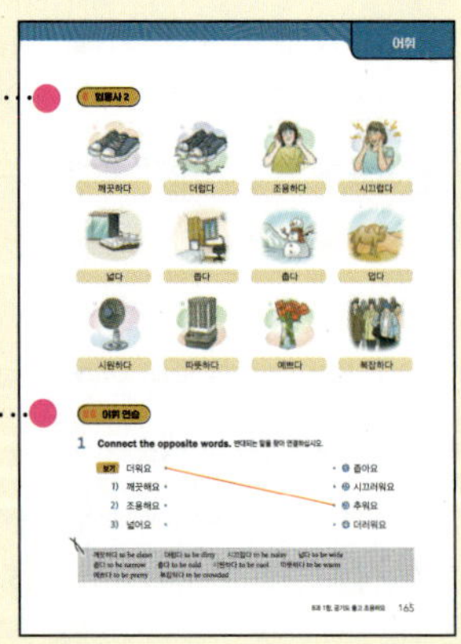

(6) Subject Vocabulary

Students can check the vocabulary necessary to achieve the learning objectives through related images and organized lists.

(7) Vocabulary Practice

By solving vocabulary practice questions, students can expand their vocabulary related to the subject, and practice using them in various contexts.

(8) Grammar Practice

Using hints from pictures or sentences, students will complete sentences using target grammatical expressions. Students have the option to practice more by completing sentences or conversations included in the <Practice Exercises> section at the end of the textbook. In the supplementary book, students can find detailled explanations on each grammar point introduced. The specific page is listed right next to the header for each point.

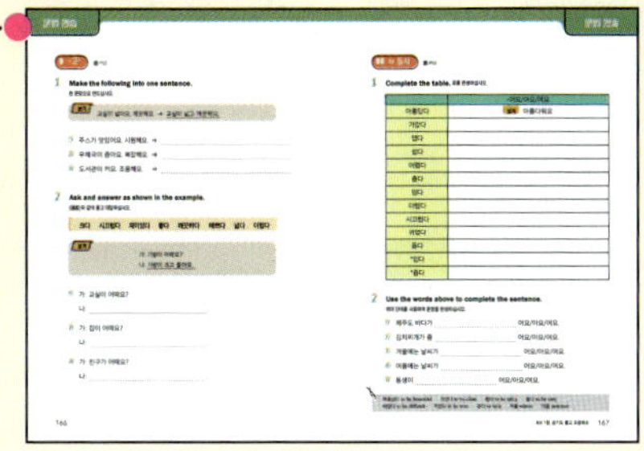

(9) Let's Read

Students read long texts related to the subject, and answer four questions. The type of questions, which test the students' reading comprehension, vary. These include short-answer, descriptive, multiple choice (with four possible answers), and true/false questions. The final question is intends to encourage students to apply the subject of the reading to their own experiences and share their thoughts.

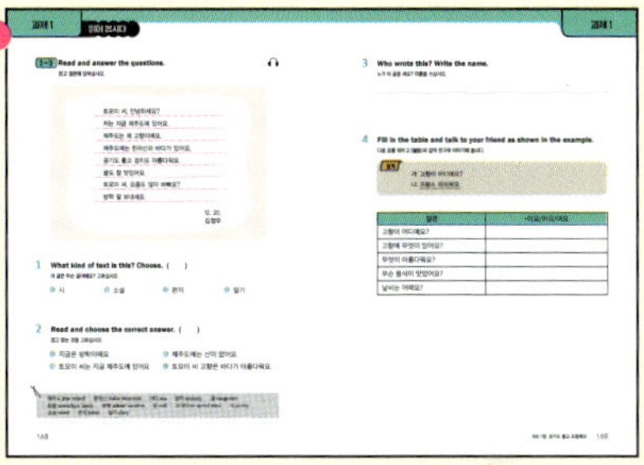

(10) Let's Listen

Students listen to sentences, conversations or stories related to the topic and answer questions. The types of questions used to assess comprehension also vary, similar to the reading comprehension questions, and the final question intends to let students share their own stories related to the content and subject of what they heard.

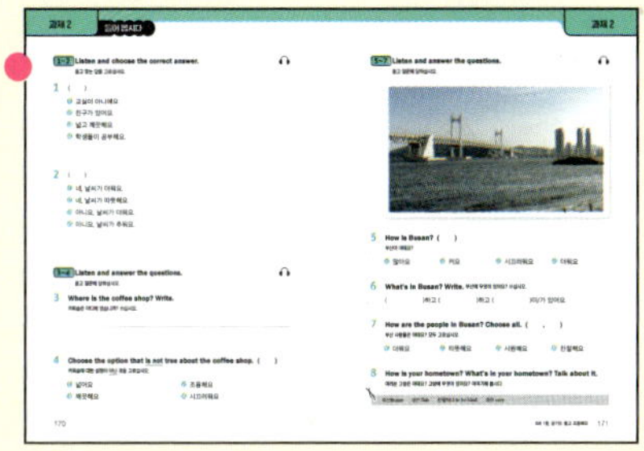

(11) Let's Try

Practical tasks, applying the subject vocabulary and grammatical expressions learned from each unit to real-life communication inside and outside the classroom, are provided.

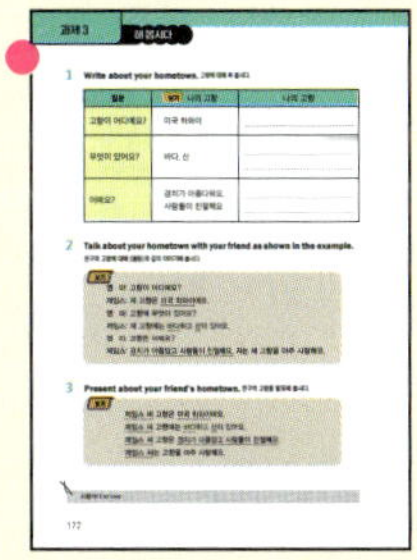

(12) Culture

For each of the 10 units, related topics on Korean culture are introduced to stimulate the students' interests and inspire their motivation for learning.

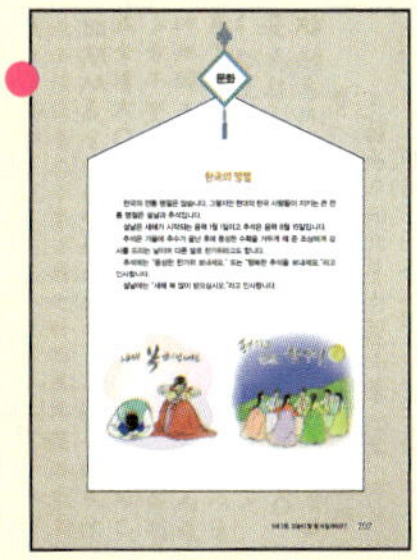

(13) Practice Exercises

Practice activities are provided to allow students to review what they have learned in class by completing sentences and conversations using new vocabulary and grammar from each unit. In preparation for their mid-term and final examinations, students can practice speaking, writing, listening, and reading on their own, as theme-matching review questions for units 1-5 and 6-10 are included.

(14) Supplementary Book

Answer keys(grammar practice), vocabulary and grammar index, grammar explanation, and translations for text dialogue, reading and listening passages, and culture are also included. Especially notable are the grammar explanation sections, which provide full explanations on the grammar points of each section together with example sentences and dialogues. These are intended to help students who are learning on their own.

단원구성표

과	항	제목	학습 목표	어휘	문법1	문법2	문화
1과 한글 I	1항	모음 1, 자음 1	한글의 모음(ㅏ, ㅓ, ㅗ, ㅜ, ㅡ, ㅣ, ㅐ, ㅔ, ㅚ, ㅟ)을 읽고 쓸 수 있다. 한글의 자음(ㄱ, ㄴ, ㄷ, ㄹ)을 읽고 쓸 수 있다.				아름다운 한글 간판
	2항	자음 2, 자음 3	한글의 자음(ㅁ, ㅂ, ㅅ, ㅇ, ㅈ)을 읽고 쓸 수 있다. 한글의 자음(ㅊ, ㅋ, ㅌ, ㅍ, ㅎ)을 읽고 쓸 수 있다.				
2과 한글 II	1항	자음 4, 모음 2	한글의 자음(ㄲ, ㄸ, ㅃ, ㅆ, ㅉ)을 읽고 쓸 수 있다. 한글의 모음(ㅑ, ㅕ, ㅛ, ㅠ, ㅒ, ㅖ, ㅘ, ㅙ, ㅝ, ㅞ, ㅢ)을 읽고 쓸 수 있다.				재미있는 한국어의 소리
	2항	받침 1, 받침 2	한글의 받침을 읽고 쓸 수 있다.				
3과 인사	1항	저는 엠마예요	자신의 이름을 말할 수 있다.	성과 이름 관련 어휘	이에요	은/는[1]	이름
	2항	어느 나라 사람이에요?	국적을 묻고 대답할 수 있다.	나라 이름 관련 어휘	이에요?	이/가	
4과 소개	1항	회사원이 아니에요	자신의 직업을 소개할 수 있다.	직업 관련 어휘	이/가 아니에요	하고(과/와)	인사말
	2항	같이 한국어를 공부해요	친구를 소개하고 인사할 수 있다.	동사 1	-어요	을/를	
5과 물건	1항	누구의 교과서예요?	물건의 이름을 말할 수 있다.	물건 관련 어휘 이, 그, 저	은/는[2]	의	숫자 세기
	2항	교실에 지도도 있어요	교실 물건을 말할 수 있다.	교실 물건 관련 어휘 형용사 1	에 있어요 (없어요)	도	

<table>
<tr><th>과</th><th>항</th><th>제목</th><th>학습 목표</th><th>어휘</th><th>문법1</th><th>문법2</th><th>문화</th></tr>
<tr><td rowspan="2">6과
학교와
집</td><td>1항</td><td>은행에 같이 가요</td><td>학교 관련 장소와 위치를 설명할 수 있다.</td><td>장소 관련 어휘 1
위치 관련 어휘</td><td>에 가요</td><td>은/는[3]</td><td rowspan="2">한국의
학교</td></tr>
<tr><td>2항</td><td>집에 버스나 지하철로 가요</td><td>집 근처 장소와 위치를 설명할 수 있다.</td><td>장소 관련 어휘 2</td><td>으로[1]</td><td>이나[1]</td></tr>
<tr><td rowspan="2">7과
가족</td><td>1항</td><td>무슨 사진을 봐요?</td><td>지금 하고 있는 일을 설명할 수 있다.</td><td>동사 2</td><td>무슨</td><td>안, 못</td><td rowspan="2">나이</td></tr>
<tr><td>2항</td><td>부모님은 고향에 계세요?</td><td>가족을 소개할 수 있다.</td><td>가족 관련 어휘
존대어
수 1</td><td>-으세요[1]</td><td>ㄷ 동사</td></tr>
<tr><td rowspan="2">8과
고향과
친구</td><td>1항</td><td>공기도 좋고 조용해요</td><td>고향을 소개할 수 있다.</td><td>형용사 2</td><td>-고[1]</td><td>ㅂ 동사</td><td rowspan="2">친구</td></tr>
<tr><td>2항</td><td>대학교에서 경제학을 전공해요</td><td>친구를 소개할 수 있다.</td><td>전공 관련 어휘</td><td>에서</td><td>ㅅ 동사</td></tr>
<tr><td rowspan="2">9과
날짜와
시간</td><td>1항</td><td>두 시부터 여섯 시까지 일해요</td><td>시간을 말할 수 있다.</td><td>수 2
시간 관련 어휘 1</td><td>-으러</td><td>부터 까지</td><td rowspan="2">한국의
명절</td></tr>
<tr><td>2항</td><td>오늘이 몇 월 며칠이에요?</td><td>날짜와 요일을 말할 수 있다.</td><td>날짜와 요일 관련 어휘</td><td>-을 거예요</td><td>-으세요[2]</td></tr>
<tr><td rowspan="2">10과
하루
생활</td><td>1항</td><td>일곱 시 반에 일어나요</td><td>하루 일과를 설명할 수 있다.</td><td>동사 3</td><td>에</td><td>-고[2]</td><td rowspan="2">존댓말과
반말</td></tr>
<tr><td>2항</td><td>어제 무엇을 했어요?</td><td>지난 일을 설명할 수 있다.</td><td>시간 관련 어휘 2</td><td>-으면</td><td>-었-</td></tr>
</table>

Contents Map

Unit	Section	Title	Learning Objective	Vocabulary	Grammar 1	Grammar 2	Culture
Unit 1 Hangul I	Section 1	Vowels 1, Consonants 1	To read and write Korean vowels (ㅏ, ㅓ, ㅗ, ㅜ, ㅡ, ㅣ, ㅐ, ㅔ, ㅚ, ㅟ) and consonants (ㄱ, ㄴ, ㄷ, ㄹ)				Beautiful Hangul Signs
	Section 2	Consonants 2, Consonants 3	To read and write Korean consonants (ㅁ, ㅂ, ㅅ, ㅇ, ㅈ, ㅊ, ㅋ, ㅌ, ㅍ, ㅎ)				
Unit 2 Hangul II	Section 1	Consonants 4, Vowels 2	To read and write Korean consonants (ㄲ, ㄸ, ㅃ, ㅆ, ㅉ) and vowels (ㅑ, ㅕ, ㅛ, ㅠ, ㅒ, ㅖ, ㅘ, ㅙ, ㅝ, ㅞ, ㅢ)				Interesting Sounds in Korean
	Section 2	Final Consonants 1, Final Consonants 2	To read and write Korean final consonants				
Unit 3 Greetings	Section 1	My name is Emma	To say your name	Names and surnames	이에요	은/는[1]	Names
	Section 2	Which country is he from?	To ask and answer questions about your nationality	Country names	이에요?	이/가	
Unit 4 Introduction	Section 1	I am not an office worker	To introduce your job	Jobs	이/가 아니에요	하고(과/와)	Greetings
	Section 2	We study Korean together	To introduce your friends and greet people	Verbs 1	-어요	을/를	
Unit 5 Objects	Section 1	Whose textbook is that?	To talk about objects	Objects 이, 그, 저	은/는[2]	의	Counting Numbers
	Section 2	There is also a map in the classroom	To talk about classroom objects	Classroom objects Adjectives 1	에 있어요 (없어요)	도	

Unit	Section	Title	Learning Objective	Vocabulary	Grammar 1	Grammar 2	Culture
Unit 6 School and Home	Section 1	Let's go to the bank together	To describe school-related places and locations	Places 1 Locations	에 가요	은/는[3]	Korean School System
	Section 2	I go home by bus or subway	To describe places and locations near home	Places 2	으로[1]	이나[1]	
Unit 7 Family	Section 1	What photo are you looking at?	To explain what you are doing now	Verbs 2	무슨	안, 못	Age
	Section 2	Are your parents in your hometown?	To introduce your family	Family Honorifics Numbers 1	-으세요[1]	ㄷ verb	
Unit 8 Hometown and Friends	Section 1	The air is nice and it's quiet	To introduce your hometown	Adjectives 2	-고[1]	ㅂ verb	Friends
	Section 2	He majors in economics at University	To introduce your friend	Majors	에서	ㅅ verb	
Unit 9 Date and Time	Section 1	I work from 2 to 6	To tell the time	Numbers 2 Time 1	-으러	부터 까지	Korean Holidays
	Section 2	What is the date today?	To say the date and day of the week	Date and day of the Week	-을 거예요	-으세요[2]	
Unit 10 Daily Life	Section 1	I get up at 7:30	To explain your daily routine	Verbs 3	에	-고[2]	Formal and Casual Speech
	Section 2	What did you do yesterday?	To talk about past events	Time 2	-으면	-었-	

한글

1. 개요

한글은 소리가 나는 대로 적고 발음할 수 있는 표음 문자이다. 그리고 만든 사람과 반포일, 창제 원리까지도 알 수 있는 문자이다. 한글은 조선 왕조의 세종대왕과 집현전 학자들이 15세기에 만들었다. 세종대왕은 백성들이 한국말과는 다른 한자를 문자로 사용하여 불편함을 겪는 것을 안타깝게 생각하여 한글을 창제하고 이것을 반포하여 백성들이 쉽게 사용하도록 하였다.

1446년 반포될 당시에는 창제된 문자의 이름이 '백성을 가르치는 바른 소리'라는 의미의 '훈민정음(訓民正音)'이었다. '한글'이라는 이름은 1910년대 초 한글학자들이 부르기 시작한 것으로 '한'이란 '크다'를 의미하므로 '한글'은 '큰 글'이라는 뜻이다. 한글의 자음과 모음을 만든 원리와 용법을 자세히 밝힌 해설서인 국보 70호 '훈민정음 해례본(訓民正音解例本, 1446)'은 1997년 유네스코(UNESCO) 세계 기록문화 유산으로 지정되었다.

한글은 모두 모음 10자, 자음 14자, 합계 24자의 자모로 이루어졌다. 한글의 자음은 소리를 낼 때 입의 모양을 본 떠 만들었다. 한글의 모음은 하늘, 땅, 사람을 뜻하는 천, 지, 인, 그리고 우주의 상반되는 두 기운인 음, 양의 원리를 바탕으로 만들었다.

한글의 음절을 완성하기 위해서는 자음과 모음을 결합해야 하는데 그 방법은 다음과 같다.

모음	V	ㅏ → 아
자음+모음	CV	ㄴ + ㅏ → 나
모음+자음	VC	ㅏ + ㄴ → 안
자음+모음+자음	CVC	ㄴ + ㅏ + ㄴ → 난

2. 모음

2.1. 발음

모음은 입술의 모양과 혀의 높이에 따라 그 소리가 다르다.

혀의 위치	앞 (전설모음)		중간 (중설모음)	뒤 (후설모음)
입술 모양 / 혀의 높이	둥글지 않은 입술 모양 (평순모음)	둥근 입술 모양 (원순모음)	둥글지 않은 입술 모양 (평순모음)	둥근 입술 모양 (원순모음)
높음(고모음)	ㅣ	ㅟ	ㅡ	ㅜ
중간(중모음)	ㅔ	ㅚ	ㅓ	ㅗ
낮음(저모음)	ㅐ		ㅏ	

2.2. 쓰는 방법

모음은 위에서 아래로, 왼쪽에서 오른쪽으로 쓰는 것이 원칙이며 자음의 오른쪽이나 아래에 위치한다. 모음으로 시작하는 음절의 경우는 자음의 위치에 소릿값이 없는 'ㅇ'을 써 준다.

2.3. 이중 모음

위의 10가지 기본 모음 외에도 다음과 같은 이중 모음들이 있다.

ㅑ	ㅕ	ㅛ	ㅠ	ㅒ	ㅖ	ㅘ	ㅙ	ㅝ	ㅞ	ㅢ

3. 자음

3.1 발음

자음은 소리를 내는 위치와 방법에 따라 그 소리가 다르다.

<table>
<tr><th colspan="3">소리 내는 위치
소리 내는 방식</th><th>입술 소리</th><th>잇몸 소리</th><th>센입천장 소리</th><th>여린입천장 소리</th><th>목청 소리</th></tr>
<tr><td rowspan="8">안울림 소리</td><td rowspan="3">파열음</td><td>예사소리</td><td>ㅂ[b]</td><td>ㄷ[t]</td><td></td><td>ㄱ[k]</td><td></td></tr>
<tr><td>된소리</td><td>ㅃ[p']</td><td>ㄸ[t']</td><td></td><td>ㄲ[k']</td><td></td></tr>
<tr><td>거센소리</td><td>ㅍ[ph]</td><td>ㅌ[th]</td><td></td><td>ㅋ[kh]</td><td></td></tr>
<tr><td rowspan="3">파찰음</td><td>예사소리</td><td></td><td></td><td>ㅈ[ch]</td><td></td><td></td></tr>
<tr><td>된소리</td><td></td><td></td><td>ㅉ[ch']</td><td></td><td></td></tr>
<tr><td>거센소리</td><td></td><td></td><td>ㅊ[ch^h]</td><td></td><td></td></tr>
<tr><td rowspan="2">마찰음</td><td>예사소리</td><td></td><td>ㅅ[s]</td><td></td><td></td><td>ㅎ[h]</td></tr>
<tr><td>된소리</td><td></td><td>ㅆ[s']</td><td></td><td></td><td></td></tr>
<tr><td rowspan="2">울림 소리</td><td colspan="2">비음</td><td>ㅁ[m]</td><td>ㄴ[n]</td><td></td><td>ㅇ[ŋ]</td><td></td></tr>
<tr><td colspan="2">유음</td><td></td><td>ㄹ[r/l]</td><td></td><td></td><td></td></tr>
</table>

3.2. 쓰는 방법

자음은 위에서 아래로, 왼쪽에서 오른쪽으로 쓰는 것이 원칙이며 모음의 왼쪽이나 위에 위치한다. 모음 아래에 자음을 쓰기도 하는데 이 때 이 자음을 받침이라 한다.

3.3. 이름

한글 자음의 이름은 다음과 같다.

자음	ㄱ	ㄴ	ㄷ	ㄹ	ㅁ	ㅂ	ㅅ	ㅇ	ㅈ
이름	기역	니은	디귿	리을	미음	비읍	시옷	이응	지읒
ㅊ	ㅋ	ㅌ	ㅍ	ㅎ	ㄲ	ㄸ	ㅃ	ㅆ	ㅉ
치읓	키읔	티읕	피읖	히읗	쌍기역	쌍디귿	쌍비읍	쌍시옷	쌍지읒

3.4. 받침

모음 아래에 쓰는 자음은 받침이라 한다. 한글에서는 모든 자음이 받침으로 쓰일 수 있으나 그 소리는 [ㄱ], [ㄴ], [ㄷ], [ㄹ], [ㅁ], [ㅂ], [ㅇ] 7가지로만 발음한다.

받침 글자	받침 소리	예
ㄱ, ㄲ, ㅋ	[ㄱ]	국, 밖, 부엌
ㄴ	[ㄴ]	돈
ㄷ, ㅅ, ㅆ, ㅈ, ㅊ, ㅌ, ㅎ	[ㄷ]	듣다, 옷, 있다, 낮, 닻, 밑, 히읗
ㄹ	[ㄹ]	별
ㅁ	[ㅁ]	김치
ㅂ, ㅍ	[ㅂ]	집, 앞
ㅇ	[ㅇ]	공

받침의 자리에서 서로 다른 두 개의 자음이 겹쳐지는 것을 겹받침이라고 한다. 겹받침이 어절 끝에 오거나 다음에 자음이 오면 대표음 하나만 발음한다. 뒤에 모음이 오면 '몫이[목씨], 읽으세요[일그세요]'처럼 두 자음을 이어서 다 발음한다.

Hangul

1. Summary

Hangul(한글) is a phonogram, a set of characters that are written as they sound. It is a unique writing system because the creator, originator, founding principle, and date of promulgation are all known. Hangul, the Korean alphabet, was invented in the 15th century by King Sejong and scholars of Chiphyonjon(집현전) during the Joseon Dynasty. King Sejong created Hangul because he felt sorry for the Korean people who were struggling with using Chinese characters, which were different from the spoken Korean language. King Sejong distributed Hangul to the people and helped them to use it easily.

At the time of its promulgation in 1446, the official name for hangul was 'Hunminjongum(훈민정음, 訓民正音)', meaning 'the correct sounds to educate the people'. The term 'hangul(한글)' was first used in the early 1910s by the scholars of hangul. 'Han' means 'great', and thus 'hangul' means 'the great script'. The document that explains in detail the principles and usage of the consonants and vowels of hangul is called the 'Hunminjonfum Haeryebon(훈민정음 해례본, 訓民正音 解例本)'. This book has been designated as National Treasure No. 70, and it has also been registered in the UNESCO Memory of the World Register.

Hangul is made up of 24 phonetic letters(10 vowels and 14 consonants). The consonants of Hangul represent the shape of the mouth when the letter is pronounced. The vowels are based on the three orders of heaven, earth, and man according to the principle of Yin and Yang, the cosmic dual forces.

To produce a syllable, one vowel is necessary and, in some cases, some consonants and a vowel should be combined together. The ways of combination are as follows:

Vowel	V	ㅏ → 아
Consonant+Vowel	CV	ㄴ + ㅏ → 나
Vowel+Consonant	VC	ㅏ + ㄴ → 안
Consonant+Vowel+Consonant	CVC	ㄴ + ㅏ + ㄴ → 난

2. Vowels

2.1. Pronunciation

Vowel sounds differ according to the shape of the mouth and the position of the tongue.

Position of tongue	Front		Mid	Back
Height of tongue \ Shape of mouth	Unrounded	Rounded	Unrounded	Rounded
High	ㅣ	ㅟ	ㅡ	ㅜ
Central	ㅔ	ㅚ	ㅓ	ㅗ
Low	ㅐ		ㅏ	

2.2. Writing Method

Vowel strokes are written from top to bottom, and from left to right. They are positioned on the right of or below a consonant. In the case where the syllable starts with a vowel, the silent 'ㅇ' is written in the position of a consonant.

2.3. Diphthong vowels

Besides the 10 basic vowels, there are diphthong vowels such as:

ㅑ	ㅕ	ㅛ	ㅠ	ㅒ	ㅖ	ㅘ	ㅙ	ㅝ	ㅞ	ㅢ

3. Consonants

3.1 Pronunciation

Consonant sounds differ according to the position and ways of producing the sound.

Method of articulation \ Place of articulation			Bilabial	tongue-tip alveolar	alveo-palatal	velar	glottal
voiceless	Plosive	plain	ㅂ[b]	ㄷ[t]		ㄱ[k]	
		tense	ㅃ[p']	ㄸ[t']		ㄲ[k']	
		aspirated	ㅍ[ph]	ㅌ[th]		ㅋ[kh]	
	Affricative	plain			ㅈ[ch]		
		tense			ㅉ[ch']		
		aspirated			ㅊ[ch^{h}]		
	Fricative	plain		ㅅ[s]			ㅎ[h]
		tense		ㅆ[s']			
voiced	nasal		ㅁ[m]	ㄴ[n]		ㅇ[ŋ]	
	liquid			ㄹ[r/l]			

3.2. Writing Method

Consonant strokes are written from top to bottom, and from left to right. They are positioned on the left of or above a vowel. Consonants may be written below a vowel, and in this case, the consonant is called final consonant.

3.3. Names

The names of the Korean consonants are as follows:

consonants	ㄱ	ㄴ	ㄷ	ㄹ	ㅁ	ㅂ	ㅅ	ㅇ	ㅈ
names	기역	니은	디귿	리을	미음	비읍	시옷	이응	지읒
ㅊ	ㅋ	ㅌ	ㅍ	ㅎ	ㄲ	ㄸ	ㅃ	ㅆ	ㅉ
치읓	키읔	티읕	피읖	히읗	쌍기역	쌍디귿	쌍비읍	쌍시옷	쌍지읒

3.4. Final consonants

Consonants written below a vowel are called final consonants. All the consonants may be used as final consonants but the pronunciation is limited to only 7 consonants [ㄱ], [ㄴ], [ㄷ], [ㄹ], [ㅁ],[ㅂ], [ㅇ].

Final consonant letters	Final consonant sound	Examples
ㄱ, ㄲ, ㅋ	[ㄱ]	국, 밖, 부엌
ㄴ	[ㄴ]	돈
ㄷ, ㅅ, ㅆ, ㅈ, ㅊ, ㅌ, ㅎ	[ㄷ]	듣다, 옷, 있다, 낮, 닻, 밑, 히읗
ㄹ	[ㄹ]	별
ㅁ	[ㅁ]	김치
ㅂ, ㅍ	[ㅂ]	집, 앞
ㅇ	[ㅇ]	공

In the position of a final consonant, there can be two final consonants together, and this is called double final consonants. If the double final consonants come at the end of a word-phrase, or if a consonant follows, only one of the consonants is pronounced. If a vowel follows, two final consonants are pronounced subsequently as 몫이[목씨], 읽으세요[일그세요].

차 례

머리말 / ii
일러두기 / iv
단원구성표 / viii
한글 / xii
등장인물 / 1

1과 한글 I
01. 모음 1, 자음 1 ······ 2
02. 자음 2, 자음 3 ······ 12

2과 한글 II
01. 자음 4, 모음 2 ······ 24
02. 받침 1, 받침 2 ······ 34

3과 인사
01. 저는 엠마예요 ······ 50
02. 어느 나라 사람이에요? ······ 58

4과 소개
01. 회사원이 아니에요 ······ 70
02. 같이 한국어를 공부해요 ······ 80

5과 물건
01. 누구의 교과서예요? ······ 94
02. 교실에 지도도 있어요 ······ 104

6과 학교와 집
01. 은행에 같이 가요 ······ 116
02. 집에 버스나 지하철로 가요 ······ 128

7과 가족
01. 무슨 사진을 봐요? ······ 140
02. 부모님은 고향에 계세요? ······ 152

8과 고향과 친구
01. 공기도 좋고 조용해요 ······ 164
02. 대학교에서 경제학을 전공해요 ······ 174

9과 날짜와 시간
01. 두 시부터 여섯 시까지 일해요 ······ 184
02. 오늘이 몇 월 며칠이에요? ······ 196

10과 하루 생활
01. 일곱 시 반에 일어나요 ······ 208
02. 어제 무엇을 했어요? ······ 218

Workbook ······ 231

부록
모범담안 / 영문번역 / 문화 / 색인

등장인물

파커 제임스
신문방송학 전공 3학년

미나미 리사
경제학 전공 2학년

뒤부아 엠마
한국학 전공 1학년

왕 다니엘
생물학 전공 3학년

김선희
법학 전공 대학원생

정서준
기계공학 전공 2학년

이수영
컴퓨터과학 전공 1학년

오수지
건축학 전공 3학년

박지민
경영학 전공 3학년

1과 한글 I

01 모음 1, 자음 1

Learning Objective

To read and write Korean vowels (ㅏ, ㅓ, ㅗ, ㅜ, ㅡ, ㅣ, ㅐ, ㅔ, ㅚ, ㅟ) and consonants (ㄱ, ㄴ, ㄷ, ㄹ)

MP3_1

	자음					모음		
모양	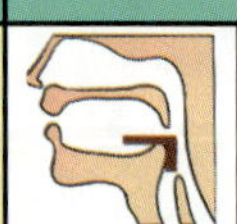	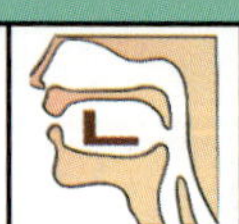	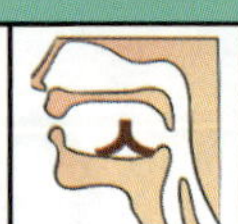		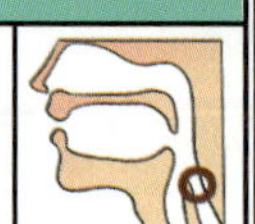			
기본 글자	ㄱ	ㄴ	ㅅ	ㅁ	ㅇ	·	ㅡ	ㅣ

모음 ❶

아	어	오	우	으	이	애	에	외	위

자음 ❶

ㄱ	ㄴ	ㄷ	ㄹ
기역	니은	디귿	리을

1 Listen and repeat.

듣고 따라 하십시오.

아 어 오 우 으 이 애 에 외 위

2 Read and write.

읽고 쓰십시오.

글자	아	어	오	우	으	이	애	에	외	위
쓰기 순서	아	어	오	우	으	이	애	에	외	위
쓰기	아	어	오	우	으	이	애	에	외	위
	아	어	오	우	으	이	애	에	외	위

1 Listen to the words and repeat.

단어를 듣고 따라 하십시오.

	이		아이		오
	오이		에이		위

2 Listen and write the words.

단어를 듣고 쓰십시오.

1) [이] 2) [ ] 3) [ ]

4) [아][ ] 5) [ ][이] 6) [ ][이]

3 Listen and choose the correct answer.

듣고 맞는 것을 고르십시오.

1) (   ) ❶ 아 ❷ 어
2) (   ) ❶ 어 ❷ 오
3) (   ) ❶ 어 ❷ 오
4) (   ) ❶ 우 ❷ 으
5) (   ) ❶ 이 ❷ 위
6) (   ) ❶ 에이 ❷ 오이

1 Listen and repeat.

듣고 따라 하십시오.

가 나 다 라

2 Read and write.

읽고 쓰십시오.

글자	가	나	다	라
쓰기 순서	ㄱ	ㄴ	ㄷ	ㄹ

쓰기				
	가	나	다	라
	가	나	다	라

3 Listen and repeat.

듣고 따라 하십시오 .

	ㅏ	ㅓ	ㅗ	ㅜ	ㅡ	ㅣ	ㅐ	ㅔ	ㅚ	ㅟ
ㄱ	가	거	고	구	그	기	개	게	괴	귀
ㄴ	나	너	노	누	느	니	내	네	뇌	뉘
ㄷ	다	더	도	두	드	디	대	데	되	뒤
ㄹ	라	러	로	루	르	리	래	레	뢰	뤼

4 Read and write.

읽고 쓰십시오.

ㄱ	가	거	고	구	그	기	개	게	괴	귀
	가	거	고	구	그	기	개	게	괴	귀

ㄴ	나	너	노	누	느	니	내	네	뇌	뉘
	나	너	노	누	느	니	내	네	뇌	뉘

ㄷ	다	더	도	두	드	디	대	데	되	뒤
	다	더	도	두	드	디	대	데	되	뒤

ㄹ	라	러	로	루	르	리	래	레	뢰	뤼
	라	러	로	루	르	리	래	레	뢰	뤼

1 Listen to the words and repeat.

단어를 듣고 따라 하십시오.

가게

구두

노래

다리

라디오

개나리

2 Listen and write the words.

단어를 듣고 쓰십시오.

1)

가	게

2)

다	

3)

누	

4)

	래

5)

라		

6)

	나	

3 Listen and choose the correct answer.

듣고 맞는 것을 고르십시오.

1) (　　　) ❶ 가 ❷ 다
2) (　　　) ❶ 나 ❷ 라
3) (　　　) ❶ 도 ❷ 로
4) (　　　) ❶ 어디 ❷ 오리
5) (　　　) ❶ 거리 ❷ 거위
6) (　　　) ❶ 개나리 ❷ 라디오

과제 1 읽어 봅시다

1 Read.

읽으십시오.

이　아이　오이　에이　아우　아래

위　노래　다리　개나리　라디오

2 Read and write.

읽고 쓰십시오

이	아	이	오	이	에	이	위	아	래

개	나	리	노	래	다	리	라	디	오

3 Read the words and find them below.

단어를 읽고 아래에서 단어를 찾으십시오.

아이　오이　아래　우리　고기　노래　다리　로마

노	도	로	고	나	라
래	레	마	기	다	리
아	우	디	위	아	래
이	리	가	로	오	이

1 Listen and match the correct one.

단어를 듣고 연결하십시오.

보기

1)

2)

3)

4)

5)

① 다리 ② 이 ③ 가게 ④ 고기 ⑤ 오 ⑥ 에이

2 Listen and mark the correct words with ✓.

듣고 맞는 단어에 ✓ 하십시오.

□ 아이	□ 오이	보기 ☑ 우애
□ 노래	□ 고래	□ 대리
□ 가구	□ 가게	□ 가나
□ 다리	□ 어머니	□ 개나리
□ 구두	□ 나라	

3 Listen and rewrite the words.

단어를 듣고 고쳐서 쓰십시오.

보기 이 → 위

1) 아이 → ____________
2) 고래 → ____________
3) 가리다 → ____________
4) 아내 → ____________
5) 어버이 → ____________

1 What is this picture? Listen and connect.

무슨 그림입니까? 듣고 연결하십시오.

왜 누구
위
로라 구두
고개 나라
고래
고기 고개
우리
노래
오리 가게 아기

2 What is it? Listen and write.

무엇입니까? 듣고 쓰십시오.

보기	1)	2)	3)	4)	5)
	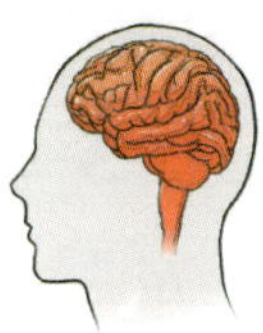	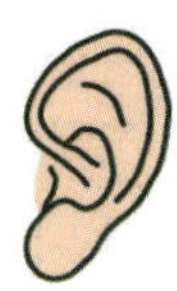			9
개나리					

3 Read.

읽으십시오.

보기	1)	2)	3)	4)	5)
		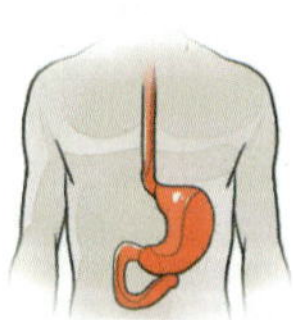	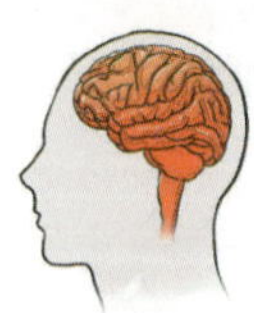		
가나	다리	위	뇌	고기	도도

memo 메모

1과 한글 I

02 자음 2, 자음 3

Learning Objective

To read and write Korean consonants (ㅁ, ㅂ, ㅅ, ㅇ, ㅈ, ㅊ, ㅋ, ㅌ, ㅍ, ㅎ)

MP3_2

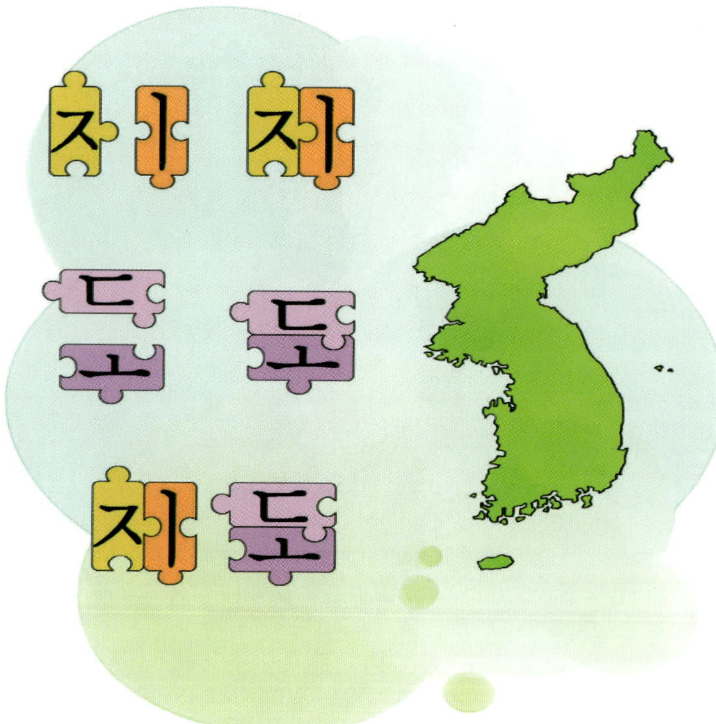

자음 ❷

ㅁ	ㅂ	ㅅ	ㅇ	ㅈ
미음	비읍	시옷	이응	지읒

자음 ❸

ㅊ	ㅋ	ㅌ	ㅍ	ㅎ
치읓	키읔	티읕	피읖	히읗

1 Listen and repeat.

듣고 따라 하십시오.

마 바 사 아 자

2 Read and write.

읽고 쓰십시오.

글자	마	바	사	아	자
쓰기 순서					

쓰기				
마	바	사	아	자
마	바	사	아	자

3 Listen and repeat.

듣고 따라 하십시오 .

	ㅏ	ㅓ	ㅗ	ㅜ	ㅡ	ㅣ	ㅐ	ㅔ	ㅚ	ㅟ
ㅁ	마	머	모	무	므	미	매	메	뫼	뮈
ㅂ	바	버	보	부	브	비	배	베	뵈	뷔
ㅅ	사	서	소	수	스	시	새	세	쇠	쉬
ㅇ	아	어	오	우	으	이	애	에	외	위
ㅈ	자	저	조	주	즈	지	재	제	죄	쥐

4 Read and write.

읽고 쓰십시오.

	마	머	모	무	므	미	매	메	뫼	뮈
	마	머	모	무	므	미	매	메	뫼	뮈

	바	버	보	부	브	비	배	베	뵈	뷔
	바	버	보	부	브	비	배	베	뵈	뷔

	사	서	소	수	스	시	새	세	쇠	쉬
	사	서	소	수	스	시	새	세	쇠	쉬

	아	어	오	우	으	이	애	에	외	위
	아	어	오	우	으	이	애	에	외	위

	자	저	조	주	즈	지	재	제	죄	쥐
	자	저	조	주	즈	지	재	제	죄	쥐

1 Listen to the words and repeat.

단어를 듣고 따라 하십시오.

모자

바지

새우

지도

어머니

쇠고기

2 Listen and write the words.

단어를 듣고 쓰십시오.

1) | 모 | 자 |

2) | | 지 |

3) | | 우 |

4) | | 도 |

5) | 어 | | |

6) | | | 기 |

3 Listen and choose the correct answer.

듣고 맞는 것을 고르십시오.

1) ( ) ① 무 ② 부
2) ( ) ① 쉬 ② 쥐
3) ( ) ① 부사 ② 부자
4) ( ) ① 세모 ② 새우
5) ( ) ① 소리 ② 조리
6) ( ) ① 어머니 ② 어버이

1 Listen and repeat.

듣고 따라 하십시오.

차 카 타 파 하

2 Read and write.

읽고 쓰십시오.

글자	차	카	타	파	하
쓰기 순서	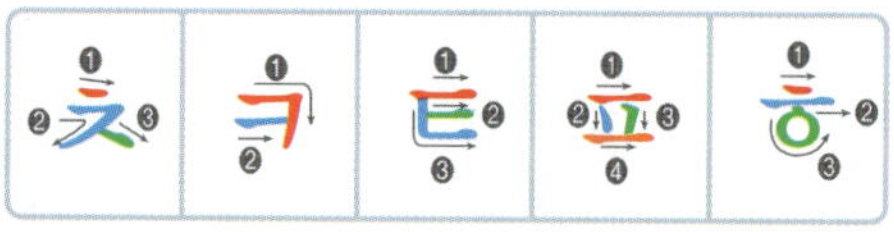				
쓰기	차	카	타	파	하
	차	카	타	파	하

3 Listen and repeat.

듣고 따라 하십시오 .

	ㅏ	ㅓ	ㅗ	ㅜ	ㅡ	ㅣ	ㅐ	ㅔ	ㅚ	ㅟ
ㅊ	차	처	초	추	츠	치	채	체	최	취
ㅋ	카	커	코	쿠	크	키	캐	케	쾨	퀴
ㅌ	타	터	토	투	트	티	태	테	퇴	튀
ㅍ	파	퍼	포	푸	프	피	패	페	푀	퓌
ㅎ	하	허	호	후	흐	히	해	헤	회	휘

4 Read and write.

읽고 쓰십시오.

	차	처	초	추	츠	치	채	체	최	취
	차	처	초	추	츠	치	채	체	최	취

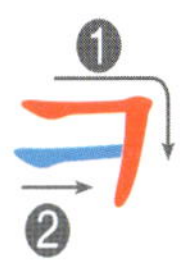	카	커	코	쿠	크	키	캐	케	쾨	퀴
	카	커	코	쿠	크	키	캐	케	쾨	퀴

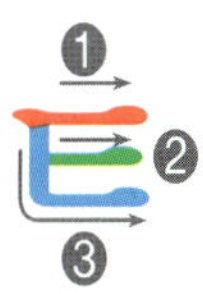	타	터	토	투	트	티	태	테	퇴	튀
	타	터	토	투	트	티	태	테	퇴	튀

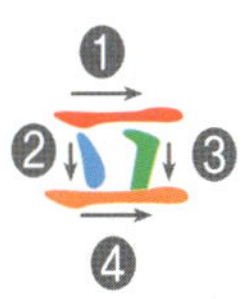	파	퍼	포	푸	프	피	패	페	푀	퓌
	파	퍼	포	푸	프	피	패	페	푀	퓌

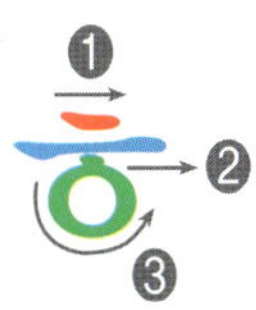	하	허	호	후	흐	히	해	헤	회	휘
	하	허	호	후	흐	히	해	헤	회	휘

1 Listen to the words and repeat.

단어를 듣고 따라 하십시오.

치마

커피

케이크

투수

포도

회사

2 Listen and write the words.

단어를 듣고 쓰십시오.

1) | 포 | 도 |

2) | | 사 |

3) | 커 | |

4) | | 마 |

5) | | 이 | |

6) | | 수 |

3 Listen and choose the correct answer.

듣고 맞는 것을 고르십시오.

1) (　　　　) ❶ 티 ❷ 피
2) (　　　　) ❶ 초 ❷ 코
3) (　　　　) ❶ 자다 ❷ 차다
4) (　　　　) ❶ 포도 ❷ 도포
5) (　　　　) ❶ 회사 ❷ 퇴사
6) (　　　　) ❶ 호세 ❷ 후세

1 Read.
읽으십시오.

모자	바위	새우	지도	쇠고기
치마	코피	투수	포도	회오리

2 Read and write.
읽고 쓰십시오

모	자	바	위	새	우	재	미	쇠	고	기
피	자	투	수	포	도	휴	지	코	코	아

3 Read the words and find them below.
단어를 읽고 아래에서 단어를 찾으십시오.

두부 모자 새우 지도 도레미 치즈 커피 포도 아파트 회사

두	부	모	치	즈	포	도
바	지	자	마	회	사	레
이	커	피	지	새	기	미
아	파	트	도	우	주	차

1 Listen to the words and match.

단어를 듣고 연결하십시오.

보기

1)

2)

3)

4)

5)

① 아부다비 ② 소시지 ③ 지하 ④ 지구 ⑤ 시차 ⑥ 포도

2 Listen and mark the correct words with ✓.

듣고 맞는 단어에 ✓ 하십시오.

□ 파도	□ 도포	보기 ☑ 포도
□ 채소	□ 재수	□ 회의
□ 바로	□ 배로	□ 페루
□ 두부	□ 두바이	□ 도마
□ 추리	□ 처리	□ 자리

3 Listen and rewrite the words.

단어를 듣고 고쳐서 쓰십시오.

보기 죄수 → 채소

1) 바다 → ________ 2) 보모 → ________

3) 파이 → ________ 4) 퇴사 → ________

5) 마츠 → ________

1 What is this picture? Listen and connect.

무슨 그림입니까? 듣고 연결하십시오.

쇠고기 의자 코 포도
의사
시차 스파 코리아 티셔츠
서다
지개 도수
자다
가자
차다 사자

2 What is it? Listen and write.

무엇입니까? 듣고 쓰십시오.

보기	캐나다
1)	
2)	
3)	
4)	
5)	

3 Read.

읽으십시오.

보기	1)	2)	3)	4)	5)

캐나다	스위스	아메리카	아프리카	피파	제주

문화

아름다운 한글 간판

고향에서 자주 갔던 커피숍이나 식당을 한국에서 만나면 반가운 마음이 들지요? 그런데 이렇게 익숙한 커피숍이나 햄버거 가게 이름이 영어 알파벳이 아니고 한글로 쓰여 있는 것을 본 적이 있나요? 서울 인사동에 가면 여러분이 잘 아는 가게의 간판이 예쁜 한글로 되어 있는 것을 볼 수 있습니다.

한글로 되어 있는 간판을 읽을 수 있으면 평소 익숙했던 커피숍과 식당이라고 해도 더 반갑고 재미납니다. 반가운 한글 간판을 읽어 봅시다. 그리고 아름다운 한국어 간판도 읽어 봅시다. 한국어를 더 공부해서 언젠가 '소리' 뿐만이 아니라 그 '뜻'까지 알게 되면 새로운 언어를 통하여 더 넓은 세상을 만나는 행복이 커질 것입니다.

<반가운 한글 간판>

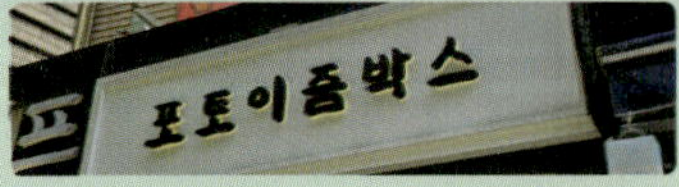

<아름다운 한국어 간판>

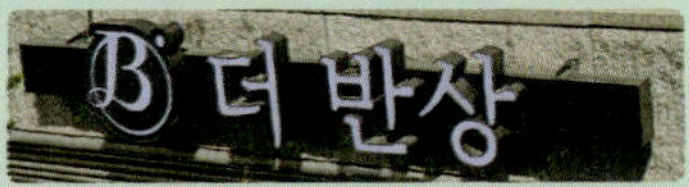

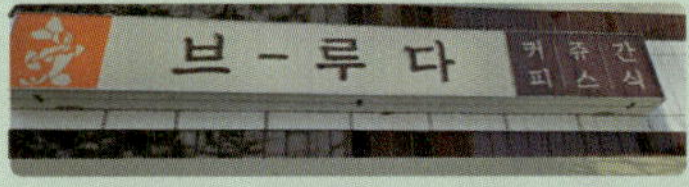

memo 메모

2과 한글 Ⅱ

01 자음 4, 모음 2

Learning Objective

To read and write Korean consonants (ㄲ, ㄸ, ㅃ, ㅆ, ㅉ) and vowels (ㅑ, ㅕ, ㅛ, ㅠ, ㅒ, ㅖ, ㅘ, ㅙ, ㅝ, ㅞ, ㅢ)

MP3_3

자음 4

ㄲ	ㄸ	ㅃ	ㅆ	ㅉ
쌍기역	쌍디귿	쌍비읍	쌍시옷	쌍지읒

모음 2

야	여	요	유	얘	예	와	왜	워	웨	의

1 Listen and repeat. 듣고 따라 하십시오.

가	까	카
다	따	타
바	빠	파
사	싸	
자	짜	차

2 Read and write. 읽고 쓰십시오.

글자	까	따	빠	싸	짜
쓰기 순서					

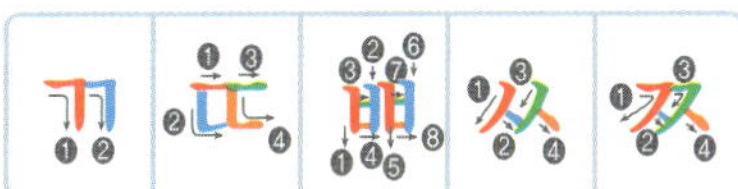

쓰기				
까	따	빠	싸	짜
까	따	빠	싸	짜

3 Listen and repeat. 듣고 따라 하십시오 .

	ㅏ	ㅓ	ㅗ	ㅜ	ㅡ	ㅣ	ㅐ	ㅔ	ㅚ	ㅟ
ㄲ	까	꺼	꼬	꾸	끄	끼	깨	께	꾀	뀌
ㄸ	따	떠	또	뚜	뜨	띠	때	떼	뙤	뛰
ㅃ	빠	뻐	뽀	뿌	쁘	삐	빼	뻬	뾔	쀠
ㅆ	싸	써	쏘	쑤	쓰	씨	쌔	쎄	쐬	쒸
ㅉ	짜	쩌	쪼	쭈	쯔	찌	째	쩨	쬐	쮜

4 Read and write.

읽고 쓰십시오.

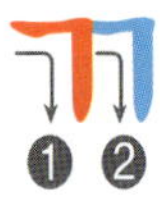

까	꺼	꼬	꾸	끄	끼	깨	께	꾀	뀌
까	꺼	꼬	꾸	끄	끼	깨	께	꾀	뀌

따	떠	또	뚜	뜨	띠	때	떼	뙤	뛰
따	떠	또	뚜	뜨	띠	때	떼	뙤	뛰

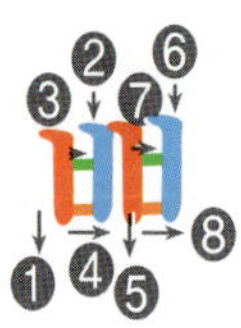

빠	뻐	뽀	뿌	쁘	삐	빼	뻬	뾔	쀠
빠	뻐	뽀	뿌	쁘	삐	빼	뻬	뾔	쀠

싸	써	쏘	쑤	쓰	씨	쌔	쎄	쐬	쒸
싸	써	쏘	쑤	쓰	씨	쌔	쎄	쐬	쒸

짜	쩌	쪼	쭈	쯔	찌	째	쩨	쬐	쮜
짜	쩌	쪼	쭈	쯔	찌	째	쩨	쬐	쮜

1 Listen to the words and repeat.

단어를 듣고 따라 하십시오.

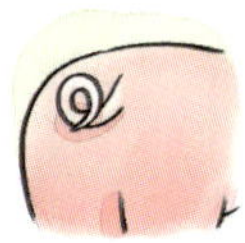
꼬리

토끼

따르다

아빠

쓰다

짜다

2 Read and write the words.

단어를 읽고 쓰십시오.

꼬리	토끼	따르다	아빠	쓰다	짜다
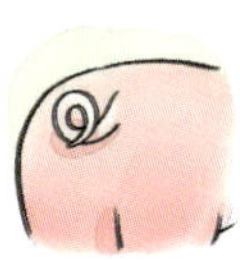					

3 Listen and choose the correct answer.

듣고 맞는 것을 고르십시오.

1) (　　　) ① 고리 ② 꼬리

2) (　　　) ① 사다 ② 싸다

3) (　　　) ① 아빠 ② 아파

4) (　　　) ① 다르다 ② 따르다

5) (　　　) ① 지다 ② 찌다 ③ 치다

6) (　　　) ① 삐다 ② 피다 ③ 비다

1 Listen and repeat.

듣고 따라 하십시오.

야 여 요 유 얘 예 와 왜 워 웨 의

2 Read and write.

읽고 쓰십시오.

글자	야	여	요	유	얘	예	와	왜	워	웨	의
쓰기 순서	야	여	요	유	얘	예	와	왜	워	웨	의
쓰기	야	여	요	유	얘	예	와	왜	워	웨	의
	야	여	요	유	얘	예	와	왜	워	웨	의

1 Listen to the words and repeat.

단어를 듣고 따라 하십시오.

야구

티셔츠

우유

시계

과자

의사

2 Read and write the words.

단어를 읽고 쓰십시오.

야	구	티	셔	츠	우	유	시	계	과	자	의	사

3 Listen and choose the correct answer.

듣고 맞는 것을 고르십시오.

1) (　　　　) ① 야구 ② 요구

2) (　　　　) ① 이사 ② 의사

3) (　　　　) ① 여유 ② 여우

4) (　　　　) ① 교회 ② 교외

5) (　　　　) ① 사과 ② 사자

6) (　　　　) ① 여기 ② 요기

1 Read. 읽으십시오.

찌개	코끼리	싸다	까치	빠르다
스웨터	사과	회의	치과	교과서

2 Read and write. 읽고 쓰십시오

찌	개	코	끼	리	싸	다	까	치	빠	르	다
스	웨	터	사	과	회	의	치	과	교	과	서

3 Read the words and find them below.

단어를 읽고 아래에서 단어를 찾으십시오.

까치 코끼리 빠르다 쓰다 찌개 야구 우유 회의 사과 스웨터

빠	우	유	사	과	야	구
르	스	코	끼	리	후	까
다	웨	과	회	하	추	치
쓰	터	치	호	의	찌	개

1 Listen to the words and match.

단어를 듣고 연결하십시오.

보기 1) 2) 3) 4) 5)

❶ 과자 ❷ 토끼 ❸ 야구 ❹ 아빠 ❺ 우유 ❻ 쓰다

2 Listen and write the order of the words.

듣고 단어의 순서를 쓰십시오.

고리 ☐ 차다 ☐ 회사 ☐

꼬리 1 파다 ☐ 짜다 ☐ 의사 ☐

시계 ☐ 지게 ☐

3 Listen and rewrite the words.

단어를 듣고 고쳐서 쓰십시오.

보기 자다 → 짜다

1) 도끼 → ________ 2) 아구 → ________

3) 아파 → ________ 4) 다르다 → ________

5) 바르다 → ________

1 What picture is this? Listen and connect.

무슨 그림입니까? 듣고 연결하십시오.

회의 시계 회사 아빠
의사
찌개 쓰다 꼬리 사과
서다
지개 도수
자다
가자
짜다 과자

2 What is it? Listen and write.

무엇입니까? 듣고 쓰십시오.

보기 티셔츠

1)

2)

3)

4)

5)

3 Read.

읽으십시오.

메뉴	가게
까르보나라 파스타	티셔츠
라자냐	와이셔츠
토마토 리소토	조끼
뇨끼	스웨터
사과주스	머리띠
캐러멜 마키아토	허리띠

2과 한글 Ⅱ

02 받침 1, 받침 2

Learning Objective

To read and write Korean final consonants

MP3_4

받침 ❶

단어	국, 밖, 부엌	돈	듣다, 옷, 있다, 낮, 닻, 밑, 히읗	별	김치	집, 앞	공
소리	[국], [박], [부억]	[돈]	[듣따], [옫], [읻따], [낟], [닫], [믿], [히읃]	[별]	[김치]	[집], [압]	[공]

받침 ❷ 겹받침

단어	몫	앉다	많다	읽다	젊다	여덟/밟다	외곬	핥다	읊다	잃다	없다
소리	[목]	[안따]	[만타]	[익따]	[점따]	[여덜]/[밥따]	[외골]	[할따]	[읍따]	[일타]	[업따]

1 Listen and repeat. 듣고 따라 하십시오.

받침 글자	받침 소리	단어
ㄱ, ㄲ, ㅋ	[ㄱ]	국, 밖, 부엌
ㄴ	[ㄴ]	돈
ㄷ, ㅅ, ㅆ, ㅈ, ㅊ, ㅌ, ㅎ	[ㄷ]	듣다, 옷, 있다, 낮, 닻, 밑, 히읗
ㄹ	[ㄹ]	밀
ㅁ	[ㅁ]	김치
ㅂ, ㅍ	[ㅂ]	집, 앞
ㅇ	[ㅇ]	공

2 Read and write. 읽고 쓰십시오.

받침 글자	받침 소리	단어		
ㄱ, ㄲ, ㅋ	[ㄱ]	국	밖	부엌
		국	밖	부엌

받침 글자	받침 소리	단어
ㄴ	[ㄴ]	돈
		돈

받침 글자	받침 소리	단어						
ㄷ, ㅅ, ㅆ, ㅈ, ㅊ, ㅌ, ㅎ	[ㄷ]	듣다	옷	있다	낮	닻	밑	히읗
		듣다	옷	있다	낮	닻	밑	히읗

받침 글자	받침 소리	단어
ㄹ	[ㄹ]	별
		별

받침 글자	받침 소리	단어
ㅁ	[ㅁ]	김치
		김치

받침 글자	받침 소리	단어	
ㅂ, ㅍ	[ㅂ]	집	앞
		집	앞

받침 글자	받침 소리	단어
ㅇ	[ㅇ]	공
		공

3 Listen and repeat.

듣고 따라 하십시오.

국 밖 부엌 돈

듣다 옷 있다 낮 닻 밑 히읗

별 김치 집 앞 공

1 Listen to the words and repeat.

단어를 듣고 따라 하십시오.

 국

 부엌

 돈

 옷

 별

 김치

 집

 공

2 Read and write the words.

단어를 읽고 쓰십시오.

국	부	엌	돈	옷	별	김	치	집	공

3 Listen and choose the correct answer.

듣고 맞는 것을 고르십시오.

1) ( ) ❶ 곤 ❷ 곡 ❸ 공

2) ( ) ❶ 짐 ❷ 집 ❸ 징

3) ( ) ❶ 올 ❷ 옴 ❸ 옷

4) ( ) ❶ 동 ❷ 돔 ❸ 돈

5) ( ) ❶ 굴 ❷ 국 ❸ 굽

6) ( ) ❶ 별 ❷ 변 ❸ 병

1 Listen and repeat.

듣고 따라 하십시오.

겹받침	대표 소리	예	발음
ㄳ	[ㄱ]	몫	[목]
ㄵ	[ㄴ]	앉다	[안따]
ㄶ	[ㄴ]	많다	[만타]
ㄺ	[ㄱ]	읽다	[익따]
ㄻ	[ㅁ]	젊다	[점따]
ㄼ	[ㄹ]/[ㅂ]	여덟/밟다	[여덜]/[밥따]
ㄽ	[ㄹ]	외곬	[외골]
ㄾ	[ㄹ]	핥다	[할따]
ㄿ	[ㅂ]	읊다	[읍따]
ㅀ	[ㄹ]	잃다	[일타]
ㅄ	[ㅂ]	없다	[업따]

2 Read and write.

읽고 쓰십시오.

받침 글자	받침 소리	단어
ㄳ	[ㄱ]	몫
		몫

받침 글자	받침 소리	단어
ㄵ	[ㄴ]	앉다
		앉다

받침 글자	받침 소리	단어
ㄶ	[ㄴ]	많다
		많다

받침 글자	받침 소리	단어
ㄺ	[ㄱ]	읽다
		읽다

받침 글자	받침 소리	단어
ㄻ	[ㅁ]	젊다
		젊다

받침 글자	받침 소리	단어	
ㄼ	[ㄹ]/[ㅂ]	여덟	밟다
		여덟	밟다

받침 글자	받침 소리	단어
ㄳ	[ㄹ]	외곬
		외곬

받침 글자	받침 소리	단어
ㄾ	[ㄹ]	핥다
		핥다

받침 글자	받침 소리	단어
ㄿ	[ㅂ]	읊다
		읊다

받침 글자	받침 소리	단어
ㅀ	[ㄹ]	잃다
		잃다

받침 글자	받침 소리	단어
ㅄ	/ㅂ/	없다
		없다

3 Listen and repeat.

듣고 따라 하십시오.

몫 읽다 | 앉다 많다

여덟 외곬 핥다 잃다

젊다 | 밟다 읊다 없다

1 Listen to the words and repeat.

단어를 듣고 따라 하십시오.

 앉다

 여덟

 많다

 밟다

 맑다

 싫다

 읽다

 없다

2 Read and write the words.

단어를 읽고 쓰십시오.

앉	다	많	다	맑	다	읽	다

앉	다	많	다	맑	다	읽	다
여	덟	밟	다	싫	다	없	다

여	덟	밟	다	싫	다	없	다

3 Listen and choose the correct answer.

듣고 맞는 것을 고르십시오.

1) (　　　　) ❶ 읽다　❷ 잃다

2) (　　　　) ❶ 굵다　❷ 굶다

3) (　　　　) ❶ 밝다　❷ 밟다

4) (　　　　) ❶ 많다　❷ 맑다

5) (　　　　) ❶ 끊다　❷ 끓다

6) (　　　　) ❶ 앉다　❷ 앓다

1 Read.

읽으십시오.

1) 쓰세요. 2) 들으세요.

3) 읽으세요. 4) 따라 하세요.

5) 감사합니다. 6) 죄송합니다.

7) 처음 뵙겠습니다. 8) 안녕히 가세요.

9) 안녕히 계세요. 10) 안녕히 주무세요.

2 Read and write.

읽고 쓰십시오

쓰	세	요	.	들	으	세	요	.	읽	으	세	요	.

따	라		하	세	요	.	감	사	합	니	다	.	

죄	송	합	니	다	.	처	음		뵙	겠	습	니	다.

안	녕	히		가	세	요	.						
안	녕	히		계	세	요	.						
안	녕	히		주	무	세	요	.					

3 Write and read sentences.

문장을 쓰고 읽으십시오.

보기 감사합니다.

1)

2)

3)

1 Listen to the words and match.

단어를 듣고 연결하십시오.

보기 

1) 

2) 

3) 

4) 

5) 

❶ 김치 ❷ 여덟 ❸ 부엌 ❹ 국 ❺ 맑다 ❻ 돈

2 Listen to the words and write them by matching them with the consonants.

단어를 듣고 받침과 연결하여 쓰십시오.

보기 

1) 

2) 

3) 

오 고 지 벼

ㅂ ㄹ ㅅ ㅇ

옷

3 Listen to the words and choose the correct answer.

듣고 맞는 것을 고르십시오.

보기 ❶ 동 (　　) ❷ 돈 (○)

1) ❶ 앞 (　　) ❷ 악 (　　)

2) ❶ 갓 (　　) ❷ 값 (　　)

3) ❶ 항구 (　　) ❷ 한국 (　　)

4) ❶ 안다 (　　) ❷ 않다 (　　)

5) ❶ 박다 (　　) ❷ 밟다 (　　)

1 What picture is this? Listen and connect.

무슨 그림입니까? 듣고 연결하십시오.

짐 공 옥

곰 별 집 동

돌 곡 병

돈 옷

2 What is it? Listen and write.

무엇입니까? 듣고 쓰십시오.

3 Read.

읽으십시오.

가나식당

광화문

춘향전

쓰레기를 버리지 마세요

문 열지 마세요

외출중

문화

재미있는 한국어의 소리

한국어에는 소리를 재미있게 표현한 단어들이 많습니다. 먼저 동물의 소리를 살펴보면 강아지 소리는 “멍멍”, 고양이 소리는 “야옹”으로 표현합니다.

전화가 올 때 나는 소리와 자전거에서 나는 소리는 모두 “따르릉”으로 표현합니다. 이 외에도 배가 고플 때 배에서 나는 소리는 “꼬르륵”으로, 방이나 화장실 문 앞에서 노크할 때 내는 소리는 “똑똑”으로 표현하는 등 다양한 소리 표현이 있습니다.

여러분 고향에서는 동물 소리, 전화 소리 등을 어떻게 표현합니까? 한국어 표현과 비슷합니까? 친구들과 같이 이야기해 봅시다.

한국어의 소리 표현	고향의 소리 표현
멍멍	
야옹	
따르릉	
꼬르륵	
똑똑	
딩동댕	
쿵쿵	
하하하	
흑흑	
빵빵	

3과 인사

01 저는 엠마예요

Learning Objective
To say your name

Grammar
이에요, 은/는[1]

Vocabulary
Names and surnames

MP3_5

- 두 사람이 무엇을 해요?
- 여러분은 한국말로 어떻게 인사해요?

수영: 안녕하세요?
엠마: 네, 안녕하세요?
수영: 이수영이에요.
엠마: 저는 엠마예요.

안녕하다(안녕하세요) to be well(Hello)　네 yes　저 I

이름 부르기

성과 이름

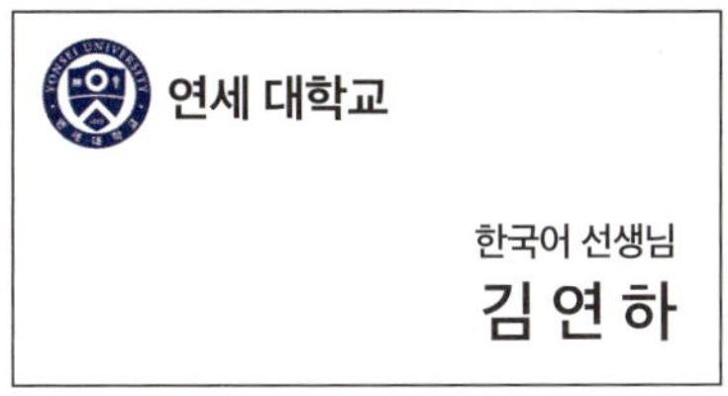

성: 김　　이름: 연하

어휘 연습

1 **Call the names of your teacher and friends and answer as shown in the example.** 보기 와 같이 선생님과 친구들의 이름을 부르고 대답하십시오.

> 보기
> 가: 준기 씨.
> 나: 네.

2 **Write the first name and last name.** 성과 이름을 쓰십시오.

성:　　　　이름:

성:　　　　이름:

성:　　　　이름:

3 **Make a business card.**
명함을 만드십시오.

이름 name, given name　선생님 teacher　씨 Mr., Ms.　성 surname　대학교 university
한국어 Korean language　학생증 student card　명함 business card

이에요/예요

P34

1 Write.

쓰십시오.

보기

이수영(이에요).

파커 제임스(예요).

1) 엠마(　　　　　　).

2) 학생(　　　　　　).

3) 제 친구(　　　　　　).

4) 우리 선생님(　　　　　　).

2 Write and read.

쓰고 읽으십시오.

학생 student　제 my　친구 friend　우리 our　법학과 department of law
경제학과 department of economics　생물학과 department of biology

01 은/는[1] P34

1 Mark the correct answer with “O”.

맞는 것에 O표 하십시오.

보기 저(은, (는)) 마이클이에요.

1) 제 이름(은, 는) 리사예요.
2) 엠마 씨(은, 는) 1학년이에요.
3) 다니엘(은, 는) 제 친구예요.
4) 우리 학교(은, 는) 연세대학교예요.

2 Make the following into one sentence.

다음을 한 문장으로 만드십시오.

보기
제 이름 / 파커 제임스
→ 제 이름은 파커 제임스예요.

1) 우리 / 친구

____

2) 리사 씨 / 2학년

____

3) 다니엘 씨 / 미국 사람

____

4) 엠마 씨 성 / 뒤부아

____

1학년 freshman, first-grade　　우리 we　　2학년 sophomore, second-grade　　미국 사람 an American

1~3 **Read and answer the questions.**

읽고 질문에 답하십시오.

안녕하세요?
저는 제임스예요.
이 사람은 제 친구예요.
친구 이름은 이수영이에요.

1 What are the names? Write them. 이름이 뭐예요? 쓰십시오.

1) 제 이름: ______________________

2) 친구 이름: ______________________

2 Mark “O” if correct and “X” if incorrect. 맞으면 O, 틀리면 X 하십시오.

1) 제 이름은 이수영이에요. (   )

2) 제임스 씨는 제 친구예요 (   )

3) 이수영은 제 친구 이름이에요. (   )

3 Write the correct word in the blank.

(   ) 안에 알맞은 말을 쓰십시오.

안녕하세요?
제 이름은 (   )이에요/예요.
이 사람은 제 친구예요.
제 친구 이름은 (   )이에요/예요.

4 Tell others your name and the name of the friend next to you.

자신과 옆 친구의 이름을 다른 사람에게 말해 봅시다.

이 this(determiner) 사람 person

1~2 Listen and choose the correct answer.

듣고 맞는 답을 고르십시오

1 (   )

① 
② 
③ 
④ 

2 (   )

① 저는 대학생이에요.
② 제 이름은 선희예요.
③ 저는 미국 사람이에요.
④ 제 이름은 마이클이에요.

3 Listen and choose their names. (,   )

듣고 이름을 고르십시오.

① 

② 

③ 

④ 

4 Listen and write the name.

듣고 이름을 쓰십시오.

1) ______________________

2) ______________________

3) ______________________

5 What is your name? Greet a friend next to you and write his or her name.

이름이 뭐예요? 옆 친구와 인사하고 친구의 이름을 쓰십시오.

성	이름
보기 이	수영

그런데 by the way　누구 who　컴퓨터과학과 department of computer science

1 Greet your friends as shown in the example.

보기 와 같이 친구들과 인사하십시오.

보기

가: 엠마 씨, 안녕하세요?
나: 네, 안녕하세요? 제임스 씨.
가: 제 친구예요. 친구 이름은 정서준이에요.
다: 안녕하세요? 정서준이에요.
나: 네, 안녕하세요? 저는 뒤부아 엠마예요.
다: 엠마 씨, 반가워요.
나: 반가워요, 서준 씨.

2 Write down the names of all your classmates. Call your friends by name and respond.

반 친구들의 이름을 모두 쓰십시오. 친구들의 이름을 부르고 대답하십시오.

친구 이름	친구 이름을 부르고 대답하세요.	
보기 뒤부아 엠마	엠마 씨!	네.

반갑다(반가워요) to be glad to meet(Glad to meet you)　대답하다 to answer
부르다 to address someone

3과 인사

02 어느 나라 사람이에요?

Learning Objective

To ask and answer questions about your nationality

Grammar

이에요?, 이/가

Vocabulary

Country names

MP3_6

- 두 사람이 무슨 이야기를 해요?
- 여러분의 나라는 어디예요?

엠마: 리사 씨, 제임스 씨가 어느 나라 사람이에요?
리사: 미국 사람이에요.
엠마: 리사 씨는 한국 사람이에요?
리사: 아니요, 저는 일본 사람이에요.

어느 which　나라 country　미국 U.S.A.　한국 Korea　아니요 no　일본 Japan

나라 이름

어휘 연습

1 **Match.** 연결하십시오.

보기 호주 • — • ❸

1) 한국 •

2) 미국 •

3) 태국 •

4) 영국 •

5) 브라질 •

6) 싱가포르 •

• ❶ 

• ❷ 

• ❸ 

• ❹ 

• ❺ 

• ❻ 

• ❼ 

호주 Australia　태국 Thailand　영국 The United Kingdom　브라질 Brazil　싱가포르 Singapore

이에요/예요? P35

1 What country is it? Look at the picture and write a question.

어느 나라예요? 그림을 보고 질문을 쓰십시오.

보기 태국이에요?

1) ?

2) ?

3) ?

4) ?

5) ?

캐나다 Canada　프랑스 France　중국 China　독일 Germany　멕시코 Mexico

2 Which country are they from? Look at the picture and complete the dialogue.

어느 나라 사람이에요? 그림을 보고 묻고 대답하십시오.

보기

가: 한국 사람이에요?
나: 아니요, <u>호주 사람</u>이에요.

1) 

가: 한국 사람이에요?
나: 네, ______________________.

2) 

가: ______________________?
나: 네, ______________________

3) 

가: ______________________?
나: 아니요, ______________________.

4) 

가: ______________________?
나: ______________________.

인도 India

01 이/가

P36

1 Mark the correct answer with "O".

맞는 것에 O표 하십시오.

보기 다니엘 씨(이, 가) 미국 사람이에요?

1) 이름(이, 가) 뭐예요?
2) 고향(이, 가) 서울이에요?
3) 호주의 수도(이, 가) 어느 도시예요?
4) 누구(이, 가) 마이클이에요?

2 Complete a question and match the correct answer.

질문을 만들고 알맞은 대답을 연결하십시오.

보기 이름 / 뭐 ?
→ 이름이 뭐예요?

1) 제임스 씨 / 누구 ?
→ ____________________?

2) 성 / 파커 ?
→ ____________________?

3) 고향 / 어디 ?
→ ____________________?

4) 여기 / 영국 ?
→ ____________________?

5) 서울 / 한국의 수도 ?
→ ____________________?

① 제가 제임스예요.
② 네, 파커예요.
③ 엠마예요.
④ 아니요, 프랑스예요.
⑤ 미국 뉴욕이에요.
⑥ 네, 맞아요

뭐 what 고향 hometown 수도 capital 도시 city 여기 here 뉴욕 New York 서울 Seoul
맞다 to be right

1~3 Read and answer the questions.

읽고 질문에 답하십시오.

제 이름은 안나예요.
저는 독일 사람이에요.
독일 슈투트가르트가 제 고향이에요.
그리고 제 친구 이사벨 씨예요.
이사벨 씨는 스위스 사람이에요.
스위스 로잔이 이사벨 씨 고향이에요.

1 What is this person's name? What is this person's nationality? Write it down.

이 사람은 이름이 뭐예요? 국적이 어디예요? 쓰십시오.

1) 이름: ____________________

2) 국적: ____________________

2 Mark "O" if the statement is correct and "X" if incorrect.

맞으면 O, 틀리면 X 하십시오.

1) 안나 씨는 스위스 사람이에요. ( )

2) 안나 씨는 이사벨 씨 고향 친구예요. ( )

3) 안나 씨 친구 고향은 슈투트가르트예요. ( )

슈투트가르트 Stuttgart　그리고 and　스위스 Switzerland　로잔 Lausanne　국적 nationality

3 Write the appropriate word in the blank.

빈 칸에 알맞은 말을 쓰십시오.

안녕하세요?

저는 이사벨이에요. 1) ____________ 로잔에서 왔어요.

2) ____________ 씨는 제 친구예요.

제 친구는 3) ____________ 사람이에요. 고향이 슈투트가르트예요.

4 Tell others the names, nationalities, and hometowns of yourself and the friend next to you.

자신과 옆 친구의 이름, 국적, 고향을 다른 사람들에게 말해 봅시다.

에서 from 왔어요 came

1~2 Listen and choose the correct answer.

듣고 맞는 답을 고르십시오.

1 (   )

① 

② 

③ 

④ 

2 (   )

① 

② 

③ 

④ 

3 Listen and match.

듣고 연결하십시오.

이름	국적
로라 •	• 독일
필립 •	• 캐나다
안나 •	• 호주
유진 •	• 한국

4~5 Listen and answer the questions.

듣고 질문에 답하십시오.

4 Who is British? (　　)

누가 영국 사람이에요?

① 신디　② 샐리　③ 해리　④ 헨리

5 Choose the option that is different from what you heard. (　　)

들은 내용과 다른 것을 고르십시오.

① 두 사람이 인사해요.
② 두 사람은 고향 친구예요.
③ 남자 고향은 런던이에요.
④ 여자는 호주 사람이에요.

토론토 Toronto　멜버른 Melbourne　런던 London　둘(두) two　인사하다 to greet

6 Ask your friends questions and write as shown in the example.

친구들에게 질문하고 보기 와 같이 쓰십시오.

안녕하세요?
이름이 뭐예요?
어느 나라 사람이에요?
고향이 어디예요?

<메모 보기>
로라: 캐나다 토론토
필립: 호주 멜버른
안나:독일 슈투트가르트

보기

제 친구 로라 씨, 필립 씨, 안나 씨예요.
로라 씨는 캐나다 사람이에요.
캐나다 토론토에서 왔어요.
필립 씨는 호주에서 왔어요.
호주 멜버른이 필립 씨 고향이에요.
안나 씨는 독일에서 왔어요.
안나 씨 국적은 독일이에요.
독일 슈투트가르트가 안나 씨 고향이에요.

1 Meet a friend. Greet each other and introduce yourself.

친구를 만납니다. 서로 인사하고 자기소개를 하십시오.

보기

가: 안녕하세요? 제임스예요.
나: 안녕하세요? 저는 안나예요.
가: 안나 씨는 어느 나라 사람이에요?
나: 저는 독일 사람이에요.
제임스 씨는요?
가: 저는 미국 사람이에요.
미국 로스앤젤레스가 제 고향이에요
나: 반가워요, 제임스 씨.

2 Greet your classmates and fill in the blanks.

반 친구들과 서로 인사하고 빈칸을 채우십시오.

	이름	국적
보기	성시영	한국
1)		
2)		
3)		
4)		
5)		
6)		

로스앤젤레스 Los Angeles

문화

이름

한국인의 이름은 대부분 세 글자입니다.
보통 한 글자는 성이고 두 글자는 이름입니다.
한글로 이름을 쓸 때 앞에 성을 먼저 쓰고 뒤에 이름을 씁니다.
가끔 성이 두 글자인 경우도 있습니다.
이름의 경우에도 한 글자이거나 세 글자인 경우도 있습니다.
한국에는 270여 개의 성이 있는데 그중 '김'이 가장 많습니다.
다음으로는 '이', '박', '최' 등이 많습니다.

	홍길동	선우재희	박철	김빛나리
성	홍	선우	박	김
이름	길동	재희	철	빛나리

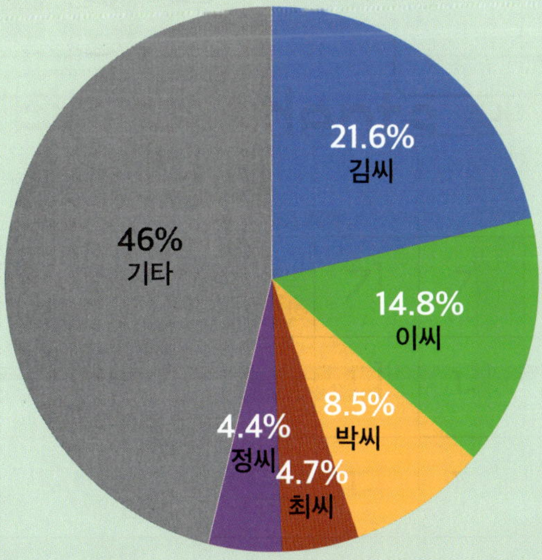

01 회사원이 아니에요

Learning Objective

To introduce your job

Grammar

이/가 아니에요, 하고(과/와)

Vocabulary

Jobs

MP3_7

- 두 사람이 무슨 이야기를 해요?
- 여러분은 회사원이에요? 학생이에요?

다니엘: 엠마 씨, 회사원이에요?
엠 **마**: 아니요, 저는 회사원이 아니에요.
민지 씨하고 준호 씨가 회사원이에요.
다니엘: 그럼 엠마 씨는 학생이에요?
엠 **마**: 네, 저는 대학생이에요.

회사원 office worker　그럼 then　대학생 college student

직업

경찰

선생님

학생

가수

의사

배우

간호사

은행원

비서

기자

변호사

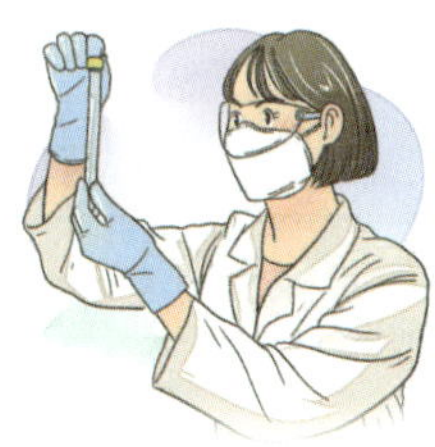
연구원

경찰 police　가수 singer　의사 doctor　배우 actor　간호사 nurse　은행원 banker
비서 secretary　기자 reporter, journalist　변호사 lawyer　연구원 researcher

어휘 연습

1 Look at the picture and write the occupation.

그림을 보고 직업을 쓰십시오.

보기

경찰

1)  ________

2)  ________

3)  ________

4)  ________

5)  ________

6) 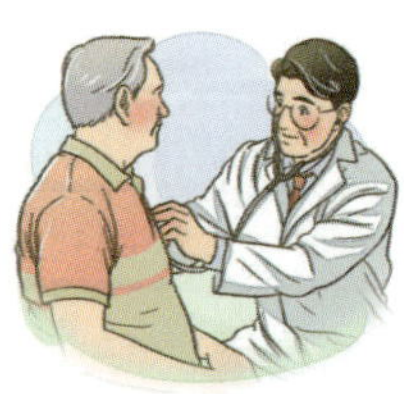 ________

7) 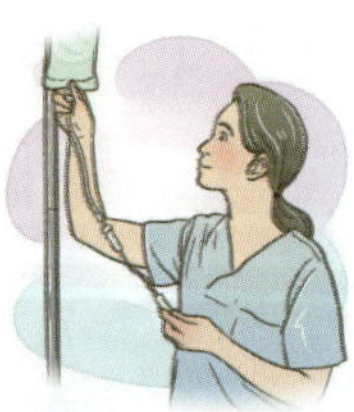 ________

8) 

____

이/가 아니에요 P37

1 Mark the correct answer with "O".

맞는 것에 O표 하십시오.

보기 학생(이 / 가) 아니에요.

1) 엠마(이, 가) 아니에요.
2) 한국 사람(이, 가) 아니에요.
3) 경찰(이, 가) 아니에요.
4) 의사(이, 가) 아니에요.

2 Look at the picture and complete the dialogue.

그림을 보고 묻고 대답하십시오.

보기

가: 경찰이에요?
나: 아니요, 경찰이 아니에요.
가: 그럼 회사원이에요?
나: 네, 회사원이에요.

1)

가: 학생이에요?
나: 아니요, ____________________.
가: 그럼 가수예요?
나: 네, ____________________.

2)

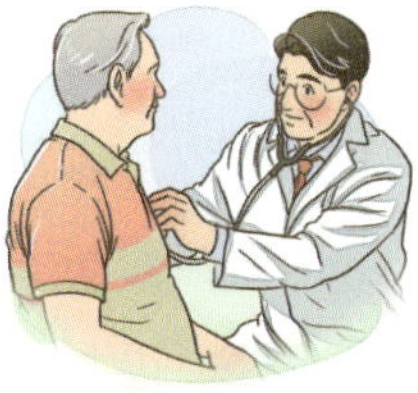

가: 간호사예요?
나: 아니요, ____________________.
가: 그럼 ____________________?
나: 네, ____________________.

3) 

가: 선생님이에요?

나: 아니요, ______________________.

가: ______________________?

나: 네, ______________________.

4) 

가: 가수예요?

나: 아니요, ______________________.

가: ______________________?

나: 네, ______________________.

하고(과/와)

P38

1 Complete the sentence as shown in the example.

보기 와 같이 문장을 완성하십시오.

> **보기** 의사하고 간호사예요. (의사 / 간호사)

1) ____________ 하고 ______________________. (선생님 / 학생)

2) ____________ 하고 ______________________. (리사 씨 / 다니엘 씨)

> **보기** 의사(과 / 와) 간호사예요.

3) ____________ (과 / 와) ______________________. (한국 / 중국)

4) ____________ (과 / 와) ______________________. (기자 / 변호사)

2 Complete the dialogue as shown in the example.

보기 와 같이 이야기하십시오.

보기

가: 친구 이름이 뭐예요?
나: 제임스 씨하고 엠마 씨예요.

1)

가: 누구예요?
나: ______________________.

2)

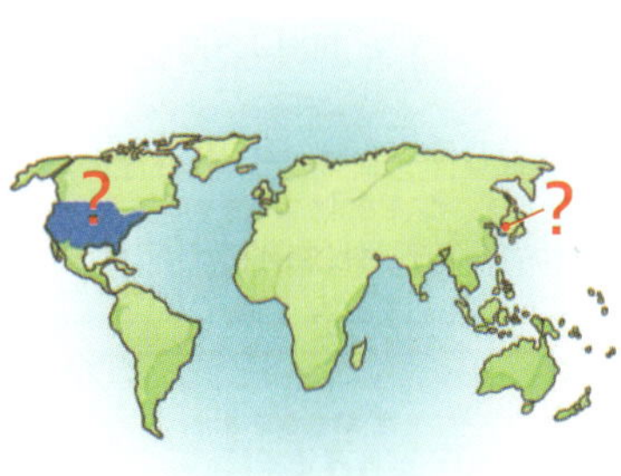

가: 나라 이름이 뭐예요?
나: ______________________.

3)

가: 직업이 뭐예요?
나: ______________________.

4)

가: 은행원과 회사원이에요?
나: 아니요. ______________________.
______________________.

1~3 Read and answer the questions.
읽고 질문에 답하십시오.

안녕하세요?
제 이름은 마유미예요.
저는 일본 사람이에요.
저는 회사원이 아니에요.
대학생이에요.

1 What is this person's name? Write it down. 이름이 뭐예요? 쓰십시오.

____

2 Read and choose the correct answer. ( ) 읽고 맞는 것을 고르십시오.

① 마유미는 학생이에요.
② 마유미는 회사원이에요.
③ 마유미는 한국에서 왔어요.
④ 마유미는 일본 사람이 아니에요.

3 Change the story above into a conversation and talk.
이 글을 대화로 바꾸고 이야기하십시오.

영수: 안녕하세요? 이영수예요.
마유미: 안녕하세요? 1) ______________________________.
영수: 어디에서 왔어요?
마유미: 2) ______________________________.
영수: 마유미 씨는 회사원이에요?
마유미: 아니요. 3) ______________. 4) ______________.

4 What is your name? Are you a college student? Are you an office worker? Talk about it. 여러분은 이름이 뭐예요? 대학생이에요? 회사원이에요? 이야기해 봅시다.

1~2 Listen and choose the correct answer.

듣고 맞는 답을 고르십시오.

1 (   )

① 아니요, 교실이에요. ② 네, 우리 반 친구예요.
③ 네, 선생님이 아니에요. ④ 아니요, 선생님이 아니에요.

2 (   )

①

②

③

④

3~4 Listen and answer the questions.

듣고 질문에 답하십시오.

3 **What is Seojun's friend's name? Write them all.**
서준 씨 친구 이름이 뭐예요? 모두 쓰십시오.

(   ), (   )

4 **What is Lisa's job? (   )** 리사 씨 직업이 뭐예요? 고르십시오.

① 학생 ② 의사 ③ 선생님 ④ 회사원

교실 classroom

5~6 **Listen and answer the questions.**
듣고 질문에 답하십시오.

5 What is their job?
직업이 뭐예요?

① 유진 □ 가수 □ 회사원 □ 기자 □ 은행원

② 토마스 □ 경찰 □ 은행원 □ 회사원 □ 교수

③ 왕명 □ 교수 □ 비서 □ 변호사 □ 의사

6 Where do they work?
일하는 곳이 어디예요?

① 유진: ______ ② 토마스: ______ ③ 왕명: ______

7 What is your job? What do your friends do? Let's talk.
여러분 직업은 뭐예요? 친구는 무엇을 해요? 이야기해 봅시다.

교수 professor 신문사 newspaper company

1 Pick a job and make a business card.

직업을 고르고 명함을 만드십시오.

보기

직업: 기자

이름: 제임스

경찰

선생님

학생

가수

의사

간호사

은행원

비서

기자

변호사

2 Ask and answer each other about jobs.

서로 직업을 묻고 대답하십시오.

보기

엠마: 수영 씨하고 제임스 씨는 대학생이에요?

수영: 네, 저는 대학생이에요.

제임스: 아니요, 저는 대학생이 아니에요. 기자예요.

3 Listen to your friend and write his or her name and occupation.

친구의 이야기를 듣고 이름과 직업을 쓰십시오.

보기

연세대학교 신문사

기자

파커 제임스

4과 소개

02 같이 한국어를 공부해요

Learning Objective

To introduce your friends and greet people

Grammar

-어요, 을/를

Vocabulary

Verbs 1

MP3_8

- 다니엘이 무엇을 해요?
- 친구를 처음 만나요. 여러분은 어떻게 인사해요?

선 희: 누구예요?

다니엘: 제 친구 수영씨예요. 날마다 같이 한국어를 공부해요.

선 희: 처음 뵙겠습니다. 김선희예요.

수 영: 안녕하세요? 반가워요.

날마다 every day　같이 together　공부하다 to study　처음 뵙겠습니다 Nice to meet you

동사 1

가다

오다

만나다

인사하다

자다

먹다

입다

앉다

읽다

쓰다

어휘 연습

1 Look at the picture and match.

단어를 보고 연결하십시오.

보기 오다 1) 앉다 2) 먹다 3) 쓰다 4) 자다 5) 인사하다

❶ 

❷ 

❸ 

❹ 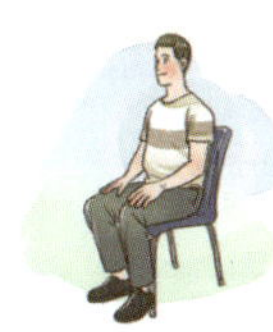

❺ 

❻ 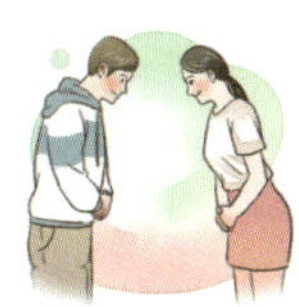

가다 to go 오다 to come 만나다 to meet 자다 to sleep 먹다 to eat 입다 to wear
앉다 to sit 읽다 to read

-어요/아요/여요

P39

1 Complete the table. 표를 완성하십시오.

-어요	먹다	보기 먹어요
	웃다	
	입다	
	읽다	
	만들다	
	배우다	배워요
	주다	
	추다	
	마시다	마셔요
	쓰다	
	가르치다	
-아요	타다	
	놀다	놀아요
	가다	가요
	자다	
	사다	
	만나다	
	오다	와요
-여요	일하다	일해요
	공부하다	
	좋아하다	
	전화하다	

웃다 to laugh 만들다 to make 주다 to give 추다 to dance 마시다 to drink 쓰다 to write 가르치다 to teach 타다 to take, to ride 놀다 to play 사다 to buy 일하다 to work 좋아하다 to like 전화하다 to make a phone call

2 Look at the picture and speak.

그림을 보고 말하십시오.

보기

〈제임스〉

제임스 씨가 전화해요~~어요/아요/여요~~.

1)

〈수지〉

수지 씨가 ____________________ 어요/아요/여요.

2)

〈다니엘〉

다니엘 씨가 ____________________ 어요/아요/어요.

3)

〈서준〉

서준 씨가 ____________________ 어요/아요/여요.

4) 

〈선희〉

선희 씨가 ____________________ 어요/아요/여요.

5) 

〈수영〉

________ 이/가 ____________________ 어요/아요/여요.

6) 

〈엠마〉

________ 이/가 ____________________ 어요/아요/여요.

7) 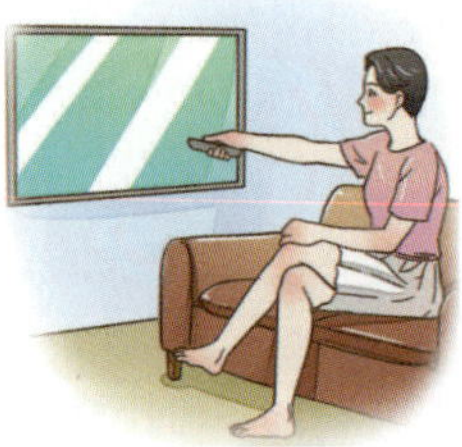

〈리사〉

________ 이/가 ____________________ 어요/아요/여요.

01 을/를

P40

1 Mark the correct answer with "O".

맞는 것에 O표시를 하십시오.

보기 저는 친구(을 / ~~를~~) 만나요. (를 circled)

1) 저는 옷(을 / 를) 입어요.
2) 한국 사람은 밥(을 / 를) 먹어요.
3) 민지 씨는 책(을 / 를) 읽어요.
4) 제임스 씨는 노래(을 / 를) 해요.

2 Write the answer.

대답을 쓰십시오.

보기
가: 무엇을 사요? (연필)
나: 연필을 사요.

1) 가: 무엇을 먹어요? (김치)
   나: ____________________

2) 가: 무엇을 봐요? (영화)
   나: ____________________

3) 가: 무엇을 읽어요? (책)
   나: ____________________

4) 가: 누구를 만나요? (친구)
   나: ____________________

하다 to do　옷 clothes　밥 meal　책 book　노래 song　무엇 what　연필 pencil
김치 kimchi　보다 to see　영화 movie

1~3 Read and answer the questions.

읽고 질문에 답하십시오.

우리 반 친구들이에요.
마이클 씨하고 메이린 씨는 미국 사람이에요.
두 사람은 춤을 춰요.
일라이 씨는 책을 읽어요.
일라이 씨는 저하고 같이 한국어를 공부해요.
저는 엠마예요. 프랑스에서 왔어요.
한국 영화를 많이 봐요.

1 Who are these people?

이 사람들이 누구예요?

______________________________.

들 a suffix to express plural　　춤 dance　　많이 a lot

2 Choose the correct answer. (   )

맞는 것을 고르십시오.

① 일라이 씨는 춤을 춰요.
② 마이클 씨는 책을 읽어요.
③ 메이린 씨는 노래를 해요.
④ 엠마 씨는 한국어를 공부해요.

3 Read the story above and talk about it.

이 글을 읽고 이야기해 봅시다.

1) 가: 친구들 이름이 뭐예요?
   나: ______________________________.

2) 가: 누가 춤을 춰요?
   나: __________ 과/와 __________ 이/가 __________ 어요/아요/여요.

3) 가: 일라이 씨하고 엠마 씨가 같이 무엇을 해요?
   나: ______________________________ 어요/아요/여요

4) 가: 엠마 씨는 무엇을 많이 봐요?
   나: ______________________________ 어요/아요/여요

4 What is the name of your hometown friend? What does your friend do? Talk about it.

여러분 고향 친구는 이름이 뭐예요? 무엇을 해요? 이야기해 봅시다.

1~2 Listen and choose the correct answer.

듣고 맞는 답을 고르십시오.

1 (   )

① 네, 가요.
② 네, 공부해요.
③ 아니요, 자요.
④ 아니요, 공부해요.

2 (   )

① 제임스 씨를 만나요.
② 제임스 씨가/ 제임스 씨는 책을 봐요.
③ 제임스 씨가 아니에요.
④ 제 친구는 한국 사람이에요.

3~4 Listen and answer the questions.

듣고 질문에 답하십시오.

3 **Who is Lisa meeting today? Write.**

리사 씨는 오늘 누구를 만나요? 쓰십시오.

____

4 **What is Lisa doing now? (   )**

리사 씨는 지금 무엇을 해요?

① 영화를 봐요.
② 친구를 기다려요.
③ 민지 씨하고 밥을 먹어요.
④ 서준 씨하고 저녁을 먹어요.

기다리다 to wait　오늘 today　뭘 what　저녁 evening, dinner

5~7 **Listen and answer the questions.**

듣고 질문에 답하십시오.

5 **Who is talking? Listen and write the name.**

누가 이야기해요? 듣고 이름을 쓰십시오.

____________ 하고 ____________

6 **Listen and write.** 듣고 쓰십시오.

가: 안녕하세요? ❶ ____________________.

나: 네, 안녕하세요? ❷ ____________________.

가: 무엇을 ❸ ____________________?

나: ❹ ____________________.

가: ❺ ____________________?

나: 네, ❻ ____________________.

7 **Listen and mark the correct picture with "O".** 듣고 맞는 그림에 O표 하십시오.

1)

(   )

2)

(   )

3)

(   )

8 **What is your teacher's name? Which country are they from? What do they teach? Talk about it.**

선생님 이름이 뭐예요? 어느 나라 사람이에요? 무엇을 가르쳐요? 이야기해 봅시다.

빌리다 to borrow

1 **Find celebrities you like on the Internet and write about them.**
인터넷에서 좋아하는 사람을 찾아서 쓰십시오.

보기

이름: 지니
국적: 한국
직업: 가수 (노래를 잘해요. / 춤을 잘 춰요.)

1)

이름: ________
국적: ________
직업: 배우 (노래를 잘해요. / 한국 사람이에요.)

2)

이름: ________
국적: ________
직업: 운동선수 (운동을 잘해요. / 미국 사람이에요.)

3)

이름: ________
국적: ________
직업: ________
(________ 을/를 잘해요. / (________ 사람이에요.)

운동선수 athlete 잘하다 to do well

2 Introduce it to your friends as shown in the example.

보기 와 같이 친구에게 소개하십시오.

> **보기**
> 이 사람은 지니예요. 미국 사람이 아니에요. 한국 사람이에요.
> 가수예요. 노래를 잘해요. 춤을 잘 춰요.

1) ________이에요/예요. ________ 사람이에요. 가수가 아니에요. 배우예요.

2) ____

3) ____

문화

인사말

한국어는 상황에 따라 쓰는 인사말이 아주 다양합니다.
인사를 할 때는 고개를 숙여서 인사하면서 말합니다.
한국의 여러 인사말을 연습해 봅시다.

상황	인사말
만났을 때 하는 인사말	안녕하세요? 잘 지내셨어요?
헤어질 때 하는 인사말	안녕히 계세요. 안녕히 가세요.
고마울 때 하는 인사말	고마워요. 감사합니다.
미안할 때 하는 인사말	미안해요. 죄송합니다.
처음 만나는 사람에게 하는 인사말	처음 뵙겠습니다. 만나서 반가워요.
식사 때 하는 인사말	잘 먹겠습니다. 잘 먹었습니다.
손님이 왔을 때 하는 인사말	어서 오세요.
잠자기 전에 하는 인사말	안녕히 주무세요.

memo 메모

5과 물건

01 누구의 교과서예요?

Learning Objective

To talk about objects

Grammar

은/는[2], 의

Vocabulary

Objects 이, 그, 저

MP3_9

- 여기가 어디예요?
- 여러분의 가방에 무엇이 있어요?

엠마: 수영 씨, 그것이 뭐예요?

수영: 이것은 공책이에요. 그리고 저것은 교과서예요.

엠마: 누구의 교과서예요?

수영: 제 책이에요.

그것 that(thing)　이것 this(thing)　공책 notebook　저것 that(thing)　교과서 textbook

물건

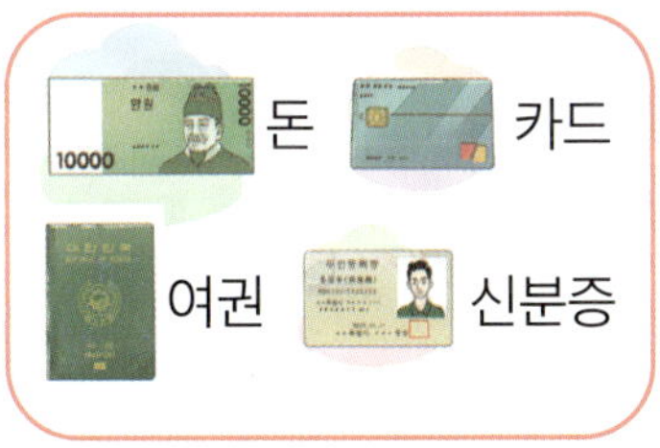

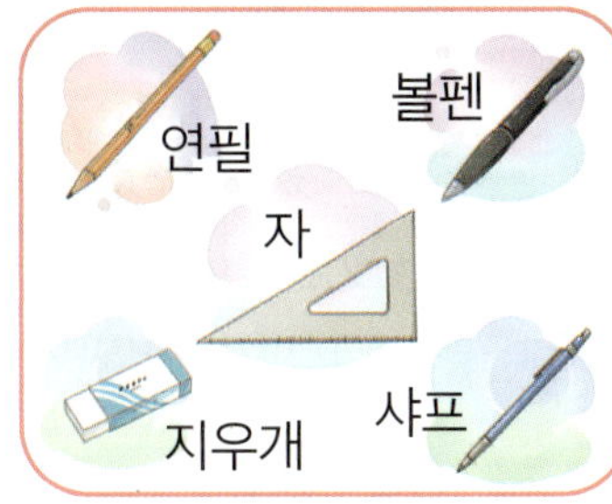

이, 그, 저

어휘 연습

1 Look at the picture and write as shown in the example.

그림을 보고 보기 와 같이 쓰십시오.

> **보기**
> 수지 (연필)
> → (이, 그, 저) 이 연필

1) 수지(지우개) → (이, 그, 저) ______

2) 수지(사전) → (이, 그, 저) ______

3) 제임스(휴지) → (이, 그, 저) ______

4) 수지(과자) → (이, 그, 저) ______

물건 thing, object　사전 dictionary　잡지 magazine　지갑 wallet　필통 pencil case　책상 desk
가방 bag　볼펜 pen　자 ruler　지우개 eraser　샤프 sharp pencil　돈 money　카드 credit card
여권 passport　신분증 ID card　휴지 tissue　손수건 handkerchief　거울 mirror　열쇠 key
모자 hat　수첩 pocketbook　종이 paper　과자 cookie, snacks　그 that　저 that

은/는²

P41

1 Mark the correct answer with "O".

맞는 것에 O표시를 하십시오.

보기 선생님(은, 는) 한국 사람이에요. 저(은, 는) 미국 사람이에요.

1) 저(은, 는) 공부해요. 제 친구(은, 는) 운동해요.
2) 리사 씨(은, 는) 경제학과예요. 다니엘 씨(은, 는) 생물학과예요.
3) 다니엘(은, 는) 2학년이에요. 제임스(은, 는) 2학년이 아니에요.
4) 영화(은, 는) 좋아해요. 책(은, 는) 싫어해요.

2 Ask and answer.

묻고 대답하십시오.

보기

가: 어느 나라 사람이에요?
나: 저는 프랑스 사람이에요.
제 친구는 독일 사람이에요.

1)

가: 모두 학생이에요?
나: 저는 학생이에요.
제 친구 ______________________.

2)

가: 지금 뭘 해요?
나: 저는 공부해요.
______________________.

모두 everyone　　지금 now

3) 

가: 무엇을 먹어요?

나: ______________________.

______________________.

4) 

가: 찌개를 좋아해요?

나: ______________________ 좋아해요.

______________________ 싫어해요.

의

P41

1 **Make the following into one sentence.**

다음을 한 문장으로 만드십시오.

1) 마이클 씨 / 학교예요?

→ 마이클 씨의 학교예요?

2) 누구 / 교과서예요?

→ ______________________

3) 제 아버지 / 명함이에요.

→ ______________________

4) 저 / 연필이에요.

→ ______________________

비빔밥 bibimbap　찌개 stew　된장찌개 korean bean paste stew　김치찌개 kimchi stew
싫어하다 to dislike

2 Look at the picture and complete the dialogue.

그림을 보고 대화를 만드십시오.

보기

가: 이것은 누구의 열쇠예요?

나: 제 친구 리사 씨의 열쇠예요.

1)

가: 누구의 책을 읽어요?

나: ______________________ 을 읽어요.

2)

가: 제임스 씨, 여기가 제임스 씨의 학교예요?

나: 네, 여기가 ______________________.

3)

가: 이것은 민지 씨의 거울이에요? 리사 씨의 거울이에요?

나: ______________________.

4)

가: 선희 씨, 이것이 선희 씨의 손수건이에요?

나: 네, ______________________.

1~3 Read and answer the questions.

읽고 질문에 답하십시오.

이것은 제 가방이에요.
그리고 이것은 제 친구 선희 씨의 가방이에요.
저는 한국어를 공부해요.
선희 씨는 영어를 공부해요.
제 책은 한국어 교과서예요.
선희 씨의 책은 영어 소설책이에요.
우리는 날마다 열심히 공부해요.

1 Whose bag is it? Write.

누구의 가방이에요? 쓰십시오.

__________ 하고 __________ 이에요/예요.

2 Choose the correct answer. (   )

맞는 것을 고르십시오.

① 선희 씨하고 저는 친구예요.
② 선희 씨는 한국어를 가르쳐요.
③ 우리는 모두 영어를 공부해요.
④ 선희의 책은 영어 교과서예요.

영어 English language　소설책 novel　열심히 hard, diligently

3 **What do the two people study hard every day? Write.**

두 사람은 날마다 열심히 무엇을 공부해요? 쓰십시오.

저는 날마다 열심히 ____________________.

선희 씨는 날마다 ____________________.

4 **What is in your bag? Take notes and draw.**

여러분의 가방에 무엇이 있어요? 메모를 하고 그려 봅시다.

<메모>

주머니 (X), 지갑(　　), 휴대폰(　　), 물통(　　)

메모 memo　주머니 pocket　휴대폰 cellular phone　물통 water bottle

1~2 Listen and choose the correct answer.

듣고 맞는 답을 고르십시오.

1 (　　)

① 네, 엠마 씨의 볼펜이에요.
② 네, 엠마 씨의 연필이에요.
③ 아니요, 엠마 씨가 아니에요.
④ 아니요, 엠마 씨의 연필이에요.

2 (　　)

① 지갑이에요.
② 제 지갑이에요.
③ 네, 제 지갑이에요.
④ 아니요, 제 지갑이 아니에요.

3 **Whose notebook is this? Listen and write the name.**

누구의 공책이에요? 듣고 이름을 쓰십시오.

① ______________ ② ______________

4~5 Listen and answer the questions.

듣고 질문에 답하십시오.

4 Who is this person's roommate? Write.

이 사람의 룸메이트는 누구예요? 모두 쓰십시오.

__________ 하고 __________

5 Choose the correct answers. (,   )

맞는 것을 모두 고르십시오.

① 저는 혼자 살아요.

② 우리는 날마다 한국어를 공부해요.

③ 마이클 씨 물건은 필통하고 지갑이에요.

④ 제임스 씨 물건은 가방, 거울, 휴지예요.

6 What is in your bag? Write and talk about the items in the bag.

여러분의 가방에 무엇이 있어요? 가방 안의 물건을 쓰고 이야기해 봅시다.

이것은 제 가방이에요

그리고 제 물건들이에요.

이것은 __________

이것은 __________

이것은 __________

____

룸메이트 roommate　　혼자 alone

1 Ask the name of the item and answer.

물건의 이름을 묻고 대답하십시오.

교과서 지우개 거울 과자 ……

보기

가: 이것이 ○○ 씨의 연필이에요?

나: 아니요, 제 볼펜이 아니에요. 이것은 ______ 씨의 것이에요.

2 Whose item is it? Gather your friends' items and have a conversation.

누구의 물건이에요? 친구들의 물건을 모아서 묻고 대답하십시오.

보기

가: 존 씨의 수첩이에요? 제이든 씨의 수첩이에요?

나: 제이든 씨의 수첩이에요.

물건	누구의 물건이에요?
보기 수첩	제이든 씨의 수첩

5과 물건

02 교실에 지도도 있어요

Learning Objective

To talk about classroom objects

Grammar

에 있어요(없어요), 도

Vocabulary

Classroom objects, Adjectives 1

MP3_10

- 여기가 어디예요?
- 여러분 교실에 무엇이 있어요?

수영: 교실에 달력이 있어요?
엠마: 네, 있어요. 교실에 지도도 있어요. 그림도 많아요.
수영: 거울도 있어요?
엠마: 아니요, 거울은 없어요.

달력 calendar 있다 to exist, to have 지도 map 그림 painting 많다 to be a lot
없다 to not exist, to not have

교실 물건

어휘 연습

1 Match correctly.

알맞게 연결하십시오.

보기 1) 2) 3) 4) 5) 6) 7)

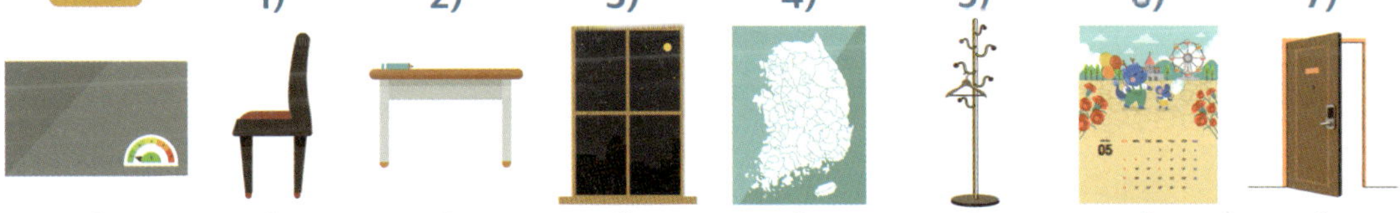

① 창문 ② 문 ③ 의자 ④ 책상 ⑤ 지도 ⑥ 달력 ⑦ 옷걸이 ⑧ 텔레비전

문 door 옷걸이 hanger 칠판 board 마커 marker 텔레비전 television 창문 window
의자 chair

형용사 1

많다

적다

크다

작다

(날씨가) 좋다

(날씨가) 나쁘다

맛있다

맛없다

어휘 연습

2 Mark the correct sentence with "O". 맞는 문장에 O표 하십시오.

보기

책이 많아요. (　　)
책이 적어요. (O)

1)

텔레비전이 커요. (　　)
텔레비전이 작아요. (　　)

2)

날씨가 좋아요. (　　)
날씨가 나빠요. (　　)

3)

음식이 맛있어요. (　　)
음식이 맛없어요. (　　)

적다 to be little, to be few　크다 to be big　작다 to be small　날씨 weather　좋다 to be good
나쁘다 to be bad　맛있다 to be delicious　맛없다 to taste bad

에 있어요(없어요)

P43

1 Look at the picture and complete the sentence.

그림을 보고 문장을 완성하십시오.

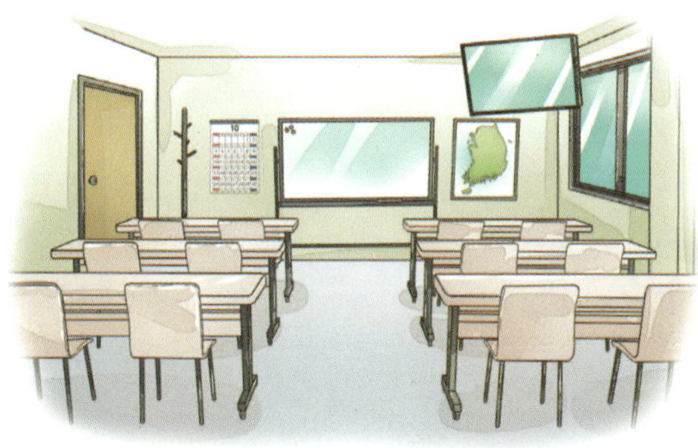

보기

교실 / 책상 / 있어요.

→ 교실에 책상이 있어요.

1) 교실 / 달력 / 있어요.

→ ____________________

2) 벽 / 그림 / 없어요.

→ ____________________

3) 창문 / 커튼 / 없어요.

→ ____________________

4) 가방 / 바닥 / 없어요.

→ ____________________

2 Ask and answer as shown in the example.

보기 와 같이 묻고 대답하십시오.

보기

가: 책상에 교과서가 있어요?

나: 네, 교과서가 있어요.

1) 교실에 : 의자 / 옷걸이 / 텔레비전 / 라디오

2) 벽에: 지도 / 달력 / 그림 / 거울

3) 책상에: 가방 / 교과서 / 연필

벽 wall 커튼 curtain 바닥 floor 라디오 radio

01 도

P43

1 Write the correct word.

알맞은 말을 쓰십시오.

보기 학교가 좋아요. 교실(도) 좋아요.

1) 창문이 있어요. 문(　　) 있어요.

2) 한국에 김씨가 많아요. 박씨(　　) 많아요.

3) 칠판이 커요. 텔레비전(　　) 커요

4) 물을 자주 마셔요. 주스(　　) 자주 마셔요.

2 Complete the dialogue.

대화를 완성하십시오.

보기
가: 교실에 책상이 많아요.
나: (의자) 의자도 많아요?
가: 네, 의자도 많아요.

1) 가: 우리 교실이 커요.
나: (칠판) 칠판도 커요?
가: 네, ______________

2) 가: 교실 벽에 시계가 있어요.
나: (달력) 벽에 ______ 있어요?
가: 네, ______________

3) 가: 교실에 세계 지도가 없어요.
나: (한국 지도) ______ 없어요 ?
가: 네, ______________

4) 가: 교실 창문에 커튼이 없어요.
나: (거울) ______ 없어요?
가: 아니요, ______________

물 water　주스 juice　세계 world

1~3 Read and answer the questions.

읽고 질문에 답하십시오.

여기는 우리 교실이에요.
우리 교실은 커요.
창문도 커요.
우리 교실에 학생이 많아요,
책상하고 의자도 많아요.
우리 교실에는 한국 지도하고 달력이 있어요.
우리 교실에 거울은 없어요. 그림도 없어요.

1 Where is this place?

여기가 어디예요?

2 Choose the correct answers. (,   )

맞는 것을 모두 고르십시오.

1. 교실에 창문이 있어요.
2. 교실에 거울이 없어요.
3. 여기에 달력과 그림이 있어요.
4. 우리 교실에 학생이 없어요.

3 Change the story above into a conversation and talk.

위 글을 대화로 바꾸고 이야기해 봅시다.

가: 누구의 교실이에요?

나: 1) ____________________

가: 교실이 어때요?

나: 2) ____________________

가: 교실에 무엇이 있어요?

나: 3) ____________________

4 What is in your classroom? Talk about it.

여러분 교실에 무엇이 있어요? 말해 봅시다.

어떻다(어때요) to be how(How is it?)

1~2 Listen to the following and answer the questions.

듣고 질문에 답하십시오.

1 (   )

① 네, 많아요.
② 아니요, 있어요.
③ 한국 친구도 있어요.
④ 모두 한국 사람이에요.

2 (   )

①

②

③

④

3~4 Listen and answer the questions. 듣고 질문에 답하십시오.

3 **Choose the correct picture. (   )**

맞는 그림을 고르십시오.

①

②

③

④

4 **Where is the bag? (　　)**

가방이 어디에 있어요?

❶ 의자　　❷ 바닥　　❸ 책상　　❹ 옷걸이

5~6 Listen and answer the questions. 듣고 질문에 대답하십시오.

5 **Where is this place? Write.**

여기는 어디예요? 쓰십시오.

____

6 **Choose the answer that <u>does not</u> match what you heard. (　　)**

들은 내용과 <u>다른</u> 것을 고르십시오.

❶ 교실이 커요.　　❷ 교실에 책상이 있어요.

❸ 교실에 텔레비전도 있어요.　　❹ 교실에 옷걸이도 있어요.

7 **What is in your classroom? Talk about all the objects in the classroom.** 여러분의 교실에 무엇이 있어요? 교실 물건을 모두 이야기해 봅시다.

가: 우리 교실에 칠판이 있어요.

나: 우리 교실에 칠판하고 책상이 있어요.

다: 우리 교실에 칠판하고 책상하고 시계가 있어요.

라: 우리 교실에 _______________.

마: _______________.

바: _______________.

1 What is in your friend's room? Ask and fill in the table.

친구의 방에 무엇이 있습니까? 묻고 표를 채우십시오.

보기

가: 책상이 있어요?
나: 네. 있어요.
가: 의자도 있어요?
나: 네/아니요, ____________

보기

가: 텔레비전이 있어요?
나: 아니요, 없어요.
가: 컴퓨터는 있어요?
나: 네/아니요, ____________

물건	있다 / 없다
1) 책상	
2) 의자	
3) 옷걸이	
4) 책장	
5) 옷장	
6) 옷	
7)	
8)	

2 Write the objects in your friend's room as shown in the example.

친구 방의 물건을 보기 와 같이 써 봅시다.

보기

제 친구 ____________ 의 방에 물건이 많아요.
책상이 있어요. 의자도 있어요.
옷장이 커요. 옷이 많아요.
책장도 커요. 책도 많아요.
텔레비전은 없어요. 라디오도 없어요.
컴퓨터하고 키보드는 있어요.

책장 bookshelf　옷장 closet　컴퓨터 computer　키보드 keyboard

문화

숫자 세기

여러분 나라에서는 손가락으로 어떻게 숫자를 셉니까? 한국에서는 손을 모두 편 후에 손가락을 접으면서 수를 셉니다. 엄지를 접으면 1, 엄지와 검지를 접으면 2, 이렇게 모두 접으면 5가 됩니다. 6부터 10은 접은 손가락을 하나씩 펴면서 셉니다. 그런데 이때 새끼손가락부터 하나씩 펴면서 셉니다.

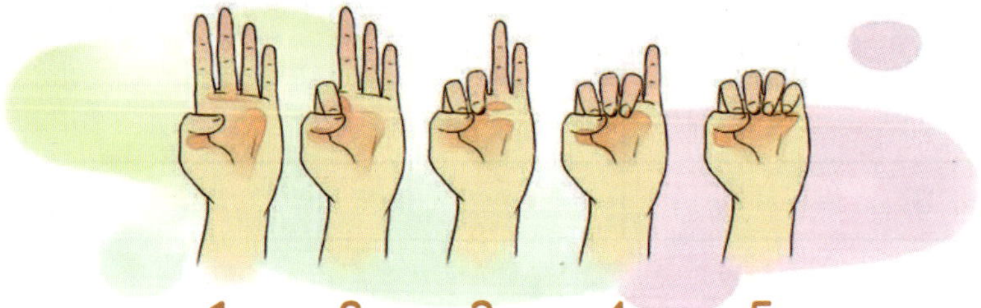

1 2 3 4 5

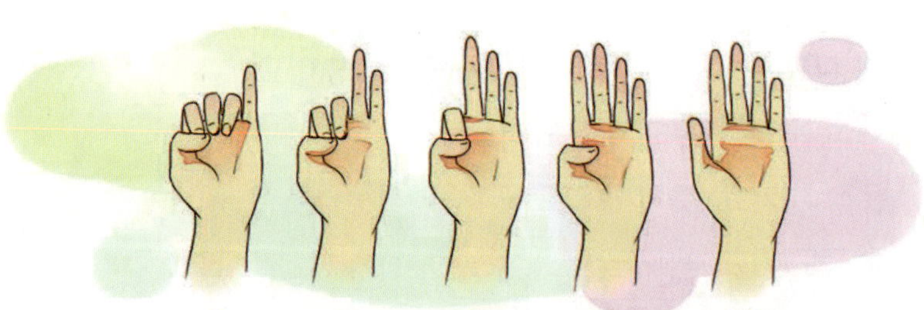

6 7 8 9 10

memo 메모

6과 학교와 집

01 은행에 같이 가요

Learning Objective

To describe school-related places and locations

Grammar

에 가요, 은/는[3]

Vocabulary

Places 1, Locations

MP3_11

- 엠마 씨가 어디에 가요?
- 여러분 학교에는 은행이 있어요? 은행이 어디에 있어요?

엠마: 은행이 어디에 있어요?
수영: 학생회관에 있어요.
엠마: 학생회관은 어디에 있어요?
수영: 도서관 앞에 있어요. 은행에 같이 가요.

은행 bank　어디 where　학생회관 student union　도서관 library　앞 front

장소 1

교실

화장실

식당

서점

우체국

사무실

어휘 연습

1 Match correctly.

알맞게 연결하십시오.

보기 서점　　1) 교실　　2) 사무실　　3) 화장실　　4) 우체국　　5) 식당

❶ 

❷ 

❸ 

❹ 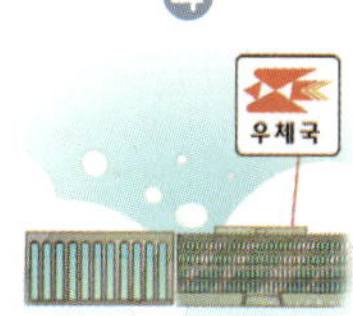

❺ 

❻ 

화장실 toilet　식당 restaurant　서점 bookstore　우체국 post office　사무실 office

위치

앞

뒤

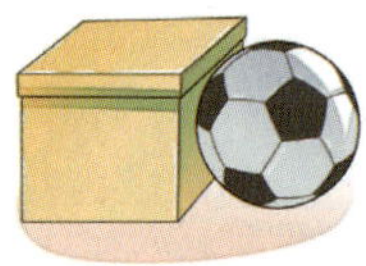
옆

위

밑/아래

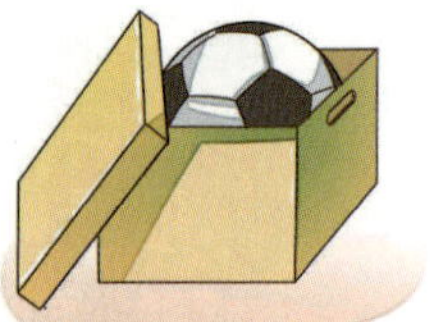
안

밖

어휘 연습

2 Look at the picture and write.

그림을 보고 쓰십시오.

보기	앞
1)	
2)	
3)	
4)	
5)	

뒤 behind   옆 next to   위 above   밑 below/under   아래 below/under   안 inside   밖 outside

에 가요 P45

1 Make a sentence.

문장을 만드십시오.

보기 공부를 해요 → 학교에 가요.

식당	학교	백화점	도서관	공원	사무실

1) 밥을 먹어요. → ______________________

2) 지갑을 사요. → ______________________

3) 책을 읽어요. → ______________________

4) 일을 해요. → ______________________

5) 산책을 해요. → ______________________

2 Ask and answer.

묻고 대답하십시오.

보기

가: 다니엘이 어디에 가요?

나: 공원에 가요.

1)

가: 어디에 가요?

나: ______________________.

2)

가: 학교에 가요?

나: 아니요, ____________________.

3)

가: ____________________?

나: 수지 씨는 사무실에 가요.

4)

가: ____________________?

나: ____________________.

은/는3

P45

1 Mark the correct answer with "O".

맞는 것에 O표 하십시오.

보기 케빈 씨는 기자예요. 케빈 씨 회사(은, (는)) 종로에 있어요.

1) 이분이 우리 선생님이에요. 선생님 이름(은, 는) 존슨이에요.

2) 학교 안에 교실이 있어요. 사무실(은, 는) 어디에 있어요?

3) 서울 날씨는 좋아요. 제임스 씨 고향 날씨(은, 는) 어때요?

4) 저는 미국 사람이에요. 다니엘 씨(은, 는) 어느 나라 사람이에요?

2 Ask and answer.

묻고 대답하십시오.

보기

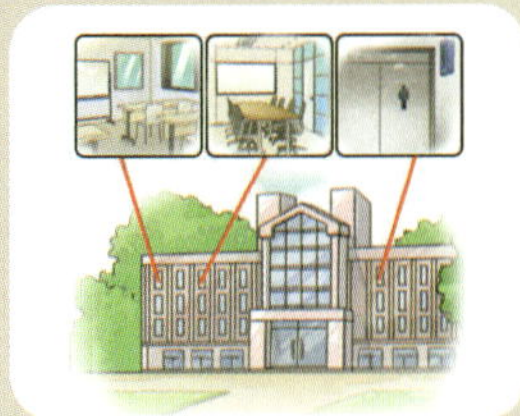

가: 교실이 어디에 있어요?

나: 3층에 있어요.

가: 3층에는 ~~은/는~~ 무엇이 있어요?

나: 교실, 화장실, 선생님 사무실이 있어요.

1)

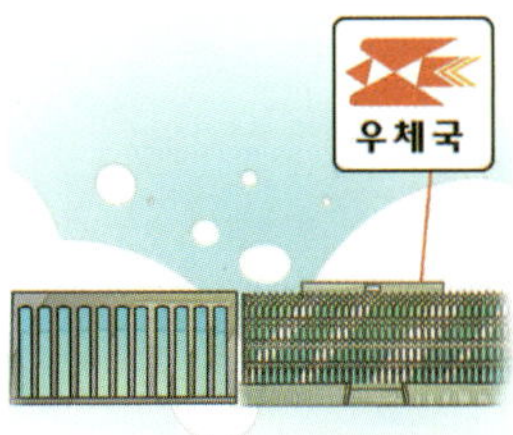

가: 우체국이 어디에 있어요?

나: 학생회관은 도서관 옆에 있어요.

가: ____________ 은/는 어디에 있어요?

나: 학생회관은 도서관 앞에 있어요.

2)

가: 집이 어디에 있어요?

나: 학교 근처에 있어요.

가: ____________ 은/는 어디예요?

나: 연세대학교예요.

3)

가: 선희 씨, 지금 어디예요?

나: 학교 서점이에요.

가: ____________ 은/는 어때요?

나: 책이 많아요.

4)

가: 학교에 무엇이 있어요?

나: 학교에 교실, 화장실, 사무실이 있어요.

가: ____________ 은/는 어때요?

나: ____________________________

1~3 Read and answer the questions.

읽고 질문에 답하십시오.

기숙사는 한국어학당 옆에 있어요.
제 기숙사 방은 2층에 있어요.
제 방에는 침대하고 옷장이 있어요. 책상도 있어요.
책상에 교과서가 있어요. 시계도 있어요.
제 방에 텔레비전이 없어요. 냉장고도 없어요.
텔레비전은 1층에 있어요. 냉장고도 1층에 있어요.

1 Where is the dormitory? Write.

기숙사가 어디에 있어요? 쓰십시오.

---

2 choose the correct answer. (　　)

맞는 것을 고르십시오.

① 제 방에 옷장이 있어요.
② 침대는 1층에 있어요.
③ 제 방에 냉장고가 있어요.
④ 제 책상에 텔레비전이 있어요.

3 What is in my room? Mark the answer with "✓".

방에 무엇이 있어요? ✓ 하십시오.

☐ 침대　☐ 책상　☐ 냉장고　☐ 텔레비전　☐ 시계

기숙사 dormitory　방 room　층 floor　침대 bed　시계 clock　냉장고 refrigerator

4 What is in the room? Look at the following picture and talk about it.

방에 무엇이 있어요? 다음 그림을 보고 이야기해 봅시다.

제 방에 책상이 있어요.

책상 위에는 ______________________

1~2 **Listen and choose the correct answer.**

듣고 맞는 답을 고르십시오.

1 (　　　)

① 네, 학생이에요.
② 네, 도서관에 가요.
③ 아니요, 교실에 가요.
④ 아니요, 학생회관에 가요.

2 (　　　)

① 중국이 아니에요.
② 저는 중국에 가요.
③ 저는 중국 사람이에요.
④ 중국에 친구가 있어요.

3~4 **Listen and answer the questions.**

듣고 질문에 답하십시오.

3 **Where is Sooyoung going? Write.**

수영 씨가 어디에 가요? 쓰십시오.

______________________________ 에 가요.

4 **Where is the post office? (　　　)**

우체국이 어디에 있어요?

① 교실　② 기숙사　③ 사무실　④ 학생회관

5~6 Listen and answer the questions.

듣고 질문에 답하십시오.

5 **What is in the student union building? Listen and write.**

학생회관에 무엇이 있어요? 듣고 쓰십시오.

6 **Listen to the conversation and choose the correct answer. (　　)**

대화를 듣고 같은 것을 고르십시오.

① 식당에 사람이 없어요.

② 은행은 서점 옆에 있어요.

③ 식당은 도서관 1층에 있어요.

④ 도서관은 학생회관 옆에 있어요.

7 **What is in your student union building? What is in the library? Talk about it.**

여러분 학교 학생회관에 무엇이 있어요? 도서관에는 무엇이 있어요? 이야기해 봅시다.

지하 underground

1 It's your first time at university. Where do you want to go?

대학교에 처음 왔어요. 어디에 가고 싶어요?

학생회관

도서관

체육관

은행

우체국

식당

카페

서점

강당

사무실

교실

화장실

복사실

컴퓨터실

체육관 gym 카페 cafe 강당 auditorium 복사실 copy room 컴퓨터실 computer lab

2 Ask for a place and answer.

장소를 묻고 대답하십시오.

보기

제임스: 엠마 씨, 어디에 가요?
엠 마: 서점에 가요. 서점이 어디에 있어요?
제임스: 학생회관에 있어요.
엠 마: 학생회관은 어디에 있어요?
제임스: 학생회관은 도서관 앞에 있어요.

3 Listen to your friend's story and write down the place and location.

친구의 이야기를 듣고 장소와 위치를 쓰십시오.

보기 친구: 학생회관이 도서관 앞에 있어요.

체육관　　카페　　강당　　복사실　　컴퓨터실

장소	위치
보기 학생회관	도서관 앞

6과 학교와 집

02 집에 버스나 지하철로 가요

Learning Objective

To describe places and locations near home

Grammar

으로[1], 이나[1]

Vocabulary

Places 2

MP3_12

- 엠마씨 집이 어디예요?
- 여러분은 집이 어디예요?

수영: 집이 어디예요?
엠마: 신촌 백화점 근처예요.
수영: 집에 어떻게 가요?
엠마: 집에 버스나 지하철로 가요.

집 house, home　신촌 Sinchon　백화점 department store　근처 near, around　어떻게 how
버스 bus　지하철 subway

장소 2

백화점

극장

병원

약국

영화관

회사

가게

공원

시장

편의점

어휘 연습

1 **Write related words.** 관계가 있는 단어를 쓰십시오.

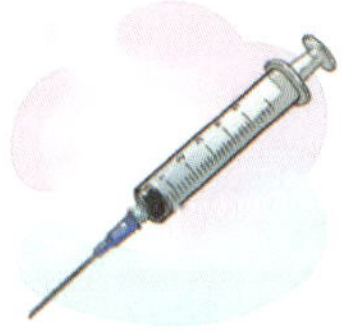

보기 병원

1)

2)

3)

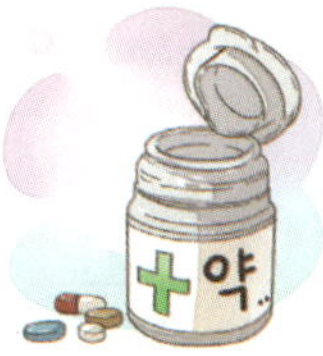

4)

5)

극장 theater 병원 hospital 약국 pharmacy 영화관 movie theater 회사 company
가게 store, shop 공원 park 시장 market 편의점 convenience store

으로/로[1]

P46

1 Connect and make sentences.

연결하고 문장을 만드십시오.

보기	이름	컴퓨터	써요
1)	영화	연필	공부해요
2)	라면	이메일	해요
3)	연락	젓가락	먹어요
4)	학교	교과서	봐요
5)	한국말	버스	가요

보기 이름을 연필로 써요.

2 Look at the picture and complete the dialogue.

그림을 보고 묻고 대답하십시오.

보기

가: 영어로 이야기해요?

나: 아니요, 한국말로 ~~으로/로~~ 이야기해요.

1)

가: 젓가락으로 먹어요? 숟가락으로 먹어요?

나: ________________ 으로/로 먹어요.

라면 ramyeon, instant noodles　이메일 e-mail　연락 contact　젓가락 chopsticks
한국말 Korean language　숟가락 spoon

2) 

가: 교과서로 공부해요?

나: 네, ______________ 으로/로 공부해요.

3) 

가: 무엇으로 써요?

나: ______________ 으로/로 써요.

4) 

가: 집에 어떻게 가요?

나: ______________ 으로/로 가요.

이나/나[1]

P47

1 Mark the correct answer with "O".

맞는 것에 O표 하십시오.

보기 공원(이나, 나) 커피숍에 가요.

1) 버스(이나, 나) 지하철로 가요.

2) 연필(이나, 나) 볼펜이 있어요?

3) 가게(이나, 나) 편의점이 있어요?

4) 빵(이나, 나) 밥을 먹어요.

커피숍 coffee shop

2 Look at the picture and complete the dialogue.

그림을 보고 묻고 대답하십시오.

보기

가: 라면을 무엇으로 먹어요?
나: 젓가락이나 포크로 먹어요.

1) 

가: 무엇으로 써요?
나: ______________________

2) 

가: 친구하고 어느 나라 말로 이야기해요?
나: ______________________

3) 

가: 집에 어떻게 가요?
나: ______________________

4) 

가: 어떻게 한국어를 공부해요?
나: ______________________

포크 fork　말 language　드라마 drama

1~3 Read and answer the questions.
읽고 질문에 답하십시오.

우리 하숙집은 신촌에 있어요.
날마다 지하철이나 버스로 집에 가요.
우리 하숙집은 2층집이에요.
하숙집 앞에는 약국이 있어요.
하숙집 뒤에는 학교가 있어요.
하숙집 옆에는 공원이 있어요.
공원에는 나무하고 꽃이 많아요.

1 Where is the boarding house? How do you get home? Write.
하숙집은 어디에 있어요? 집에 어떻게 가요? 쓰십시오.

__________ 에 있어요. __________ 으로/로 집에 가요.

2 Choose the answer that does not match what you heard. ( )
읽은 내용과 다른 것을 고르십시오.

① 하숙집은 2층도 있어요.
② 약국 뒤에 하숙집이 있어요.
③ 하숙집 앞에 공원이 있어요.
④ 나무하고 꽃이 공원에 많이 있어요.

3 What is near this person's school? Write it all down.
이 사람 학교 근처에 무엇이 있어요? 모두 쓰십시오.

____

하숙집 bording house   꽃 flower   나무 tree

4 Look at the picture and rewrite the story.

다음 그림을 보고 그림과 다른 것을 말해 봅시다.

하숙집 근처에 학교, 은행, **보기** 병원이 있어요.
→ 교회가

우리 하숙집은 은행 1) 앞에 있어요.
→ ________

은행은 학교 2) 뒤에 있어요.
→ ________

학교 3) 옆에 교회가 있어요.
→ ________

교회 church

1~2 Listen and choose the correct answer.

듣고 맞는 답을 고르십시오.

1 (　　)

① 네, 영어가 아니에요.
② 네, 한국어로 이야기해요.
③ 아니요, 영어로 이야기해요.
④ 아니요, 한국어로 이야기해요.

2 (　　)

① 하숙집이에요.　② 학교에 가요.
③ 신촌에 있어요.　④ 버스나 지하철로 가요.

3~4 Listen and choose the correct answer.

듣고 맞는 답을 고르십시오.

3 **What is Daniel doing today? Write.**

다니엘 씨는 오늘 무엇을 해요? 쓰십시오.

____

4 **What languages does Daniel speak? Choose the answers. (　　,　　)**

다니엘 씨는 어느 나라 말을 해요? 모두 고르십시오.

① 영어　② 중국어
③ 한국어　④ 프랑스어

5~6 **Listen and answer the questions.**

듣고 질문에 답하십시오.

5 **Choose the answer that does not match what you heard. (   )**

들은 내용과 다른 것을 고르십시오.

① 마이클 씨 집은 신촌에 있어요.

② 마리 씨는 지하철로 집에 가요.

③ 마리 씨 집은 연세대학교 근처예요.

④ 마이클 씨 집 근처에 공원이 없어요.

6 **Write the answers.**

대답을 쓰십시오.

① **Where is Marie's house?**

마리 씨 집은 어디에 있어요?

② **What is near Marie's house? Write.**

마리 씨 집 근처에 무엇이 있어요? 모두 쓰십시오.

7 **What is near your school? Talk about it.**

여러분 학교 근처에 무엇이 있어요? 이야기해 봅시다.

1 **Ask and answer.** 묻고 대답하십시오.

보기

가: 집에 무엇으로 가요?

나: 지하철이나 버스로 가요.

버스

지하철

차

걸어서 가다

2 **What is near your house? Draw as shown in the example.**

집 근처에 무엇이 있어요? 보기 와 같이 그리십시오.

보기

집 근처: 지하철역, 공원, 백화점

집 근처: ______________________

걸어서 on foot

3 A school friend comes to your house. Talk as shown in the example.

학교 친구가 집에 와요. 보기 와 같이 이야기하십시오.

보기

엠　마: 제임스 씨, 집이 어디예요?
제임스: 신촌동이에요.
엠　마: 무엇으로 가요?
제임스: 지하철이나 버스로 가요.
엠　마: 제임스 씨 집 근처에 무엇이 있어요?
제임스: 지하철역하고 공원이 있어요. 백화점도 있어요.

문화

한국의 학교

한국의 학교는 기본적으로 초등학교 6년, 중학교 3년, 고등학교 3년, 대학교 4년인 6–3–3–4학제입니다. 초등학교와 중학교는 국가의 의무교육 과정이고, 초등학교는 보통 만 7세에 입학합니다.

모든 학교가 3월에 새 학기를 시작하고 다음 해 2월 초에 1년 과정이 끝납니다. 1년에 두 학기가 있고 여름방학, 겨울방학, 봄방학이 있습니다.

한국 사람들이 **'학생입니까?'**, **'어느 학교에 다닙니까?'**, **'몇 학년입니까?'**라고 물으면 **'대학생입니다.'**, **'연세대학교에 다닙니다.'**, **'1학년입니다.'** 하고 대답하십시오.

학교	학년
어린이집/유치원	
초등학교	1학년, 2학년, 3학년, 4학년, 5학년, 6학년
중학교	1학년, 2학년, 3학년
고등학교	1학년, 2학년, 3학년
대학교	1학년, 2학년, 3학년, 4학년

7과 가족

01 무슨 사진을 봐요?

Learning Objective

To explain what you are doing now

Grammar

무슨, 안, 못

Vocabulary

Verbs 2

MP3_13

- 두 사람이 무엇을 봐요?
- 여러분은 무슨 사진을 자주 찍어요?

서 준: 제임스 씨, 무슨 사진을 봐요?
제임스: 가족 사진을 봐요.
서 준: 집에 전화는 자주 해요?
제임스: 아니요, 안 해요. 전화를 자주 못 해요.
한국하고 고향에 시차가 있어요.

무슨 what, what kind of 사진 photograph 가족 family 전화 call 자주 often
시차 time difference

동사 2

일(을) 하다

공부(를) 하다

숙제(를) 하다

질문(을) 하다

이야기(를) 하다

노래(를) 하다

운동(을) 하다

산책(을) 하다

어휘 연습

Write. 쓰십시오.

보기 식사해요.

1)

2)

3)

4)

일 work 숙제 homework 질문 question 이야기 talk 산책 walk 운동 exercise
식사하다 to have a meal

무슨 P48

1 Make a question. 질문을 만드십시오.

보기

배드민턴, 테니스, 골프, ……

무슨 운동을~~을/를~~ 좋아해요?

1) 한국 음식, 중국 음식, 멕시코 음식, 이탈리아 음식, …… ________________ 을/를 잘 만들어요?

2) 커피, 녹차, 캐모마일차, …… ________________ 을/를 자주 마셔요?

3) 교과서, 잡지, 소설책, …… ________________ 을/를 자주 읽어요?

4) 클래식, 케이팝, 재즈, 록, …… ________________ 을/를 좋아해요?

2 What does your friend like? Ask your friend and complete the table.
친구가 무엇을 좋아해요? 친구에게 질문하고 표를 완성하십시오.

친구 이름 / 질문	친구 1: ________________	친구 2: ________________
음악		
차		
음식		
책		

배드민턴 badminton　테니스 tennis　골프 golf　음식 food　이탈리아 Italy　커피 coffee
녹차 green tea　캐모마일차 camomile tea　클래식 classical music　케이팝 K-pop music
재즈 jazz music　록 rock music

01 안

P48

1 Write as shown in the example.

보기 와 같이 쓰십시오.

보기
빵을 먹어요. → 빵을 안 먹어요.
숙제해요. → 숙제를 안 해요.

1) 가요. → ____________________

2) 책을 읽어요. → ____________________

3) 일해요. → ____________________

4) 노래를 좋아해요. → ____________________

5) 지갑이 있어요. → ____________________

6) 날씨가 좋아요. → ____________________

2 Ask and answer as shown in the example.

보기 와 같이 묻고 대답하십시오.

보기
가: 운동을 좋아해요?
나: 아니요, 운동을 안 좋아해요.

1) 가: 숙제가 많아요?
나: 아니요, ____________________.

2) 가: 신문을 읽어요?

나: 아니요, ______________________________.

3) 가: 음악을 자주 들어요?

나: 아니요, ______________________________.

4) 가: 음식이 맛있어요?

나: 아니요, ______________________________.

못

P49

1 Write as shown in the example.

보기 와 같이 쓰십시오.

보기

도서관에 가요. → 도서관에 못 가요.

노래해요. → 노래를 못 해요.

1) 텔레비전을 봐요. → ______________________________

2) 한국어를 배워요. → ______________________________

3) 커피를 마셔요. → ______________________________

4) 친구를 만나요. → ______________________________

5) 공부해요. → ______________________________

6) 전화해요. → ______________________________

2 Ask and answer as shown in the example.

보기 와 같이 묻고 대답하십시오.

> **보기**
>
> 가: 오늘 학교에 가요?
>
> 나: 아니요, 학교에 ((안), 못) 안 가요.
>
> 가: 오늘 파티에 가요?
>
> 나: 아니요, 파티에 (안, (못)) 못 가요. 숙제가 많아요.

1) 가: 책을 좋아해요?

   나: 아니요, 책을 (안, 못) ______________________________.

2) 가: 영화를 자주 봐요?

   나: 아니요, 영화를 많이 (안, 못) ______________________. 텔레비전이 없어요.

3) 가: 여러분, 숙제가 많아요?

   나: 아니요, 숙제가 (안, 못) ______________________________.

4) 가: 노래를 자주 해요?

   나: 아니요, 노래를 자주 (안, 못) ______________________________.

   제가 노래를 (안, 못) ______________________________.

여러분 you all

1~3 Read and answer the questions.

읽고 질문에 답하십시오.

우리 하숙집에 시경 씨, 조슈아 씨하고
에릭 씨가 있어요.
시경 씨는 은행원이에요.
시경 씨는 운동을 좋아해요. 테니스를 좋아해요.
조슈아 씨는 신문사 기자예요.
조슈아 씨도 운동을 좋아해요.
하지만 운동을 자주 못 해요. 가끔 해요. 날마다 바빠요.
에릭 씨는 무역 일을 해요.
에릭 씨는 한국 음식을 좋아해요. 한국 반찬을 날마다 먹어요.
우리는 날마다 한국어로 이야기해요. 하숙집 생활이 재미있어요.

1 **What does Sikyung do for a living?**

시경 씨는 무슨 일을 해요?

2 **What kind of food does Eric like?**

에릭 씨는 무슨 음식을 좋아해요?

하지만 but 가끔 sometimes 바쁘다 to be busy 무역 trade 반찬 side dish 생활 life
재미있다 to be fun

3 Mark "O" if the statement is correct, and "X" if incorrect.

맞으면 O, 틀리면 X 하십시오.

1) 시경 씨는 운동을 안 좋아해요. (   )

2) 조슈아 씨는 날마다 운동을 해요. (   )

3) 에릭 씨는 무역 회사에서 일해요. (   )

4 Change the text above into a conversation.

위 글을 대화로 바꾸십시오.

보기

가: 우리 하숙집에 누가 있어요?
나: 시경 씨, 에릭 씨, 조슈아 씨가 있어요.

가: 1) ______________________________?

나: 시경 씨는 테니스를 좋아해요.

가: 2) ______________________________?

나: 조슈아 씨는 신문사 기자예요.

가: 하숙집 생활이 어때요?

나: 3) ______________________________.

들어 봅시다

1~2 Listen and choose the correct answer.

듣고 맞는 답을 고르십시오.

1 (   )

① 책을 봐요.
② 교과서를 봐요.
③ 책이 교과서예요.
④ 책을 자주 읽어요.

2 (   )

① 네, 운동이에요.
② 네, 테니스예요.
③ 아니요, 운동을 해요.
④ 아니요, 운동을 안 좋아해요.

3 **Listen and mark "O" as shown in the example.**

듣고 맞는 것에 O표 하십시오.

	날마다	자주	가끔	안 해요
달리기	보기 ○			
수영				
산책				
숙제				
책				
전화				
컴퓨터 게임				

달리기 running   수영 swim   게임 game

4~5 Listen and answer the questions.

듣고 질문에 답하십시오.

4 Who are they? Write.

누구예요? 쓰십시오.

❶ ____________

❷ ____________

❸ ____________

5 Where is the younger sister? What does she do? Write.

여동생은 어디에 있어요? 무슨 일을 해요? 쓰십시오.

____

6 What do you do every day? Talk as shown in the example.

여러분은 날마다 무엇을 해요? 보기 와 같이 이야기하십시오.

운동 책 숙제 게임 ···

보기

나: 운동을 자주 해요?

친구: 네, ____________

나: 무슨 운동을 해요?

친구: ____________

나: 책도 자주 읽어요?

친구: ____________

나: 무슨 책을 읽어요?

친구: ____________

나: 숙제는요? ____________?

친구: ____________

언니 older sister to younger females 남동생 younger brother 여동생 younger sister

1 What do you do every day? Fill in the table.

여러분은 날마다 무엇을 해요? 다음 표를 채우십시오.

	무슨?	얼마나 자주			
		날마다	자주	가끔	안 하다
음악					
운동					
숙제					

2 Look at the table above and write a story.

위 표를 보고 이야기를 써 봅시다.

3 Present your story.

여러분의 이야기를 발표해 봅시다.

memo 메모

7과 가족

02 부모님은 고향에 계세요?

Learning Objective

To introduce your family

Grammar

-으세요[1], ㄷ 동사

Vocabulary

Family, Honorifics, Numbers 1

MP3_14

- 두 사람이 무슨 이야기를 해요?
- 여러분의 가족은 어디에 있어요?

서　준: 가족이 몇 명이에요?
제임스: 아버지, 어머니, 누나 그리고 저, 모두 네 사람이에요.
서　준: 부모님은 고향에 계세요? 고향 소식을 자주 들어요?
제임스: 네, 부모님께서는 고향에 계세요. 자주 전화를 하세요.

몇 how many　명 counting unit for people　아버지 father　어머니 mother
누나 older sister to younger males　넷/네 four　부모님 parents　계시다 to be(honorific)
소식 news　듣다 to listen, to hear

가족

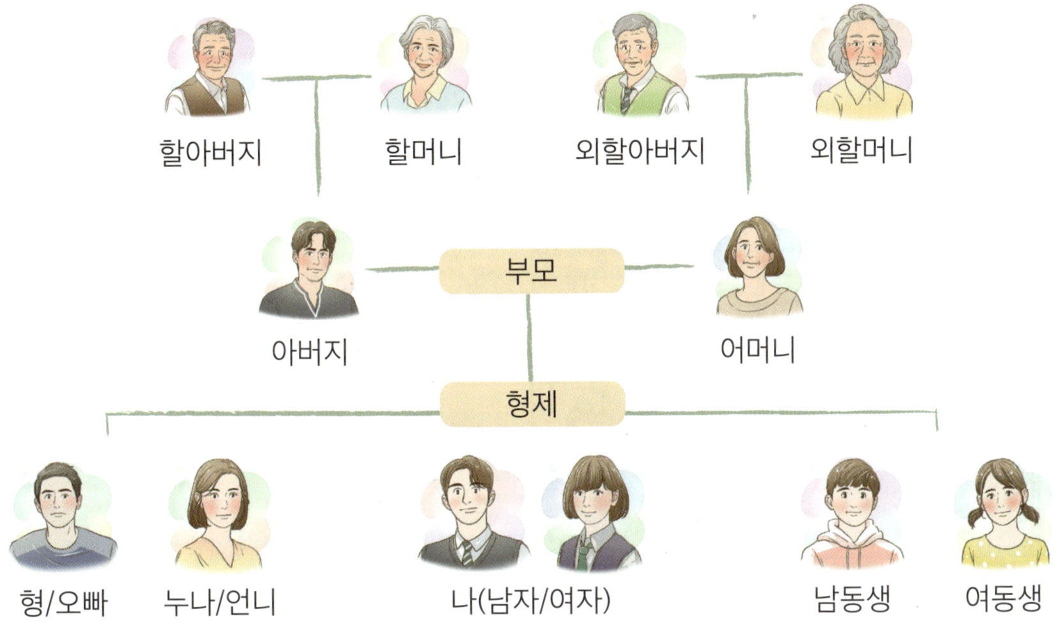

존대어

여동생이	할머니께서
있다/없다	계시다/안 계시다
자다	주무시다
먹다/마시다	잡수시다/드시다
말하다	말씀하시다

할아버지 grandfather　할머니 grandmother　외할아버지 maternal grandfather
외할머니 maternal grandmother　형제 sibling　형 older brother to younger males
오빠 older brother to younger females　나 I　남자 male　여자 female
주무시다 to sleep(honorific)　잡수시다 to eat(honorific)　드시다 to eat(honorific)
말하다 to speak　말씀하시다 to speak(honorific)

어휘 연습

1 Who is it among the family members? Fill in the blank.

가족 중의 누구입니까? 빈칸을 채우십시오.

보기 할머니

1)

2)

3)

4)

2 Complete the table and make a conversation as shown in the example.

표를 완성하고 보기와 같이 이야기하십시오.

보기

가: 할머니가 무엇을 하세요?

나: 할머니께서 말씀하세요.

가족	무엇을 해요?
할머니	보기 말씀하세요
누나	1)
아버지	2)
어머니	3)
할아버지	4)

수 1

하나	한 [명사] / 한 명
둘	두 [명사] / 두 명
셋	세 [명사] / 세 명
넷	네 [명사] / 네 명
다섯	다섯 [명사] / 다섯 명
여섯	여섯 [명사] / 여섯 명
일곱	일곱 [명사] / 일곱 명
여덟	여덟 [명사] / 여덟 명
아홉	아홉 [명사] / 아홉 명
열	열 [명사] / 열 명

어휘 연습

3 Write the correct number in Korean. 알맞은 숫자를 한글로 쓰십시오.

보기 학생 하나, 학생 한 사람

1) 가방 ________, 가방 ________ 개

2) 책상 ________, 책상 ________ 개

3) 의자 ________, 의자 ________ 개

4) 책 ________, 책 ________ 권

하나(한) one 셋(세) three 다섯 five 여섯 six 일곱 seven 여덟 eight 아홉 nine 열 ten
개 counting unit for items 권 counting unit for books

-으세요/세요[1]

P50

1 Complete the table.

표를 완성하십시오.

동생이 옷을 입어요.	보기 어머니께서 옷을 입으세요.
동생이 운동을 해요.	어머니께서 1) 운동을 ______.
동생이 사진을 봐요.	어머니께서 2) ______.
동생은 친구가 많아요.	어머니께서는 3) ______.
동생은 회사원이 아니에요.	어머니께서는 4) ______.

2 Ask and answer as shown in the example.

보기와 같이 묻고 대답하십시오.

> **보기**
> 가: (어디에 가다) → 어디에 가세요?
> 나: 학교에 가요.

1) 가: (우산이 있다) → ______?
   나: 아니요, 없어요.

2) 가: (무슨 일을 하다) → ______?
   나: 저는 선생님이에요.

3) 가: (오늘 기분이 좋다) → ______?
   나: 네, 오늘 고향 부모님께서 (오다) → ______.

4) 가: 제임스 씨, (지금 안 바쁘다) → ______?
   나: 질문이 있어요.

5) 가: (무슨 일이다) → ______?
   나: 질문이 있어요.

우산 umbrella　기분 mood

02 ㄷ 동사

P51

1 Complete the table.

표를 완성하십시오.

	-어요/아요/여요
걷다	
듣다	
묻다	
싣다	
*닫다	
*믿다	
*받다	

2 Complete the sentence.

문장을 완성하십시오.

1) 날마다 친구하고 공원에 가요. 공원에서 ________ 어요/아요/여요.
2) 매일 라디오로 한국 노래를 ________ 어요/아요/여요.
3) 질문이 많아요. 누구에게 ________ 어요/아요/여요?
4) 가방이 많아요. 어디에 ________ 어요/아요/여요?
5) 추워요? 창문을 ________ 어요/아요/여요?
6) 인터넷 뉴스를 ________ 어요/아요/여요?
7) 따르릉! 전화가 와요. 전화를 ________ 어요/아요/여요.

걷다 to walk 묻다 to ask 싣다 to load 닫다 to close 믿다 to believe 받다 to receive
매일 every day 인터넷 internet 뉴스 news 따르릉 ting-a-ling

1~3 Read and answer the questions.

읽고 질문에 답하십시오.

우리 가족은 다섯 명이에요.
아버지, 어머니, 누나, 여동생 그리고 저예요.
우리 가족은 미국 로스앤젤레스에 있어요.
아버지는 의사세요.
어머니는 주부세요.
누나도 의사예요.
여동생은 고등학생이에요.
저는 한국에서 한국말을 배워요.

1 How many siblings does this person have? Write.

이 사람은 형제가 몇 명 있어요? 쓰십시오.

2 What does the father do? Write.

아버지께서는 무슨 일을 하세요? 쓰십시오.

주부 housewife 고등학생 high school student

3 **Find the younger sister's writing. (　　)**

여동생의 글을 찾으십시오.

① 저는 언니와 오빠가 있어요.
언니는 의사예요.
오빠는 한국에 있어요.
저는 고등학교에 다녀요.

② 저는 남동생과 여동생이 있어요.
남동생은 한국에 살아요.
여동생은 고등학교에 다녀요.
저는 의사예요.

4 **Do you have siblings? Talk about it.**

여러분은 형제가 있어요? 이야기해 봅시다.

다니다 to attend

1~2 Listen and choose the correct answer.

듣고 맞는 답을 고르십시오.

1 (   )

① 여섯 명이에요.
② 네, 네 명 있어요.
③ 아버지, 어머니세요.
④ 네, 모두 제 가족이에요.

2 (   )

① 미국이에요.
② 전화를 안 해요.
③ 한국어를 못해요.
④ 한국 음악을 들어요.

3~4 Listen and answer the questions.

듣고 질문에 답하십시오.

3 **How many family members does Stefan have?**

슈테판 씨는 가족이 몇 명이에요?

① 두 명 ② 네 명 ③ 다섯 명 ④ 여섯 명

4 **Choose the answer that matches what you heard. (   )**

들은 내용과 같은 것을 고르십시오.

① 동생은 독일에서 공부해요.
② 어머니는 한국어를 가르치세요.
③ 가족이 모두 독일에 있어요.
④ 아버지는 독일 사람이 아니에요.

5~6 Listen and answer the questions.

듣고 질문에 답하십시오.

5 What do the Annie's sibilings do? Write.

애니 씨의 동생들은 무슨 일을 해요? 쓰십시오.

여동생: ______________________

남동생: ______________________

6 Choose the answer that does not match what you heard. ( )

들은 내용과 다른 것을 고르십시오.

① 애니 씨는 동생이 두 명 있어요.

② 애니 씨의 남동생은 고향에 있어요.

③ 애니 씨의 할머니께서는 고향에 계세요.

④ 애니 씨의 할아버지께서는 선생님이세요.

7 Where does your family live? What do they do for a living? Talk about it.

여러분의 가족은 어디에 살아요? 무슨 일을 해요? 이야기해 봅시다.

1 Write about one of your family members.

가족 중 한 명에 대해서 써 봅시다.

여러분의
가족사진

누구예요?	보기 동생	
이름이 뭐예요?	조쉬	
어디에 있어요?	애틀랜타	
무엇을 해요?	초등학생	
무엇을 좋아해요?	자전거, 노래	
어때요?	착하다	
자주 연락해요?	인터넷 전화	

2 Write as shown in the example.

보기 와 같이 써 봅시다.

보기

저는 동생이 한 명 있어요.
동생 이름은 조쉬예요. 조쉬는 미국 애틀랜타에 있어요.
동생은 초등학생이에요.
동생은 날마다 자전거를 타고 노래를 해요.
사랑스럽고 착해요. 노래도 잘해요.
저는 자주 동생에게 인터넷 전화를 해요.

3 Present about your family.

가족에 대해서 발표해 봅시다.

애틀랜타 Atlanta 초등학생 elementary school student 사랑스럽다 to be lovable
착하다 to be nice

문화

나이

한국에서는 새해 첫 날이 되는 1월 1일부터 한 살씩 많아집니다. 그래서 한국에서 나이를 물을 때 '올해 몇 살입니까?' 또는 '한국 나이로 올해 몇 살입니까?'라고 질문합니다. 이것은 한국의 나이가 다른 나라에서 말하는 나이와 좀 다르기 때문입니다.

어른께는 '올해 연세가 어떻게 되십니까?'라고 질문합니다.

나이를 이야기할 때는 '(올해) — 살입니다.'라고 이야기합니다.

1살	한 살
2살	두 살
3살	세 살
4살	네 살
5살	다섯 살
6살	여섯 살
7살	일곱 살
8살	여덟 살
9살	아홉 살
10살	열 살

11살	열한 살
12살	열두 살
13살	열세 살
14살	열네 살
~	~
20살	스무 살
21살	스물한 살
22살	스물두 살
23살	스물세 살
24살	스물네 살

30살	서른 살
40살	마흔 살
50살	쉰 살
60살	예순 살
70살	일흔 살
80살	여든 살
90살	아흔 살
100살	백 살

8과 고향과 친구

01 공기도 좋고 조용해요

Learning Objective

To introduce your hometown

Grammar

-고[1], ㅂ 동사

Vocabulary

Adjectives 2

MP3_15

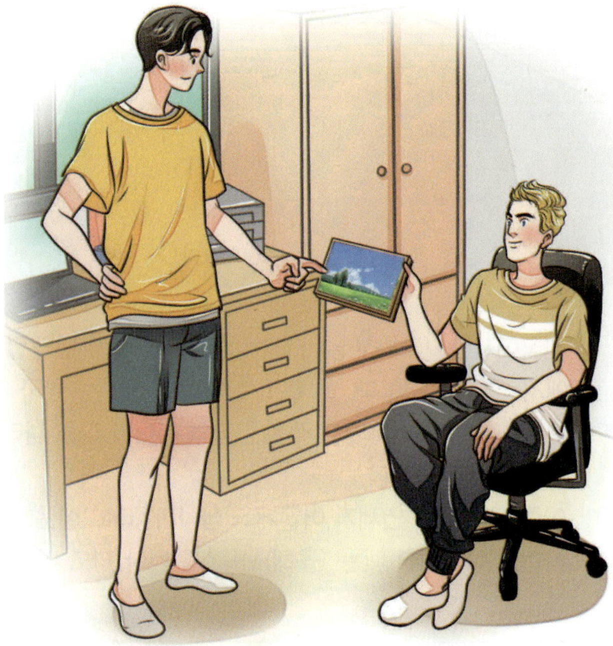

- 두 사람이 무엇을 보고 이야기해요?
- 여러분 고향은 어때요? 무엇이 좋아요?

서 준: 여기가 고향이에요?
제임스: 네, 우리 고향에는 산이 많아요. 공기도 좋고 조용해요.
서 준: 고향 날씨는 어때요?
제임스: 날씨가 좀 더워요.

산 mountain　공기 air　조용하다 to be quiet　좀 a little　덥다 to be hot

형용사 2

깨끗하다

더럽다

조용하다

시끄럽다

넓다

좁다

춥다

덥다

시원하다

따뜻하다

예쁘다

복잡하다

어휘 연습

1 Connect the opposite words. 반대되는 말을 찾아 연결하십시오.

보기 더워요 •		• ❶ 좁아요
1) 깨끗해요 •		• ❷ 시끄러워요
2) 조용해요 •		• ❸ 추워요
3) 넓어요 •		• ❹ 더러워요

깨끗하다 to be clean　더럽다 to be dirty　시끄럽다 to be noisy　넓다 to be wide
좁다 to be narrow　춥다 to be cold　시원하다 to be cool　따뜻하다 to be warm
예쁘다 to be pretty　복잡하다 to be crowded

1 -고¹

P52

1 Make the following into one sentence.

한 문장으로 만드십시오.

보기 교실이 넓어요. 깨끗해요. ➜ 교실이 넓고 깨끗해요.

1) 주스가 맛있어요. 시원해요. ➜ ______________________

2) 우체국이 좁아요. 복잡해요. ➜ ______________________

3) 도서관이 커요. 조용해요. ➜ ______________________

2 Ask and answer as shown in the example.

보기 와 같이 묻고 대답하십시오.

크다 시끄럽다 재미있다 좋다 깨끗하다 예쁘다 넓다 더럽다

보기
가: 가방이 어때요?
나: 가방이 크고 좋아요.

1) 가: 교실이 어때요?
나: ______________________.

2) 가: 집이 어때요?
나: ______________________.

3) 가: 친구가 어때요?
나: ______________________.

01 ㅂ 동사 P53

1 Complete the table. 표를 완성하십시오.

	-어요/아요/여요
아름답다	보기 아름다워요
가깝다	
맵다	
쉽다	
어렵다	
춥다	
덥다	
더럽다	
시끄럽다	
귀엽다	
돕다	
*입다	
*좁다	

2 Use the words above to complete the sentence.

위의 단어를 사용하여 문장을 완성하십시오.

1) 제주도 바다가 ______________ 어요/아요/여요.

2) 김치찌개가 좀 ______________ 어요/아요/여요.

3) 겨울에는 날씨가 ______________ 어요/아요/여요.

4) 여름에는 날씨가 ______________ 어요/아요/여요.

5) 동생이 ______________ 어요/아요/여요.

아름답다 to be beautiful　가깝다 to be close　맵다 to be spicy　쉽다 to be easy
어렵다 to be difficult　귀엽다 to be cute　돕다 to help　겨울 winter　여름 summer

1~3 **Read and answer the questions.**
읽고 질문에 답하십시오.

토모미 씨, 안녕하세요?
저는 지금 제주도에 있어요.
제주도는 제 고향이에요.
제주도에는 한라산과 바다가 있어요.
공기도 좋고 경치도 아름다워요.
귤도 참 맛있어요.
토모미 씨, 요즘도 많이 바빠요?
방학 잘 보내세요.

12. 20.
김정우

1 **What kind of text is this? Choose. (   )**
이 글은 무슨 글이에요? 고르십시오.

① 시 ② 소설 ③ 편지 ④ 일기

2 **Read and choose the correct answer. (   )**
읽고 맞는 것을 고르십시오.

① 지금은 방학이에요.
② 제주도에는 산이 없어요.
③ 토모미 씨는 지금 제주도에 있어요.
④ 토모미 씨 고향은 바다가 아름다워요.

제주도 Jeju Island 한라산 Halla Mountain 바다 sea 경치 scenery 귤 tangerine
요즘 nowadays, lately 방학 school vacation 잘 well 보내다 to spend time 시 poetry
소설 novel 편지 letter 일기 diary

3 Who wrote this? Write the name.

누가 이 글을 써요? 이름을 쓰십시오.

4 Fill in the table and talk to your friend as shown in the example.

다음 표를 채우고 보기 와 같이 친구와 이야기해 봅시다.

보기

가: 고향이 어디예요?

나: 프랑스 파리예요.

질문	-어요/아요/여요
고향이 어디예요?	
고향에 무엇이 있어요?	
무엇이 아름다워요?	
무슨 음식이 맛있어요?	
날씨는 어때요?	

1~2 Listen and choose the correct answer.

듣고 맞는 답을 고르십시오.

1 (　　)

① 교실이 아니에요.
② 친구가 있어요.
③ 넓고 깨끗해요.
④ 학생들이 공부해요.

2 (　　)

① 네, 날씨가 더워요.
② 네, 날씨가 따뜻해요.
③ 아니요, 날씨가 더워요.
④ 아니요, 날씨가 추워요.

3~4 Listen and answer the questions.

듣고 질문에 답하십시오.

3 **Where is the coffee shop? Write.**

커피숍은 어디에 있습니까? 쓰십시오.

____

4 **Choose the option that is not true about the coffee shop. (　　)**

커피숍에 대한 설명이 아닌 것을 고르십시오.

① 넓어요　　② 조용해요
③ 깨끗해요　　④ 시끄러워요

5~7 **Listen and answer the questions.**
듣고 질문에 답하십시오.

5 **How is Busan? (　　)**
부산이 어때요?

① 많아요　② 커요　③ 시끄러워요　④ 더워요

6 **What's in Busan? Write.** 부산에 무엇이 있어요? 쓰십시오.

(　　　　　)하고 (　　　　　)하고 (　　　　　)이/가 있어요.

7 **How are the people in Busan? Choose all. (　　,　　)**
부산 사람들은 어때요? 모두 고르십시오.

① 더워요　② 따뜻해요　③ 시원해요　④ 친절해요

8 **How is your hometown? What's in your hometown? Talk about it.**
여러분 고향은 어때요? 고향에 무엇이 있어요? 이야기해 봅시다.

부산 Busan　생선 fish　친절하다 to be kind　아주 very

1 Write about your hometown. 고향에 대해 써 봅시다.

질문	보기 나의 고향	나의 고향
고향이 어디예요?	미국 하와이	
무엇이 있어요?	바다, 산	
어때요?	경치가 아름다워요, 사람들이 친절해요	

2 Talk about your hometown with your friend as shown in the example.

친구와 고향에 대해 보기 와 같이 이야기해 봅시다.

보기

엠 마: 고향이 어디예요?
제임스: 제 고향은 미국 하와이예요.
엠 마: 고향에 무엇이 있어요?
제임스: 제 고향에는 바다하고 산이 있어요.
엠 마: 고향은 어때요?
제임스: 경치가 아름답고 사람들이 친절해요. 저는 제 고향을 아주 사랑해요.

3 Present about your friend's hometown. 친구의 고향을 발표해 봅시다.

보기

제임스 씨 고향은 미국 하와이예요.
제임스 씨 고향에는 바다하고 산이 있어요.
제임스 씨 고향은 경치가 아름답고 사람들이 친절해요.
제임스 씨는 고향을 아주 사랑해요.

사랑하다 to love

memo 메모

8과 고향과 친구

02 대학교에서 경제학을 전공해요

Learning Objective

To introduce your friend

Grammar

에서, ㅅ 동사

Vocabulary

Majors

MP3_16

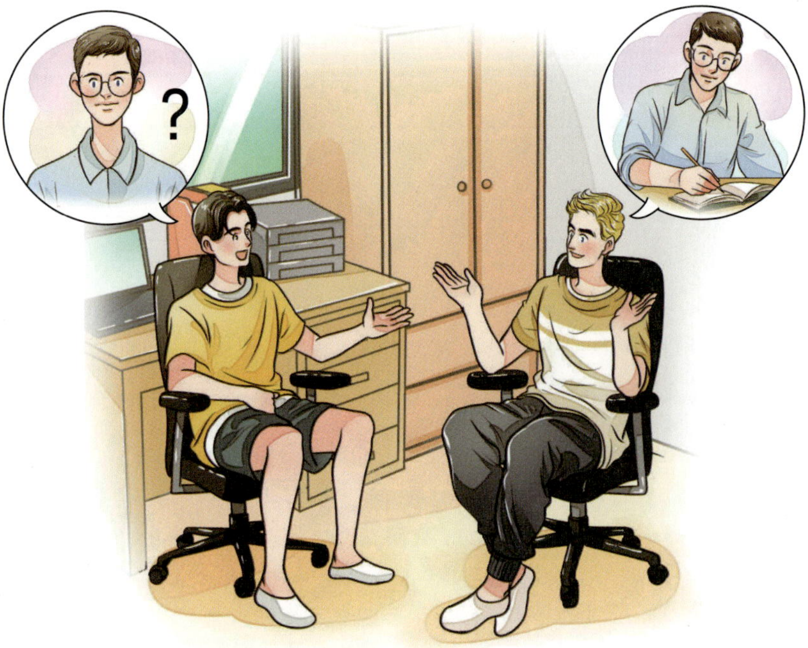

- 제임스 씨의 고향 친구는 무엇을 해요?
- 여러분 고향 친구는 지금 어디에 있어요? 무엇을 해요?

서　준: 이 사람은 누구예요?

제임스: 제 고향 친구예요. 대학교에서 경제학을 전공해요.

서　준: 친구도 한국말을 잘해요?

제임스: 네, 잘해요. 그렇지만 말하기는 제가 나아요.

경제학 economics　전공하다 to major in　그렇지만 but　낫다 to be better (than), to recover

전공

역사학

컴퓨터 공학

정치학

경제학

법학

경영학

의학

영문학

생물학

어휘 연습

1 Match.

연결하십시오.

보기 영어 선생님	• — •	❹ 영문학
1) 컴퓨터 프로그래머	•	❶ 법학
2) 변호사	•	❷ 의학
3) 의사	•	❸ 컴퓨터 공학
4) 은행원	•	❺ 생물학
5) 연구원	•	❻ 경제학

역사학 history　컴퓨터 공학 computer engineering　정치학 politics　법학 law
경영학 business administration　의학 medicine, medical science　영문학 English literature
생물학 biology　프로그래머 programmer

에서 P54

1 Match the correct one.

연결하십시오.

보기	회사	① 친구를 만나다
1)	학교	② 일하다
2)	공원	③ 밥을 먹다
3)	집	④ 공부를 하다
4)	학생회관	⑤ 텔레비전을 보다
5)	식당	⑥ 산책하다

2 Talk as shown in the example with the sentences in #1.

1번 내용을 보고 보기 와 같이 묻고 대답하십시오.

보기

가: 어디에서 일해요?

나: 회사에서 일해요.

ㅅ 동사

P55

1 Complete the table.

표를 완성하십시오.

	-어요/아요/여요
낫다	보기 나아요
젓다	
붓다	
짓다	
잇다	
긋다	
*웃다	보기 웃어요
*씻다	
*벗다	

2 Use the words above to complete the sentence.

위의 단어를 사용하여 문장을 완성하십시오.

1) 이 약을 먹어요. 그럼 ________________ 어요/아요/여요.

2) 커피에 우유를 넣어요. 그리고 잘 ________________ 어요/아요/여요.

3) 지금 라면을 먹어요? 그럼 얼굴이 ________________ 어요/아요/여요.

4) 여기에서 신발을 ________________ 어요/아요/여요.

5) 영화가 재미있어요. 친구하고 저는 많이 ________________ 어요/아요/여요.

젓다 to stir　붓다 to swell, to pour　짓다 to make, to build　잇다 to connect　긋다 to draw
씻다 to wash　벗다 take off　약 medicine, drug　우유 milk　신발 shoes

1~3 Read answer the questions.
읽고 질문에 답하십시오.

제 친구 민수는 대학생이에요.
전공이 경영학이에요.
민수는 미국 뉴욕에서 왔어요.
지금 한국에서 한국말을 공부해요.
민수는 노래를 잘 부르고 춤도 잘 춰요.
가끔 학교에서 춤을 춰요.
우리는 모두 민수를 좋아해요.

1 What is this story about? Write.
이 글은 무슨 이야기예요? 쓰십시오.

2 Choose the answer that does not match what you read. ( )
읽은 내용과 다른 것을 고르십시오.

① 민수는 지금 한국에 있어요.
② 민수의 전공은 경영학이에요.
③ 학교 친구들이 민수를 좋아해요.
④ 민수는 뉴욕에서 한국말을 공부해요.

부르다 to sing

3 What is Minsu good at? Write them all.

민수는 무엇을 잘해요? 모두 쓰십시오.

4 Who would you like to be friends with? Let's read the following and talk.

여러분은 누구와 친구가 되고 싶어요? 다음 글을 읽고 이야기해 봅시다.

1. 제 이름은 레오예요.
   멕시코에서 왔어요.
   전공이 컴퓨터예요.
   저는 운동을 좋아해요.

2. 저는 조앤이에요.
   제 고향은 런던이에요.
   전공은 피아노예요.
   노래도 잘해요.

3. 저는 지나예요.
   싱가포르에서 왔어요.
   전공은 관광학이에요.
   저는 여행을 좋아해요.

피아노 piano　관광학 tourism　여행 travel

1~2 Listen and choose the correct answer.
듣고 맞는 답을 고르십시오.

1 (   )

① 도서관을 지어요.
② 도서관에서 공부해요.
③ 도서관에서 친구를 만나요.
④ 도서관하고 학생회관이 있어요.

2 (   )

① 물이 나아요.
② 물을 저어요.
③ 물을 부어요.
④ 물로 씻어요.

3~4 Listen and answer the questions.
듣고 질문에 답하십시오.

3 **Where does Sunhee meet her friend?**
친구를 어디에서 만납니까? 쓰십시오.

4 **What transportation will Sunhee take today? (   )**
선희 씨는 오늘 무엇을 타겠습니까? 고르십시오.

① 버스 ② 택시 ③ 지하철 ④ 자전거

보통 usually 시간 time 택시 taxi 빨리 quickly, fast 자전거 bicycle

5~6 Listen and answer the questions.

듣고 질문에 답하십시오.

5 Choose the correct answer. (   )

이야기와 같은 것을 고르십시오.

① 마리 씨 친구는 대학생이에요.
② 마리 씨 친구는 한국에 있어요.
③ 수영 씨가 지금 브라이언을 만나요.
④ 수영 씨 친구 이름은 브라이언이에요.

6 Answer the questions. 알맞은 대답을 쓰십시오.

① **Where is Marie's friend now? Write.** 마리 씨 친구는 지금 어디에 있어요? 쓰십시오.

---

② **What is the major of Marie's friend ? Write.** 마리 씨 친구는 전공이 뭐예요? 쓰십시오.

---

7 What does your hometown friend study at college?

여러분의 고향 친구는 대학교에서 무엇을 공부해요? 이야기해 봅시다.

하와이 Hawaii

해 봅시다

1 Do you have any friends you want to introduce? Write.

소개하고 싶은 친구가 있어요? 쓰십시오.

친구 이름이 뭐예요?	케빈	
친구 학교가 어디예요?	연세 대학교	
친구 전공이 뭐예요?	경영학	
어때요?	노래를 잘해요. 재미있어요. 한국 음악을 좋아해요.	

2 Introduce your friends as shown in the example.

반 친구에게 보기 와 같이 친구를 소개하십시오.

보기

엠 마: 제임스 씨, 친구 이름이 뭐예요?
제임스: 제 친구 이름은 케빈이에요.
엠 마: 대학생이에요?
제임스: 네, 지금 연세 대학교에서 경영학을 공부해요.
엠 마: 케빈 씨는 어때요?
제임스: 제 친구 케빈은 노래를 잘하고 재미있어요.
그리고 한국 음악을 좋아해요.

3 What kind of person is your friend next to you? Introduce.

옆 친구는 어떤 사람이에요? 옆 친구를 소개해 봅시다.

보기

친구 이름은 줄리아예요. 대학생이에요.
지금 미국 대학교에서 영문학을 공부해요.
줄리아 씨는 재미있고 춤을 잘 춰요. 그리고 한국 드라마를 좋아해요.

문화

친구

여러분은 한국 친구가 많습니까? 대부분 외국인은 친해지면 친구라고 생각하지만 한국에서는 많이 친해도 나이가 다르면 친구라고 생각하지 않습니다. 한국 사람들은 나와 나이가 같은 사람을 친구라고 생각합니다. 나보다 나이가 많거나 적으면 친한 언니, 오빠, 형, 누나, 동생이 됩니다. 이렇게 한국에서는 사람을 사귈 때 나이가 중요합니다. 그래서 다른 사람들을 처음 만나면 나이를 묻습니다.

9과 날짜와 시간

01 두 시부터 여섯 시까지 일해요

Learning Objective
To tell the time

Grammar
-으러, 부터 까지

Vocabulary
Numbers 2, Time 1

MP3_17

- 다니엘 씨가 두 시부터 여섯 시까지 무엇을 해요?
- 여러분은 몇 시까지 공부해요?

리 사: 지금 몇 시예요?
다니엘: 열 시 십 분이에요.
리 사: 어디에 가세요?
다니엘: 일하러 가요. 선배 회사의 인턴 사원이에요.
리 사: 몇 시까지 일해요?
다니엘: 두 시부터 여섯 시까지 일해요.

시 o'clock 분 minute 선배 senior 인턴 사원 intern employee

수 2

1	일
2	이
3	삼
4	사
5	오
6	육
7	칠
8	팔
9	구
10	십

10	십
20	이십
30	삼십
40	사십
50	오십
60	육십
70	칠십
80	팔십
90	구십
100	백
1,000	천
10,000	만

88	팔십팔
110	백십
101	백일
620	육백이십
603	육백삼
1,305	천삼백오
2,350	이천삼백오십
12,345	만 이천삼백사십오
60,000	육만
60,708	육만 칠백팔
99,009	구만 구천구
100,000	십만

어휘 연습

1 How much is it? Read and write. 얼마예요? 읽고 쓰십시오.

1,400원

보기 천사백 원

650원

1) ____________

80,000원

2) ____________

5,500원

3) ____________

39,000원

4) ____________

14,000원

5) ____________

원 won(monetary unit of Korea)

시간 1

다섯 시 | 세 시 십오 분 | 일곱 시 반 | 다섯 시 사십 분

오전 두 시 오십 분 | 오후 다섯 시 십칠 분 | 오후 열한 시 십일 분

어휘 연습

2 What time is it? Read and write.

몇 시예요? 읽고 쓰십시오.

보기 아홉 시

1)

2)

3)

4)

5)

6)

7)

반 half　　오전 AM, morning　　오후 PM, afternoon

-으러/러

P56

1 Write as shown in the example. 보기 와 같이 쓰십시오.

> **보기**
> 공부하다 / 도서관에 가요 → 공부하러 도서관에 가요.

1) 무엇을 하다 / 가요? → ____________________?
2) 밥을 먹다 / 식당에 가요. → ____________________.
3) 숙제를 하다 / 도서관에 가요. → ____________________.

2 Ask and answer as shown in the example. 보기 와 같이 묻고 대답하십시오.

> **보기**
> 가: 무엇을 하러 가요? (공부하다 / 학교)
> 나: 공부하러 ~~으러/러~~ 학교에 가요.

1) 가: 무엇을 하러 가요? (커피를 사다 / 카페)

   나: ______________ 으러/러 ______________.

2) 가: 어디에 가요? (책을 빌리다 / 도서관)

   니: ______________ 으리/리 ______________.

3) 가: 어디에 가요? (식사하다 / 식당)

   나: ______________ 으러/러 ______________.

4) 가: 시장에 무엇을 하러 가요? (반찬을 사다)

   나: ______________ 으러/러 ______________.

5) 가: 도서관에 뭐 하러 가요? (책을 빌리다)

   나: ______________ 으러/러 ______________.

6) 가: 학교 앞에 왜 가요? (친구를 만나다)

   나: ______________ 으러/러 ______________.

부터 까지

P57

1 **Ask and answer as shown in the example.**

보기 와 같이묻고 대답하십시오.

보기

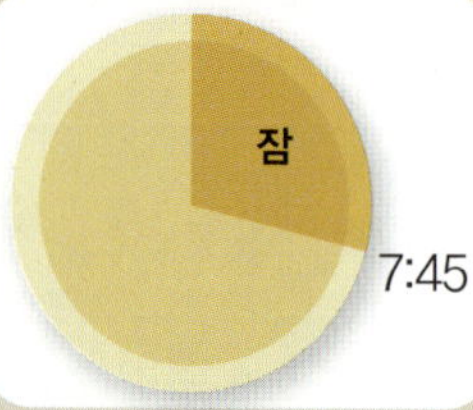

가: 몇 시까지 자요?

나: 오전 일곱 시 사십 오분까지 자요.

1)

가: 몇 시까지 학교에 가요?

나: 오전 ______________________ 학교에 가요.

2)

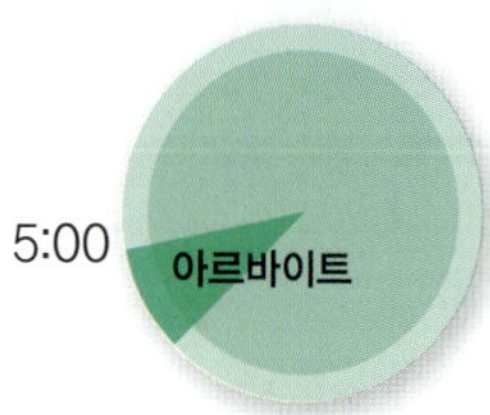

가: 언제까지 아르바이트를 해요 ?

나: ______________________ 아르바이트를 해요

3)

가: ______________________?

나: ______________________.

4)

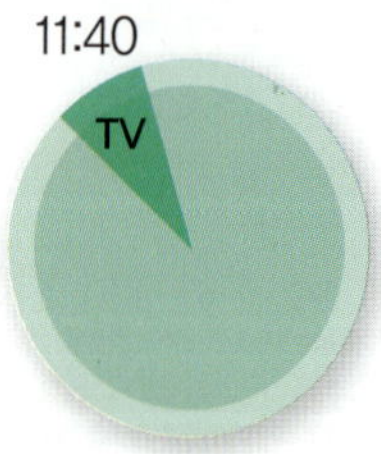

가: ______________________?

나: ______________________.

언제 when

2 Make sentences as shown in the example.

보기 와 같이 문장을 만드십시오.

보기

(9:00~13:00, 학교에서 공부하다)

→ 아홉 시부터 한 시까지 학교에서 공부해요.

1) (오후 1:00~2:00, 학생 식당에서 친구와 점심을 먹다)

→ ______________________.

2) (오후 3:00~5:00, 아르바이트를 하다)

→ ______________________

3) (아침~밤, 도서관에서 공부를 하다)

→ ______________________

4) (밤 11:00~11:40, 텔레비전을 보다)

→ ______________________

5) (밤 11:40 ~ 다음날 7:40, 자다)

→ ______________________

학생 식당 student cafeteria 점심 lunch 아르바이트 part time job 아침 morning 밤 night
다음날 next day

1~3 Read and answer the questions.
읽고 질문에 답하십시오.

아침 여덟 시 반이에요.
먼저 리사 씨가 들어와요. 리사 씨는 샌드위치를 먹어요.
여덟 시 사십오 분이에요.
마이클 씨가 그다음에 와요. 마이클 씨는 커피를 마셔요.
여덟 시 오십오 분이에요.
제임스 씨와 엠마 씨가 공부하러 와요.
엠마 씨는 리사 씨 옆에 앉아요. 두 사람이 같이 이야기해요.
아홉 시예요.
마지막에 선생님께서 교실에 들어오세요.
우리는 아홉시부터 한 시까지 공부를 해요.

1 Where is this place?
여기가 어디예요?

---

2 Who gets in here first? Write in order.
여기에 누가 먼저 들어와요? 순서대로 쓰십시오.

(　　　　　) → (　　　　　) → (제임스 씨와 엠마) → (　　　　　)

먼저 first　들어오다 to come in　샌드위치 sandwich　그다음에 next　마지막에 finally, lastly

3 Mark "O" if the statement is correct, and "X" if incorrect.

맞으면 O, 틀리면 X 하십시오.

1) 제임스 씨가 샌드위치를 먹어요. (   )

2) 리사 씨 앞에 엠마 씨가 앉아요. (   )

3) 여덟 시 삼십 분에 리사 씨가 들어와요. (   )

4 Read the text above and talk about it with a friend.

위 글을 읽고 친구와 이야기해 봅시다.

가: 여덟 시 반이에요. 누가 들어와요?

나: 1) ____________________.

가: 그다음에 누가 와요? 여기에서 무엇을 해요?

나: 2) ____________________.

가: 마지막에 누가 교실에 와요?

나: 3) ____________________.

가: 우리는 몇 시부터 몇 시까지 공부해요?

나: 4) ____________________.

1~2 Listen and choose the correct answer.

듣고 맞는 답을 고르십시오.

1 (   )

① 아홉 시예요. ② 아홉 시까지 가요.

③ 아홉 시부터 가요. ④ 아홉 시까지 공부해요.

2 (   )

① 

② 

③ 

④ 

3~4 Listen and answer the questions.

듣고 질문에 답하십시오.

3 **When does James study? (   )**

제임스 씨는 언제 공부해요?

① 여덟 시 반부터 공부해요.

② 아홉 시부터 공부해요.

③ 오후 한 시부터 공부해요.

④ 세 시부터 다섯 시까지 공부해요.

4 **What does James do from 3:00 p.m.?**

제임스 씨는 오후 세 시부터 무엇을 해요? 쓰십시오.

5~6 Listen and answer the questions.

듣고 질문에 답하십시오.

5 **What time is it now? Write.** 지금 몇 시예요? 쓰십시오.

____

6 **Listen and fill in the blank.** 듣고 쓰십시오.

엄마 씨는 질문이 있어요.

선생님은 곧 ❶ __________ 이/가 있어요.

그래서 선생님은 ❷ __________ 까지 회의에 가요.

그렇지만 지금은 선생님이 ❸ ______ 분쯤 ❹ __________ 이/가 있어요.

엄마 씨하고 선생님은 네 시까지 이야기해요.

7 **What do you do in the afternoon? Write and present as shown in the example.** 여러분은 오후에 무엇을 해요? 보기 와 같이 쓰고 발표하십시오.

보기

저는 보통 오후에 숙제를 해요.
그리고 운동도 해요.
오후 두 시부터 세 시까지 숙제를 해요.
숙제를 하러 도서관에 가요.
그리고 다섯 시부터 여섯 시 반까지 운동해요.
보통 한 시간 반쯤 운동해요.
그리고 저녁을 먹으러 집에 가요.
여섯 시 반부터 저녁을 먹어요.

회의 business meeting　쯤 or so, around　곧 in a moment

1 Talk as shown in the example.

보기 와 같이 이야기하십시오.

보기

가: 지금 몇 시예요?
나: 아홉 시 이십 분이에요.
가: 무엇을 해요?
나: 공부해요.

1) 

2) 

3) 

2 Look at the following schedule and answer the questions.

다음 시간표를 보고 이야기하십시오.

시간표

<table>
<tr><th></th><th>월요일
Mon</th><th>화요일
Tue</th><th>수요일
Wed</th><th>목요일
Thu</th><th>금요일
Fri</th></tr>
<tr><td>9:00~9:50</td><td rowspan="4">한국어학당
403호</td><td rowspan="4">한국어학당
403호</td><td rowspan="4">한국어학당
403호</td><td rowspan="4">한국어학당
403호</td><td rowspan="4">한국어학당
403호</td></tr>
<tr><td>10:00~10:50</td></tr>
<tr><td>11:00~11:50</td></tr>
<tr><td>12:00~12:50</td></tr>
<tr><td>1:00~1:50</td><td></td><td></td><td></td><td></td><td></td></tr>
<tr><td>2:00~2:50</td><td rowspan="2">경제학
백양누리 M02</td><td></td><td rowspan="2">경제학
백양누리 M02</td><td></td><td rowspan="2">경제학
백양누리 M02</td></tr>
<tr><td>3:00~3:50</td><td rowspan="2">태권도
체육관 B102</td><td rowspan="2">태권도
체육관 B102</td></tr>
<tr><td>4:00~4:50</td><td>언어 교환
글로벌 라운지</td><td>언어 교환
글로벌 라운지</td><td></td></tr>
</table>

시간표 time table 언어 교환 language exchange

1) 가: 날마다 몇 시까지 한국어학당에 가요?

나: ______________________________.

2) 가: 몇 시부터 몇 시까지 경제학 수업이 있어요?

나: ______________________________.

3) 가: 몇 시까지 체육관에 가요?

나: ______________________________.

3 Create your class schedule and talk about it with a friend.

여러분의 수업 시간표를 만들고 친구와 이야기해 봅시다.

__________ 의 시간표

	월요일 Mon	화요일 Tue	수요일 Wed	목요일 Thu	금요일 Fri
9:00~9:50					
10:00~10:50					
11:00~11:50					
12:00~12:50					
1:00~1:50					
2:00~2:50					
3:00~3:50					
4:00~4:50					

9과 날짜와 시간

02 오늘이 몇 월 며칠이에요?

Learning Objective

To say the date and day of the week

Grammar

-을 거예요, -으세요[2]

Vocabulary

Date and day of the week

MP3_18

- 두 사람이 무엇을 봐요?
- 오늘이 무슨 요일이에요?

리 사: 오늘이 몇 월 며칠이에요?
제임스: 시월 팔 일이에요.
리 사: 무슨 요일이에요?
제임스: 금요일이에요. 오늘 뭘 할 거예요?
리 사: 저는 운동하러 갈 거예요. 제임스 씨도 5시까지 오세요.
제임스: 저는 집에서 쉴 거예요. 내일 봐요.

월 month 며칠 a few days/several days 시월 October 일 day 요일 day of a week
금요일 Friday 쉬다 to rest 내일 tomorrow

날짜와 요일

일요일	월요일	화요일	수요일	목요일	금요일	토요일
					1	2
3	4	5	6	7	8	9
10	11	12	13	14	15	16
17	18	19	20	21	22	23
24/31	25	26	27	28	29	30

(10)

1월	2월	3월	4월	5월	6월
일월	이월	삼월	사월	오월	유월
7월	8월	9월	10월	11월	12월
칠월	팔월	구월	시월	십일월	십이월

1일	2일	3일	4일	5일	6일	
일 일	이 일	삼 일	사 일	오 일	육 일	
7일	8일	9일	10일	11일	12일	…
칠 일	팔 일	구 일	십 일	십일 일	십이 일	

어휘 연습

1 **Ask and answer as shown in the example.**

보기 와 같이 묻고 대답하십시오.

보기

가: 크리스마스가~~이/가~~ 몇 월 며칠이에요?

나: 크리스마스는~~은/는~~ 십이월 이십오 일이에요. 수요일이에요.

December 12

SUN	MON	TUE	WED	THU	FRI	SAT
1	2	3	4	5	6 (내 생일)	7
8	9	10	11	12	13	14
15	16	17 (오늘)	18	19	20	21
22	23	24	25	26	27	28
29	30	31				

1) 오늘 2) 내일 3) 생일

일월 January 이월 February 삼월 March 사월 April 오월 May 유월 June 칠월 July
팔월 August 구월 September 십일월 November 십이월 December 월요일 Monday
화요일 Tuesday 수요일 Wednesday 목요일 Thursday 토요일 Saturday 일요일 Sunday
크리스마스 Christmas 생일 birthday

-을/ㄹ 거예요

P58

1 Ask and answer. 묻고 대답하십시오.

보기

가: 엠마 씨, 내일 뭘 할 거예요?
나: 저는 친구를 만날 거예요.

1) 가: 선희 씨, 방학에 뭘 할 거예요?

나: (아르바이트를 하다) ______________________.

2) 가: 마이클 씨, 언제 고향에 갈 거예요?

나: (내일 고향에 가다) ______________________.

3) 가: 리사 씨, 밥을 어디에서 먹을 거예요?

나: (집 앞 백반집에서 먹다) ______________________.

2 Talk as shown in the example. 보기 과 같이 이야기하십시오.

보기

가: 무슨 영화를 볼 거예요?
나: 액션 영화를 볼 거예요.
영화가 아마 재미있을 거예요.

1)

가: 부산에 어떻게 갈 거예요?

나: 저는 ______________________

기차가 아마 ______________________

백반집 korean home-style restaurant　　아마 probably

2) 

가: 백화점에서 무엇을 살 거예요?

나: 저는 ____________________

백화점 물건이 아마 ____________________

3) 

가: 어디에서 숙제할 거예요?

나: 저는 ____________________

도서관에 아마 사람이 많을 거예요.

4) 

가: 내일 뭐 할 거예요?

나: 내일은 ____________________

내일은 아마 ____________________

02 -으세요/세요²

P59

1 **Write as shown in the example.**

보기 와 같이 쓰십시오.

> **보기** 열심히 공부하다 → 열심히 공부하세요.

1) 숙제하다 → ____________________.

2) 어서 오다 → ____________________.

3) 많이 드시다 → ____________________.

4) 안녕히 주무시다 → ____________________.

2 Complete the conversation as shown in the example.

보기 와 같이 대화를 완성하십시오.

보기

가: 언제 전화해요?

나: (내일 다시 전화하다) 내일 다시 전화하세요.

1) 가: 배가 고파요.

나: (식사를 하다) ______________________.

2) 가: 다리가 아파요.

나: (잠시 쉬다) ______________________.

3) 가: 안녕히 가세요.

나: (안녕히 계시다) ______________________.

4) 가: 여기에서 기다려요?

나: 네, (여기에서 기다리다) ______________________.

배가 고프다 to be hungry　다리 leg　아프다 to be sick

1~3 Read and answer the questions.

읽고 질문에 답하십시오.

오늘은 10월 1일 일요일이에요.
모레는 개천절이에요.
7일은 추석이에요.
그래서 8일까지 3일 쉬어요.
한국 사람들은 추석에 고향에 가요.
제 친구 선희 씨도 고향에 갈 거예요.
저도 선희 씨 고향에 같이 갈 거예요.
9일은 한글날이에요.
제 동생 생일도 10월이에요.
25일이 제 동생 생일이에요.

1 **What month and day is the National Foundation Day of Korea? Write in Korean.** 개천절이 몇 월 며칠이에요? 한글로 쓰십시오.

---

2 **What do Koreans do during Chuseok? Write.**
한국 사람들은 추석에 무엇을 해요? 쓰십시오.

---

3 **Mark "O" if the statement is correct, and "X" if incorrect.**
맞으면 O, 틀리면 X 하십시오.

1) 추석에 수업이 없어요. ( )

2) 개천절은 수요일이에요. ( )

3) 추석에 나는 선희 씨 고향에 갈 거예요. ( )

모레 the day after tomorrow　개천절 National Foundation Day of Korea
추석 Chuseok, Korean Thanksgiving Day　한글날 Hangul Proclamation Day

4 Fill in your schedule for this month on the calendar and talk about it with friends.

달력에 여러분의 이번 달 일정을 쓰고 친구들과 이야기해 봅시다.

월						
일	월	화	수	목	금	토

1~2 Listen and choose the correct answer.

듣고 맞는 답을 고르십시오.

1 (   )

① 일요일이에요. ② 제 생일이에요.

③ 10월 5일이에요. ④ 저녁 일곱 시 칠 분이에요.

2 (   )

① 산에 가세요. ② 일요일은 6월 1일이에요.

③ 친구를 만나러 갈 거예요 ④ 월요일에 영화를 볼 거예요.

3~4 Listen and choose the correct answers.

듣고 맞는 답을 고르십시오.

3 **When is James' birthday? (   )**

제임스 씨 생일이 몇 월 며칠이에요?

① 1월 20일 ② 1월 21일

③ 1월 22일 ④ 1월 23일

4 **What will James do on his birthday? Write.**

제임스 씨가 생일에 무엇을 할까요? 쓰십시오.

____

파티 party 노래방 singing room

5~6 Listen and answer the questions.

듣고 질문에 답하십시오.

5 Listen and fill in the calendar. 듣고 달력을 채우십시오.

12월						
일	월	화	수	목	금	토
	1	2	3	4	5 ❶	6
7	8 ❷	9	10	11 ❸	12	13
14	15 ❹	16	17	18	19	20
21	22 ❺	23	24 ❻	25 크리스마스	26	27
28	29	30	31			

6 What month and day is Christmas? Write.

크리스마스는 몇 월 며칠이에요? 쓰십시오.

____

시험 exam　기차 train　돌아가다 to return, to go back　크리스마스 이브 Christmas Eve
모임 gathering

7 Write your vacation plans as shown in the example.

보기 와 같이 여러분의 방학 계획을 써 봅시다.

보기

나의 방학 계획

12월 11일부터 방학이에요. 그날은 금요일이에요.

방학은 학교에 안 가요. 그래서 친구들을 많이 만날 거예요.

친구들과 한국 여행을 할 거예요. 재미있을 거예요

맛집에도 다닐 거예요. 맛있는 한국 음식이 많을 거예요.

다음 학기 예습도 할 거예요. 다음 학기는 전공 공부가 더 어려울 거예요.

저는 열심히 공부할 거예요. 방학을 잘 보낼 거예요. 방학이 기대가 돼요.

<나의 방학 계획>

맛집 great restaurant　예습하다 to prepare one's lesson　더 more
기대가 되다 to be looking forward to

1 When is your birthday? Talk as shown in the example.

생일이 언제예요? 보기 와 같이 이야기하십시오.

보기

가: 생일이 언제예요?
나: 4월 5일이에요.
가: 뭐 하실 거예요?
나: 친구들과 파티를 할 거예요. 파티가 재미있을 거예요.

2 Write and present your birthday plans as shown in the example.

보기 와 같이 생일 계획을 쓰고 발표하십시오.

보기

제 생일은 4월 5일이에요. 봄이에요.
저는 보통 생일에 가족과 식사를 해요.
선물도 받아요.
그런데 이번 생일에는 한국에 있어요.
그래서 친구들과 생일 파티를 할 거예요.
그리고 자전거로 한국을 여행할 거예요.
한국 음식도 많이 먹을 거예요.

<나의 생일 계획>

____

____

____

____

____

계획 plan

문화

한국의 명절

한국의 전통 명절은 많습니다. 그렇지만 현대의 한국 사람들이 지키는 큰 전통 명절은 설날과 추석입니다.

설날은 새해가 시작되는 음력 1월 1일이고 추석은 음력 8월 15일입니다.

추석은 가을에 추수가 끝난 후에 풍성한 수확을 거두게 해 준 조상에게 감사를 드리는 날이며 다른 말로 한가위라고도 합니다.

추석에는 "풍성한 한가위 보내세요." 또는 "행복한 추석을 보내세요."라고 인사합니다.

설날에는 "새해 복 많이 받으십시오."라고 인사합니다.

10과

하루 생활

01 일곱 시 반에 일어나요

Learning Objective

To explain your daily routine

Grammar

에, -고[2]

Vocabulary

Verbs 3

MP3_19

- 다니엘 씨가 무엇을 해요?
- 여러분은 날마다 몇 시까지 자요?

수 지: 아침에 몇 시에 일어나요?
다니엘: 일곱 시 반에 일어나요.
수 지: 아침을 먹고 학교에 가요?
다니엘: 아니요, 아침은 안 먹어요.
수 지: 수업은 날마다 있어요?
다니엘: 네, 월요일부터 금요일까지 있어요.

아침 morning, breakfast　일어나다 to get up　수업 class

동사 3

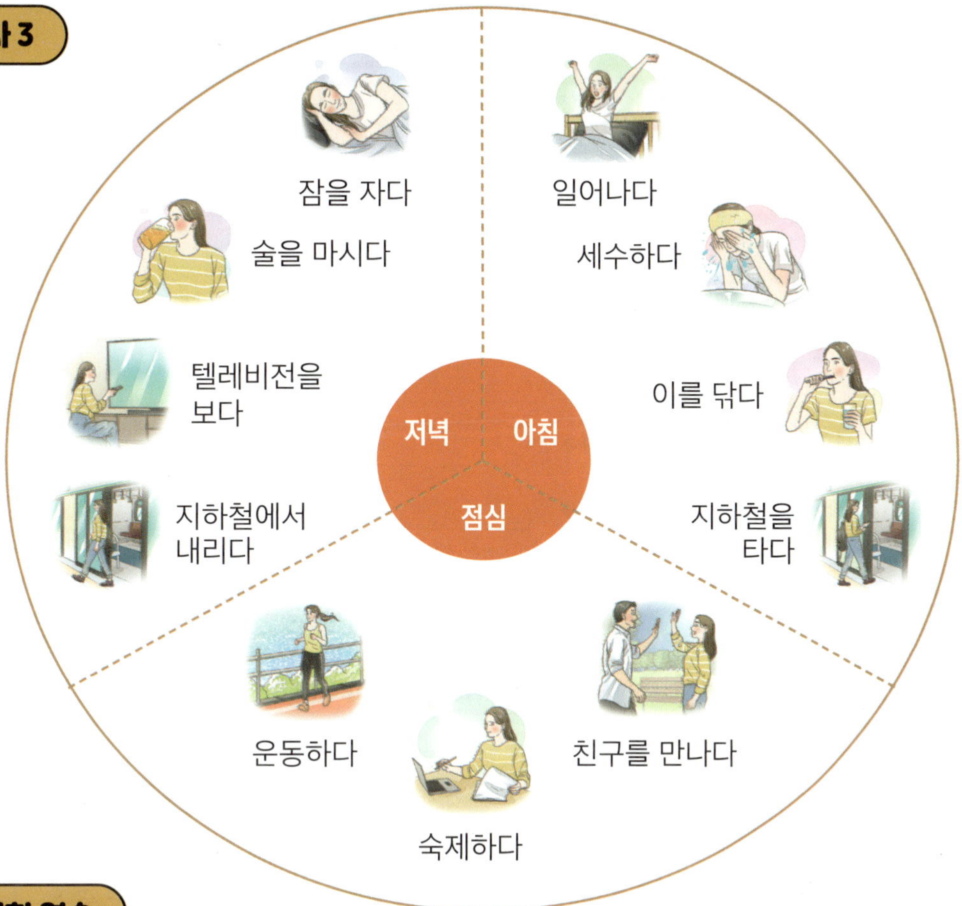

어휘 연습

1 **Write.** 쓰십시오.

이를 닦다	일어나다	세수하다	친구를 만나다	운동하다	숙제하다
잠을 자다	지하철에서 내리다	지하철을 타다	텔레비전을 보다	술을 마시다	

아침	점심	저녁
보기 일어나요.		

세수하다 wash one's face　이를 닦다 to brush one's teeth　술 alcoholic drink　내리다 to get off
잠 sleep

에

P61

1 Write as shown in the example.

보기 와 같이 쓰십시오.

보기 (7시) 일어나요. → 일곱 시에 일어나요.

1) (9시) 학교에 가요. → ______

2) (12시) 점심을 먹어요. → ______

3) (저녁) 친구를 만나요. → ______

2 Look at the picture and talk as shown in the example.

그림을 보고 보기 와 같이 이야기하십시오.

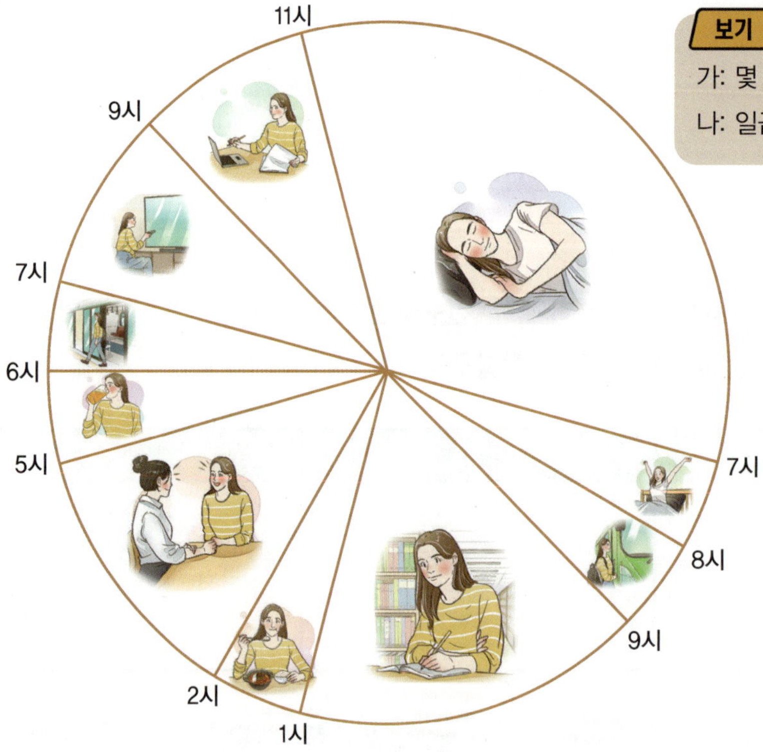

보기
가: 몇 시에 일어나요?
나: 일곱 시에 일어나요.

-고² P61

1 Make it into one sentence.

한 문장으로 만드십시오.

보기

숙제를 해요. 텔레비전을 봐요.
→ 숙제를 하고 텔레비전을 봐요.

1) 식사를 해요. 커피를 마셔요. → ______

2) 세수를 해요. 자요. → ______

3) 저녁을 먹어요. 운동을 해요. → ______

2 Look at the picture and talk as shown in the example.

그림을 보고 보기 와 같이 이야기하십시오.

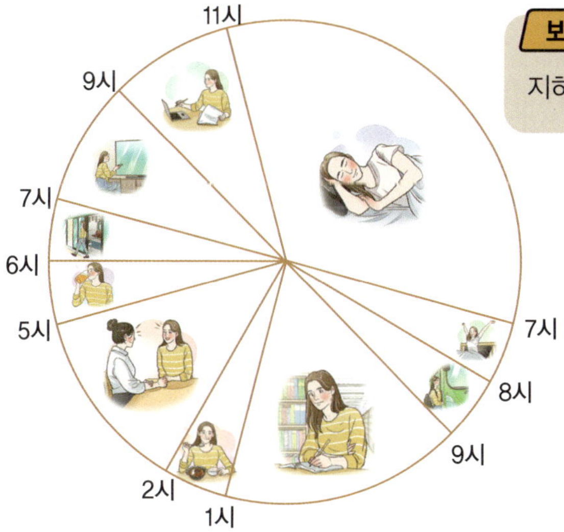

보기

지하철을 타고 학교에 가요. (8시~9시)

1) 학교에서 한국어를 공부하고 ______. (9시~2시)

2) 점심을 먹고 ______. (1시~5시)

3) ______. (7시~11시)

4) ______. (9시~ 7시)

1~3 Read and answer the questions.

읽고 질문에 답하십시오.

오늘은 금요일이에요.
저는 아침 일곱 시부터 여덟 시까지 수영을 해요.
아홉 시부터 오후 한 시까지는 한국어 수업이 있어요.
오늘은 수업이 끝나고 학생식당에서 점심을 먹을 거예요.
점심을 먹고 회사에 갈 거예요.
두 시부터 여섯 시까지 회사에서 열심히 일할 거예요.
여섯 시 반에 약속이 있어요.
명동에서 친구를 만날 거예요.
친구와 같이 저녁을 먹고 여덟 시에 영화를 볼 거예요.
이야기도 많이 할 거예요.

1 What is the story about? Write.

무슨 이야기를 해요? 쓰십시오.

나의 (   )

2 Choose the correct answer. (   )

맞는 것을 고르십시오.

① 오늘 네 시간 수업이 있어요,
② 저녁을 먹고 명동에 갈 거예요.
③ 오늘 회사에서 점심을 먹을 거예요.
④ 오늘 영화를 보고 친구와 저녁을 먹을 거예요.

끝나다 to finish, to be over　약속 appointment　명동 Myeongdong　하루 a day

3 Read the text above and write the numbers in order.

글을 읽고 (　　)에 순서대로 번호를 쓰십시오.

1) 한국어 수업을 들어요. (　　)

2) 영화를 봐요. (　　)

3) 명동에서 친구를 만나요. (　　)

4) 수영을 해요. (**1**)

5) 회사에서 일해요. (　　)

4 Talk with a friend as shown in the example.

보기 와 같이 친구와 이야기해 봅시다.

> **보기**
> 가: 보통 몇 시에 일어나요?
> 나: 보통 오전 여섯 시에 일어나요.

1) 가: 오전에는 무엇을 해요?

나: ____________________

2) 가: 오늘 몇 시에 어디에서 점심을 먹을 거예요?

나: ____________________

3) 가: 오후에는 무엇을 할 거예요?

나: ____________________

4) 가: 저녁을 먹고 무엇을 할 거예요?

나: ____________________

5) 가: 보통 몇 시에 자요?

나: ____________________

1~2 Listen and choose the correct answer.

듣고 맞는 답을 고르십시오.

1 (　　)

① 학교에 가요. ② 친구를 만나요.
③ 2시에 만나요. ④ 학교 앞에서 만나요.

2 (　　)

① 주말에 운동하세요. ② 청소하고 운동할 거예요.
③ 운동하러 공원에 가세요. ④ 월요일에 청소할 거예요.

3~4 Listen and answer the questions.

듣고 질문에 답하십시오.

3 **At what time does Seojun go out to exercise? Write.**

서준 씨는 몇 시에 운동하러 나갑니까? 쓰십시오.

---

4 **Choose what Seojun is not doing today.** (　　)

서준 씨가 오늘 하는 일이 아닌 것을 고르십시오.

① 게임해요. ② 숙제해요.
③ 공원에 가요. ④ 텔레비전을 봐요.

주말 weekend　청소하다 to clean up　게임하다 to play a game

5~6 Listen and answer the questions.

듣고 질문에 답하십시오.

5 Listen and write the time.

듣고 시간을 쓰십시오.

① 시 분

② 시 분

③ 시 분

④ 시 분

⑤ 시 분

⑥ 시 분

⑦ 시 분

6 Look at the picture above and talk as shown in the example.

위 그림을 보고 **보기** 와 같이 이야기하십시오.

보기

가: 제임스 씨는 몇 시에 일어나요?

나: 제임스 씨는 일찍 일어나요. 6시 30분에 일어나요.

7 What is your daily routine like? Talk about it.

여러분의 하루 일과는 어때요? 이야기해 봅시다.

일찍 early

1 **What do you do on Saturday? Fill in the table as shown in the example.**

이번 토요일에 무엇을 합니까? 보기 와 같이 표에 써 봅시다.

보기

마이클의 주말 계획

오전			오후		
8:00	10:30	12:00	3:20	6:40	9:00
-운동 -아침	-숙제 -한국어 공부	-점심 -산책	-청소 -친구	-저녁 -집	-책 -잠

나의 주말 계획

오전		
- -	- -	- -

오후		
- -	- -	- -

2 Look at the table above and talk about your weekend plan as shown in the example.

위 표를 보고 주말 계획을 보기 와 같이 말해 봅시다.

보기

저는 토요일 오전 8시에 운동을 하고 아침을 먹을 거예요.
10시 30분에는 숙제를 하고 한국어 공부를 할 거예요.
12시에는 점심을 먹고 산책할 거예요.
그리고 오후 3시 20분에 청소를 하고 친구를 만날 거예요.
6시 40분에는 저녁을 먹고 집에 올 거예요.
밤 9시에 책을 읽고 잘 거예요.

3 Talk with your friend about your weekend plan as shown in the example.

주말 계획에 대해 보기 와 같이 친구와 이야기해 봅시다.

보기

엠 마: 이번 주말에 무엇을 할 거예요?
마이클: 오전에는 8시에 운동을 하고 아침을 먹을 거예요.
그리고 10시 30분에 숙제도 하고 한국어 공부도 할 거예요.
엠 마: 점심은 언제 먹을 거예요?
마이클: 12시에 점심을 먹을 거예요. 점심을 먹고 산책을 할 거예요.
엠 마: 그럼 오후에는 무엇을 할 거예요?
마이클: 3시 20분에 청소를 하고 친구를 만날 거예요.
친구하고 같이 6시 40분에 저녁을 먹고 집에 올 거예요.
이번 주 토요일에는 밤 9시에 책을 읽고 잘 거예요.

10과 하루 생활

02 어제 무엇을 했어요?

Learning Objective

To talk about past events

Grammar

-으면, -었-

Vocabulary

Time 2

MP3_20

- 다니엘은 어제 친구와 무엇을 했어요?
- 여러분은 보통 친구들과 무엇을 해요?

수　지: 어제 무엇을 했어요?
다니엘: 친구를 만났어요.
수　지: 친구를 만나면 보통 무엇을 해요?
다니엘: 영화를 봐요.
수　지: 어제도 영화를 봤어요?
다니엘: 네, 영화가 아주 재미있었어요.

어제 yesterday

시간 2

2024년 5월						
일	월	화	수	목	금	토
	1	2	3	4	5	6
7	8	9	10 ★오늘	11	12	13
14	15	16	17	18	19	20
21	22	23	24	25	26	27
28	29	30	31			

지난주 (5월 1일–6일) / 이번 주 (5월 7일–13일) / 다음 주 (5월 14일–20일)

그제/그저께	어제/어저께	오늘	내일	모레
5월 8일	5월 9일	5월 10일	5월 11일	5월 12일

지난(주) 토요일	이번 (주) 토요일	다음 (주) 토요일
5월 6일	5월 13일	5월 20일

지난달	이번 달	다음 달
4월	5월	6월

작년	올해	내년
2023년	2024년	2025년

지난주 last week　이번 주 this week　다음 주 next week　그제/그저께 the day before yesterday
어제/어저께 yesterday　지난달 last month　이번 달 this month　다음 달 next month
작년 last year　올해 this year　내년 next year

어휘 연습

1 Look at the picture and write.

그림을 보고 쓰십시오.

12월

일	월	화	수	목	금	토
7 	8 	9 	10 	11 ★오늘	12 	13 

보기 어제 한국어를 공부했어요.

1) ________________ 친구를 만났어요.

2) ________________ 운동을 할 거예요.

3) ________________ 갈비를 먹을 거예요.

4) ________________ 일요일에 백화점에서 옷을 샀어요.

갈비 rib

-으면/면 P63

1 Make a sentence as shown in the example.

보기 와 같이 문장을 만드십시오.

보기 배가 고파요. / 밥을 먹어요. → 배가 고프면 밥을 먹어요.

1) 시간이 있어요. / 산책을 해요.

→ ______________________________

2) 날씨가 더워요. / 수영장에 가요.

→ ______________________________

3) 어려워요. / 복습을 많이 하세요.

→ ______________________________

2 Talk as shown in the example.

보기 와 같이 이야기하십시오.

보기

가: 돈이 없어요.

나: 돈이 없으면 은행에서 돈을 찾으세요.

1) 머리가 아파요.
2) 한국말이 어려워요.
3) 내일 시험이 있어요.
4) 잠이 안 와요.
5) 고향에서 친구가 와요.

수영장 swimming pool　복습 review　돈을 찾다 to withdraw money　머리 head

01 -었/았/였- P63

1 Fill in the table. 표를 완성하십시오.

	-었어요/았어요/였어요
인사하다	보기 인사했어요
가다	
만나다	
좋다	
재미있다	
읽다	
쓰다	
마시다	
공부하다	

2 Choose the correct word and fill in the blank. 맞는 것을 골라 빈칸에 쓰십시오.

만나다 내리다 먹다 사다 오다 타다 가다 마시다

지난주 토요일에 저는 미선 씨를 보기 만났어요.
미선 씨하고 동대문 시장에 1) ____________.
신촌에서 버스를 2) ____________.
동대문 운동장에서 3) ____________.
우리는 가방을 4) ____________고 1시에 점심을 5) ____________.
우리는 비빔밥하고 냉면을 먹었어요.
그리고 커피숍에 6) ____________.
우리는 커피를 7) ____________.
나는 5시에 집에 8) ____________.

동대문 시장 Dongdaemun Market

1~3 Read and answer the questions.
읽고 질문에 답하십시오.

4월 20일 일요일

오늘은 7시에 일어났어요.
우유를 마시고 집 근처 공원에 갔어요.
거기서 30분쯤 운동했어요.
집에서 샤워를 하고 음악을 들었어요.
1시에 백화점 앞에서 여자 친구를 만났어요.
백화점에는 사람들이 많았어요.
우리는 백화점 9층 식당에서 점심을 먹고 옷을 구경했어요.
여자 친구는 치마를 샀어요.
저는 백화점 지하에서 과일을 샀어요.

1 **What kind of text is this? Choose. (　　)**
이 글은 무슨 글이에요? 고르십시오.

① 초대장　② 편지　③ 일기　④ 카드

2 **Choose the correct answer. (　　)**
맞는 것을 고르십시오.

① 아침에 과일을 먹었어요.
② 나는 7시 30분에 일어났어요.
③ 여자 친구는 오늘 옷을 샀어요.
④ 집 근처 공원에서 음악을 들었어요.

거기 there　샤워 shower　치마 skirt　과일 fruit

3 What did this person do today? Write the numbers in order.

나는 오늘 무엇을 했어요? ( )에 순서대로 번호를 쓰십시오.

❶ 과일 사기 ( )
❷ 운동하기 (1)
❸ 음악 듣기 ( )
❹ 샤워하기 ( )
❺ 여자 친구 만나기 ( )
❻ 점심 먹기 ( )

4 Read the text above and talk as shown in the example.

위 글을 읽고 보기 와 같이 이야기해 봅시다.

보기

가: 오늘은 몇 월 며칠이에요?
나: 4월 20일이에요.

1) 가: 어제는 무슨 요일이었어요?
나: ________________.

2) 가: 아침에 공원에서 무엇을 했어요?
나: ________________.

3) 가: 여자 친구는 무엇을 샀어요?
나: ________________.

1~2 Listen and choose the correct answer.

듣고 맞는 답을 고르십시오.

1 (   )

① 머리가 아프면 병원에 가세요.
② 의사를 만나러 병원에 갔어요.
③ 머리가 아프면 병원에 갈 거예요.
④ 병원에 가면 머리가 아플 거예요.

2 (   )

① 학교에서 만날 거예요.
② 공원에서 친구를 만나요.
③ 백화점 앞에서 만났어요.
④ 선생님을 신촌역에서 만났어요.

3~4 Listen and answer the questions.

듣고 질문에 답하십시오.

3 **What are the two people talking about? Write.**

두 사람은 지금 무슨 이야기를 합니까? 쓰십시오.

____

4 **What did Daniel not do yesterday? (   )**

다니엘 씨는 어제 무엇을 안 했습니까?

① 게임을 했어요.
② 피자를 먹었어요.
③ 선희 씨를 만났어요.
④ 친구들과 이야기했어요.

피자 pizza

과제 2

5~6 Listen and answer the questions.

듣고 질문에 답하십시오.

5 **What did James do at the time?** 이 시간에 제임스 씨는 무엇을 했습니까?

① 

② 

6 **Choose the correct one for James's yesterday routine. (　　)**

제임스 씨의 어제 일과로 맞는 것을 고르십시오.

① 1:00 학교 앞 친구
1:30 점심
9:00 집
10:00 잠

② 1:00 학교 앞 친구
1:30 도서관
10:00 잠
12:00 집

③ 1:00 학교 앞 친구
1:30 점심
4:00 집
9:00 도서관

④ 1:00 학교 앞 친구
1:30 점심
9:00 집
12:00 잠

7 **What did you do yesterday? Talk with a friend.**

여러분이 어제 한 일은 무엇입니까? 친구와 이야기해 봅시다.

시간	무엇을 했어요?
보기 7:30	운동했어요.

1 What would you do if you became a famous person?

유명한 사람이 되면 무엇을 할 거예요? 생각해 봅시다.

보기

직업: 가수

- ☑ 뮤직비디오 촬영
- ☑ 노래 연습
- ☑ 노래 녹음
- ☑ 춤 연습
- ☑ 콘서트
- ☑ 인터뷰

직업: ____________

- ☐ ____________
- ☐ ____________
- ☐ ____________
- ☐ ____________
- ☐ ____________
- ☐ ____________

2 Now you have become a famous person. Write as shown in the example about what you did last Saturday.

유명한 사람이 되었어요. 지난주 토요일에 한 일을 보기 와 같이 써 봅시다.

보기

지난주 토요일			
6시	뮤직 비디오 촬영	3시 30분	춤 연습
9시	노래 연습	6시	저녁
11시	노래 녹음	7시	콘서트
1시 30분	점심	10시	인터뷰

지난주 토요일			

뮤직 비디오 music video　촬영하다 to film　연습하다 to practice　녹음하다 to record
콘서트 concert　인터뷰 interview

3 Present what you did last Saturday.

지난주 토요일에 한 일을 발표해 봅시다.

보기

지난주 토요일은 바빴어요.
6시부터 뮤직 비디오 촬영을 했어요.
9시에 노래 연습을 하고 11시에 노래 녹음을 했어요.
점심은 오후 1시 30분에 먹었어요.
3시 30분부터 춤 연습을 하고 6시에 저녁을 먹었어요.
그리고 오후 7시에 콘서트를 했어요.
콘서트가 끝나고 밤 10시에 인터뷰를 했어요.

문화

존댓말과 반말

한국어에는 말하는 사람과 듣는 사람의 관계에 따라 존댓말과 반말이 있습니다. 처음 만나는 사람이나 나이가 많은 사람에게는 존댓말을 합니다. 아주 친한 친구나 나이가 어린 사람에게는 반말을 합니다. 회사 에서 말할 때나 공식적인 자리에서는 '–습니다/ㅂ니다'라고 말합니다.

Workbook 101

YONSEI KOREAN for college students

1과 1항 한글 I

1 모음 1

1) **Write.** 쓰십시오.

아	어	오	우	으	이	애	에	외	위

2) **Read and write the words.**
단어를 읽고 쓰십시오.

이	오	위	아	이	오	이	에	이

2 자음 1

1) **Write.** 쓰십시오.

	ㅏ	ㅓ	ㅗ	ㅜ	ㅡ	ㅣ	ㅐ	ㅔ	ㅚ	ㅟ
ㄱ	가	거	고	구	그	기	개	게	괴	귀
ㄴ	나	너	노	누	느	니	내	네	뇌	뉘
ㄷ	다	더	도	두	드	디	대	데	되	뒤
ㄹ	라	러	로	루	르	리	래	레	뢰	뤼

2) **Read and write the words.**
단어를 읽고 쓰십시오.

가	게	구	두	노	래	다	리	라	디	오	개	나	리

1과 2항 한글 I

1 자음 2

1) **Write.** 쓰십시오.

	ㅏ	ㅓ	ㅗ	ㅜ	ㅡ	ㅣ	ㅐ	ㅔ	ㅚ	ㅟ
ㅁ	마	머	모	무	므	미	매	메	뫼	뮈
ㅂ	바	버	보	부	브	비	배	베	뵈	뷔
ㅅ	사	서	소	수	스	시	새	세	쇠	쉬
ㅇ	아	어	오	우	으	이	애	에	외	위
ㅈ	자	저	조	주	즈	지	재	제	죄	쥐

2) **Read and write the words.**
단어를 읽고 쓰십시오.

모	자	바	지	새	우	지	도	어	머	니	쇠	고	기

2 자음 3

1) **Write.** 쓰십시오.

	ㅏ	ㅓ	ㅗ	ㅜ	ㅡ	ㅣ	ㅐ	ㅔ	ㅚ	ㅟ
ㅊ	차	처	초	추	츠	치	채	체	최	취
ㅋ	카	커	코	쿠	크	키	캐	케	쾨	퀴
ㅌ	타	터	토	투	트	티	태	테	퇴	튀
ㅍ	파	퍼	포	푸	프	피	패	페	푀	퓌
ㅎ	하	허	호	후	흐	히	해	헤	회	휘

2) **Read and write the words.**
단어를 읽고 쓰십시오.

치	마	커	피	케	이	크	투	수	포	도	회	사

2과 1항 한글 II

1 자음 4

1) **Write.** 쓰십시오.

	ㅏ	ㅓ	ㅗ	ㅜ	ㅡ	ㅣ	ㅐ	ㅔ	외	ㅟ
ㄲ	까	꺼	꼬	꾸	끄	끼	깨	께	꾀	뀌
ㄸ	따	떠	또	뚜	뜨	띠	때	떼	뙤	뛰
ㅃ	빠	뻐	뽀	뿌	쁘	삐	빼	뻬	뾔	쀠
ㅆ	싸	써	쏘	쑤	쓰	씨	쌔	쎄	쐬	쒸
ㅉ	짜	짜	쩌	쭈	쯔	찌	째	쩨	쬐	쮜

2) **Write.** 쓰십시오.

꼬	리	토	끼	따	르	다	아	빠	쓰	다	짜	다

2 모음 2

1) **Write.** 쓰십시오.

야	여	요	유	얘	예	와	왜	워	웨	의

2) **Write.** 쓰십시오.

야	구	티	셔	츠	우	유	시	계	과	자	의	사

2항 한글 II

1 받침 1

1) **Write.** 쓰십시오.

악	안	앋	알	암	압	앗

앙	앚	앛	앜	앝	앞	앟

2) **Read and write the words.**
단어를 읽고 쓰십시오.

국	부	엌	돈	옷	별	김	치	집	공

2 받침 2

1) **Write.** 쓰십시오.

앉	앉	않	읽	읾	읣

앐	앑	앒	앓	앖

2) **Read and write the words.**
단어를 읽고 쓰십시오.

앉	다	많	다	읽	다	여	덟	밟	다

3) **Read and write the sentences.** 문장을 읽고 쓰십시오.

	아	이	하	고		아	빠	가	
이	야	기	를		해	요	.		
	아	빠	는		의	사	예	요	.
	아	이	는		학	생	이	에	요.
	옷		가	게	에		가	요	.
	바	지	가		있	어	요	.	
	치	마	도		있	어	요	.	
	영	주		씨		집	이	에	요.
	영	주		씨	가		밥	을	
먹	어	요	.						

	국	이		맛	있	어	요	.	
	찌	개	는		짜	요	.		
	김	치	는		매	워	요	.	
	감	사	합	니	다	.			
	죄	송	합	니	다	.			
	처	음		뵙	겠	습	니	다	.
	안	녕	히		가	세	요	.	
	안	녕	히		계	세	요	.	
	안	녕	히		주	무	세	요	.

1항 저는 엠마예요

	안	녕	하	세	요	?								
	네	,	안	녕	하	세	요	?						
	이	수	영	이	에	요	.							
	저	는		엠	마	예	요	.						

어휘

1 Look at the picture and write the appropriate word as shown in the example.

그림을 보고 보기 와 같이 알맞은 단어를 쓰십시오.

보기

이 | 름

1)

친 | ☐

2)

☐ | 생

3)

☐ | ☐ | 님

2 Read the following and choose the correct answer.

다음을 읽고 알맞은 대답을 고르십시오.

보기 안녕하세요? •	• ① 엠마예요.
1) 이수영이에요. •	• ② 네.
2) 김 선생님! •	• ③ 네, 안녕하세요?

문법

이에요/예요

3 **Make a sentence.** 문장을 만드십시오.

보기 이수영 → 이수영이에요~~이에요/예요~~.

1) 대학생 → ____________ 이에요/예요.

2) 1학년 → ____________ 이에요/예요.

3) 리사 → ____________ 이에요/예요.

4) 리암 씨 → ____________ 이에요/예요.

5) 제 친구 → ____________ 이에요/예요.

4 **Look at the picture and make a sentence.** 그림을 보고 문장을 만드십시오.

보기

서울타워예요.

1)

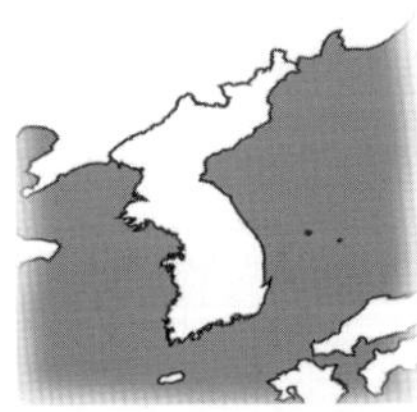

2)

3)

은/는[1]

5 Make a sentence.
문장을 만드십시오.

보기 저(은, (는)) / 김선희예요. → 저는 김선희예요.

1) 제 이름(은, 는) / 엠마예요. → ______________________.

2) 리사 씨(은, 는) / 제 친구예요. → ______________________.

3) 제 친구(은, 는) / 경제학과 2학년이에요. → ______________________.

4) 우리(은, 는) / 룸메이트예요. → ______________________.

5) 선생님(은, 는) / 한국 사람이에요.. → ______________________.

6 Write a self-introduction as shown in the example.
보기 와 같이 자기소개를 쓰십시오.

보기
안녕하세요?
제 이름은 뒤부아 엠마예요.
저는 연세대학교 한국어학당 학생이에요.

____

____

____

3과 2항 어느 나라 사람이에요?

리사 씨, 제임스 씨가 어느 나라 사람이에요?

미국 사람이에요.

리사 씨는 한국 사람이에요?

아니요, 저는 일본 사람이에요.

어휘

1 Look at the picture and fill in the blanks with the correct word.

그림을 보고 알맞은 단어를 골라 빈칸에 쓰십시오.

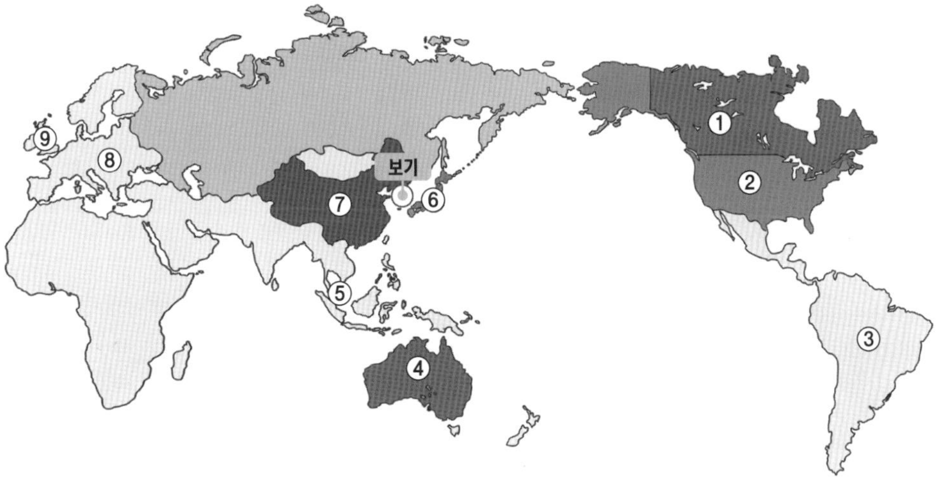

한국 미국 일본 호주 중국
캐나다 싱가포르 브라질 영국 독일

보기 한국

1) ________ 2) ________ 3) ________

4) ________ 5) ________ 6) ________

7) ________ 8) ________ 9) ________

2 Look at the picture and make a sentence as shown in the example.

그림을 보고 보기 와 같이 문장을 만드십시오.

보기

가: 어느 나라 사람이에요?

나: 이집트 사람이에요.

1)

가: 어느 나라 사람이에요?

나: ______________________.

2)

가: 어느 나라 사람이에요?

나: ______________________.

3)

가: 어느 나라 사람이에요?

나: ______________________.

4)

가: 어느 나라 사람이에요?

나: ______________________.

5)

가: 어느 나라 사람이에요?

나: ______________________.

문법

이에요/예요?

3 Complete a sentence as shown in the example.

그림을 보고 보기 와 같이 문장을 만드십시오.

보기 학생 → 학생이에요 ~~이에요/예요~~?

1) 1학년 → __________ 이에요/예요?

2) 선생님 → __________ 이에요/예요?

3) 엠마 씨 → __________ 이에요/예요?

4) 친구 → __________ 이에요/예요?

5) 서울 → __________ 이에요/예요?

4 Look at the picture and complete the dialogue.

그림을 보고 대화를 완성하십시오.

보기

가: 영국 사람이에요?

나: 아니요, 미국 사람이에요

1)

가: __________ ?

나: 네, 나지원 씨예요.

2) 

가: ______________________________ ?

나: 아니요, 선생님이에요.

3) 

가: 미국 사람이에요?

나: 네, ______________________________ .

4) 

가: 미국이에요?

나: ______________________________ .

5) 

가: ______________________________ ?

나: 인도 사람이에요.

이/가

5 Make a sentence.

문장을 만드십시오.

보기 이름(ⓘ이 가) / 뭐예요? → 이름이 뭐예요?

1) 엠마 씨 성(이, 가) / 뒤부아예요? → ______________________ ?

2) 수지 씨(이, 가) / 3학년이에요? → ______________________ ?

3) 학교(이, 가) / 어디예요? → ______________________ ?

4) 선생님(이, 가) / 누구예요? → ______________________ ?

5) 누구(이, 가) / 한국 사람이에요? → ______________________ ?

6 Look at the picture and complete the dialogue.

그림을 보고 대화를 완성하십시오.

보기

가: 제임스 씨 / 미국 사람이에요?

→ 제임스 씨가 미국 사람이에요?

나: 네. 제임스 씨는 미국 사람이에요.

1)

가: 메뉴 / 뭐예요?

→ ______________________________?

나: 비빔밥이에요.

2)

가: 여기 / 어디예요?

→ ______________________________?

나: 제주도예요.

3)

가: 생일 / 언제예요?

→ ______________________________?

나: 6월 16일이에요.

4)

가: 이 사람 / 누구예요?

→ ______________________________?

나: 엠마 씨예요.

5)

가: 누구 / 우리 선생님이에요?

→ ______________________________?

나: 김 선생님 / 우리 선생님이에요.

→ ______________________________.

4과 1항 회사원이 아니에요

엠마 씨, 회사원이에요?

아니요, 저는 회사원이 아니에요.

민지 씨하고 준호 씨가 회사원이에요.

그럼 엠마 씨는 학생이에요?

네, 저는 대학생이에요.

어휘

1 Look at the picture and match the correct words.

그림을 보고 알맞은 단어를 연결하십시오.

1)  • • 의사

2)  • • 경찰

3)  • • 회사원

4)  • • 기자

5)  • • 간호사

문법

❶ 이/가 아니에요

2 Fill in the blanks with the correct particle.
빈칸에 알맞은 조사를 쓰십시오.

1) 학생(　　) 아니에요.
2) 의사(　　) 아니에요.
3) 저는 나오코(　　) 아니에요.
4) 리사 씨는 한국 사람(　　) 아니에요.
5) 제 친구는 회사원(　　) 아니에요.

3 Look at the picture and write a sentence.
그림을 보고 문장을 쓰십시오.

미국 가수
<마이클>

피아노	기타

1) 기타예요 ______________.
피아노가 아니에요 ______________.

마이클	제임스

2) 저는 ______________.
저는 ______________.

영화 배우	가수

3) 저는 ______________.
저는 ______________.

한국 사람	미국 사람

4) 저는 ______________.
저는 ______________.

4 **Look at the picture and complete the dialogue.** 그림을 보고 대화를 완성하십시오.

보기

가: 선희 씨예요?

나: 아니요, 선희 씨가 아니에요. 정희 씨예요.

1) 

가: 선생님이에요?

나: 아니요, ______________________.

2) 

가: 의사예요?

나: 아니요, ______________________.

3) 

가: 부산이에요?

나: 아니요, ______________________.

4) 

가: 오렌지예요?

나: ______________________.

5) 

가: ______________________?

나: ______________________.

■■ 하고(과/와)

5 Combine into one sentence.

한 문장으로 만드십시오.

보기 제임스 씨예요. 리사 씨예요. → 제임스 씨하고 리사 씨예요.

1) 다니엘 씨예요. 선희 씨예요. → ______

2) 한국이에요. 미국이에요. → ______

3) 영국 사람이에요. 일본 사람이에요. → ______

4) 선생님이에요. 학생이에요. → ______

5) 가수예요. 기자예요. → ______

6 Complete the dialogue.

대화를 완성하십시오.

보기
가: 선생님하고 친구예요?
나: 네, 선생님(과/ 와) 친구예요. (선생님 / 친구)

1) 가: 의사하고 학생이에요?
나: 아니요, ______ (과 / 와) ______. (의사 / 간호사)

2) 가: 친구들은 어느 나라 사람이에요?
나: ______ (과 / 와) ______. (미국 사람 / 한국 사람)

3) 가: ______ (과 / 와) ______? (선생님 / 학생)
나: 네, 선생님하고 학생이에요.

4) 가: ______ (과 / 와) ______? (기자 / 배우)
나: 네, 기자하고 배우예요.

5) 가: 누구예요?
나: ______ (과 / 와) ______. (엠마 씨 / 다니엘 씨)

4과 2항 같이 한국어를 공부해요

누구예요?

제 친구 수영 씨예요. 날마다 같이 한국어를 공부해요.

처음 뵙겠습니다. 김선희예요.

안녕하세요? 반가워요.

어휘

1 Look at the picture and choose the correct word.

그림을 보고 단어를 골라 번호를 쓰십시오.

① 가다　② 입다　③ 읽다　④ 만나다　⑤ 인사하다　⑥ 가르치다

보기 (②)

1) (　　　)

2) (　　　)

3) (　　　)

4) (　　　)

5) (　　　)

문법

-어요/아요/여요

2 Complete the table.
표를 완성하십시오.

	-어요/아요/여요	-어요/아요/여요?
먹다	먹어요	먹어요?
읽다		
입다		
찾다		
닫다		
앉다		
하다		
일하다		
인사하다		
공부하다		
가다	가요	가요?
사다		
자다		
만나다		
마시다		
가르치다		
보다		
오다		
주다		
배우다		
쓰다		

3 Look at the picture and complete the conversation.

그림을 보고 대화를 완성하십시오.

보기

가: 앉아요?
나: 아니요, 입어요.

1) 

가: 공부해요?
나: 아니요, ______________________.

2) 

가: 읽어요?
나: 네, ______________________.

3) 

가: 앉아요?
나: ______________________.

4) 

가: ______________________?
나: 네, 일해요.

5) 

가: ______________________?
나: ______________________.

6) 

가: 먹어요?

나: 아니요, ________________.

7) 

가: 읽어요?

나: 아니요, ________________.

8) 

가: 가요?

나: 네, ________________.

9) 

가: 마셔요?

나: ________________.

10) 

가: ________________?

나: 네, 가르쳐요.

11) 

가: ________________?

나: ________________.

01 을/를

4 Write the appropriate particle in the ( ) parentheses.

( ) 안에 알맞은 조사를 쓰십시오.

> 보기 저는 운동(을) 해요.

1) 학생들이 교과서( ) 읽어요.

2) 마이클 씨는 라디오( ) 들어요.

3) 여자가 거울( ) 봐요.

4) 한국 사람은 김치( ) 좋아해요.

5) 미선 씨하고 리사 씨가 산책( ) 해요.

5 Write the appropriate particle in the ( ) parentheses.

관계있는 단어를 연결하고 문장으로 쓰십시오.

보기	신문 • ———	• 읽다
1)	친구 •	• 입다
2)	갈비 •	• 쓰다
3)	옷 •	• 만나다
4)	한글 •	• 마시다
5)	우유 •	• 먹다

> 보기 신문을 읽어요.

1) ____________________.

2) ____________________.

3) ____________________.

4) ____________________.

5) ____________________.

6 Complete the dialogue.

대화를 완성하십시오.

보기

가: 무엇을 읽어요?

나: 잡지를 읽어요.

1)

가: 무엇을 마셔요?

나: ______________________.

2)

가수 제이

가: 누구를 좋아해요?

나: ______________________.

3)

가: 무엇을 해요?

나: ______________________.

4)

가: ______________________?

나: 영어를 가르쳐요.

5)

가: ______________________?

나: 친구를 만나요.

5과 1항 누구의 교과서예요?

수영 씨, 그것이 뭐예요?

이것은 공책이에요. 그리고

저것은 교과서예요.

누구의 교과서예요?

제 책이에요.

어휘

1 Look at the picture and choose the correct word.
그림을 보고 알맞은 단어를 고르십시오.

보기 ((여권), 연필)

1) (볼펜, 사전)

2) (지우개, 교과서)

3) (돈, 공책)

4) (열쇠, 수첩)

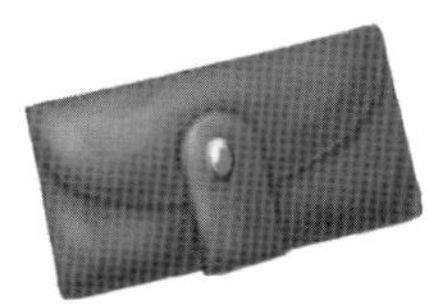

5) (휴지, 지갑)

2 Look at the picture and complete the dialogue. 그림을 보고 대화를 완성하십시오.

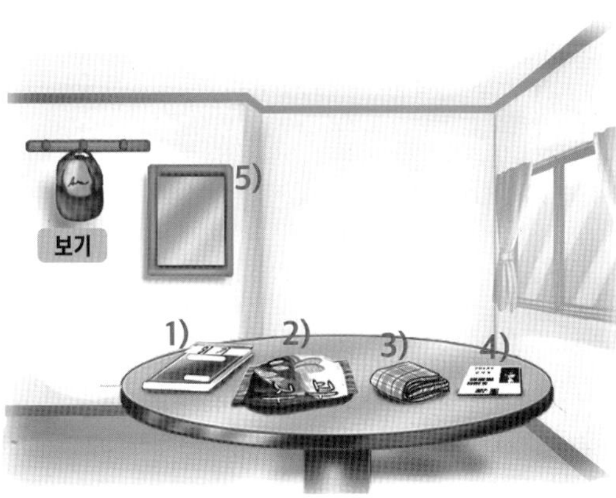

보기
가: 저것은 우산이에요?
나: 아니요, <u>모자예요.</u>

1) 가: 이것은 책이에요?
나: 네, ______________________.

2) 가: 이것은 필통이에요?
나: 아니요, ______________________.

3) 가: 이것은 휴지예요?
나: ______________________.

4) 가: 이것은 신분증이에요?
나: ______________________.

5) 가: 저것은 뭐예요?
나: ______________________.

문법

은/는[2]

3 Choose the correct particle.

알맞은 조사를 고르십시오.

1) 

학생(은 / 는) 열심히 공부해요.

운동선수(은 / 는) 날마다 운동해요.

2) 

저(은 / 는) 커피를 마셔요.

제 친구(은 / 는) 주스를 마셔요.

3)  

엠마 씨(은 / 는) 프랑스 사람이에요 .

친구들(은 / 는) 한국 사람이에요.

4)  

밥(은 / 는) 날마다 먹어요.

햄버거(은 / 는) 가끔 먹어요.

4 Read and connect the two related sentences.

다음을 읽고 관계있는 것을 고르십시오.

보기 저는 미국 사람이에요. •	• ① 그것은 친구의 모자예요.
1) 학생은 배워요. •	• ② 선생님은 가르쳐요.
2) 이것은 제 모자예요. •	• ③ 방 친구는 한국 사람이에요.
3) 된장찌개는 잘 먹어요. •	• ④ 김치찌개는 안 먹어요.
4) 복습은 날마다 해요. •	• ⑤ 엠마 씨는 친구를 만나요.
5) 리사 씨는 쉬어요. •	• ⑥ 예습은 자주 안 해요.

■■ 의

5 Look at the picture and match the correct words.

그림을 보고 알맞은 단어를 연결하십시오.

보기 제 이름 •	• ①	
1) 선희 씨의 공책 •	• ②	
2) 우리 학교의 학생 •	• ③	
3) 친구의 학교 •	• ④	
4) 이 식당의 음식 •	• ⑤	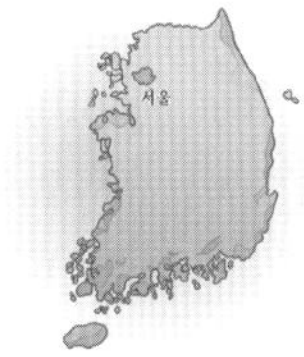
5) 한국의 수도 •	• ⑥	

6 Complete the dialogue.

대화를 완성하십시오.

보기
가: 이 사람이 누구예요?
나: (우리 학교 / 학생) → 우리 학교의 학생이에요.

1) 가: 여기가 어디예요?

나: (마이클 씨 / 학교) → ______________________.

2) 가: 이것이 뭐예요?

나: (지민 씨 / 사진) → ______________________.

3) 가: 이 가방이 누구의 가방이에요?

나: (선희 씨 / 가방) → ______________________.

4) 가: 누구의 책이에요?

나: (셰익스피어 / 책) → ______________________.

5) 가: (누구 / 지갑) → ______________________?

나: (저 / 지갑) → ______________________.

5과 2항 교실에 지도도 있어요

교실에 달력이 있어요?

네, 있어요. 교실에 지도도 있어요. 그림도 많아요.

거울도 있어요?

아니요, 거울은 없어요.

어휘

1 **Look at the picture and mark "O" if it is in the picture, and "X" if it isn't.**

그림을 보고 그림에 있으면 O, 없으면 X 표시 하십시오.

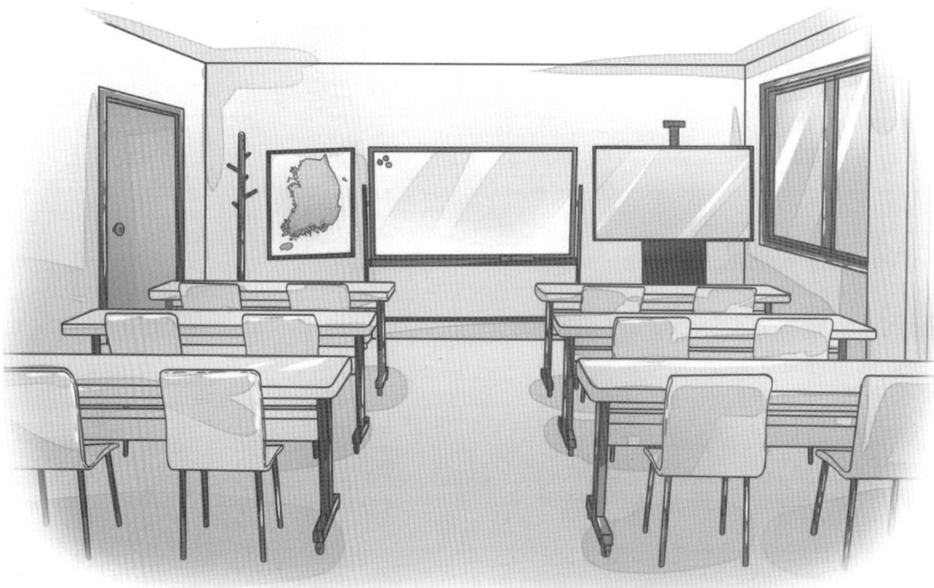

보기 책상 (O) 1) 의자 ( ) 2) 창문 ( )

3) 그림 ( ) 4) 지도 ( ) 5) 텔레비전 ( )

2 **Write the words that begin with the given letter.**

보기 와 같이 다음으로 시작하는 단어를 쓰십시오.

학	(교)	→	보기	(교)	실
공	(책)	→	1)	(책)	
연	(필)	→	2)	(필)	

3 Connect the opposite words.

반대말을 연결하십시오.

보기 많다 •	——	• ① 작다
1) 크다 •		• ② 맛없다
2) 좋다 •		• ③ 적다
3) 맛있다 •		• ④ 나쁘다

4 Complete the dialogue.

대화를 완성하십시오.

보기
가: 밥이 맛있어요?
나: 아니요, 맛없어요.

1) 가: 한국 친구가 많아요?
나: 네, ________________.

2) 가: 텔레비전이 커요?
나: 네, ________________.

3) 가: 숙제가 많아요?
나: 아니요, ________________.

4) 가: 날씨가 좋아요?
나: 아니요, ________________.

5) 가: 한국어 공부가 어때요?
나: ________________.

문법

에 있어요(없어요)

5 Look at the picture and complete the dialogue.

그림을 보고 대화를 완성하십시오.

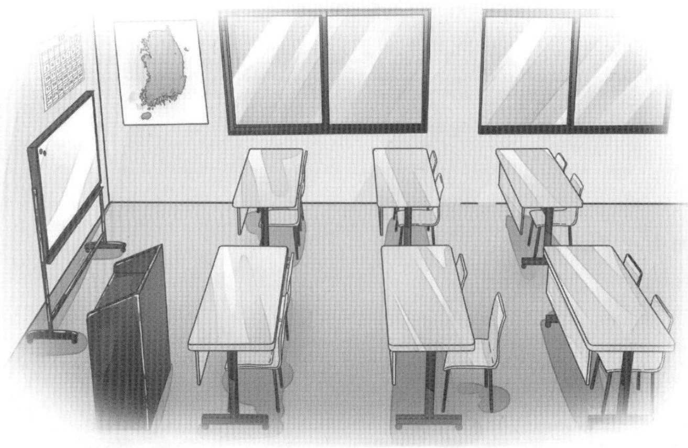

보기

가: 교실에 달력이 있어요?

나: 네, 교실에 달력이 있어요.

1) 가: 교실에 지도가 있어요?

나: 네, ______________________.

2) 가: 교실에 책상이 많아요?

나: ______________________.

3) 가: 책상에 책이 있어요 ?

나: 아니요, ______________________.

4) 가: 창문에 커튼이 있어요?

나: ______________________.

5) 가: 교실에 옷걸이가 있어요?

나: ______________________.

■■ 도

6 Look at the picture and complete the dialogue.

그림을 보고 대화를 완성하십시오.

보기

가: 교실에 선생님이 있어요?

나: 네, 있어요.

가: 학생들도 있어요 ?

나: 네, 학생들도 많아요.

1)

가: 방에 선희 씨가 있어요?

나: 네, 있어요.

가: 엠마 씨도 있어요?

나: 네, ____________________.

2)

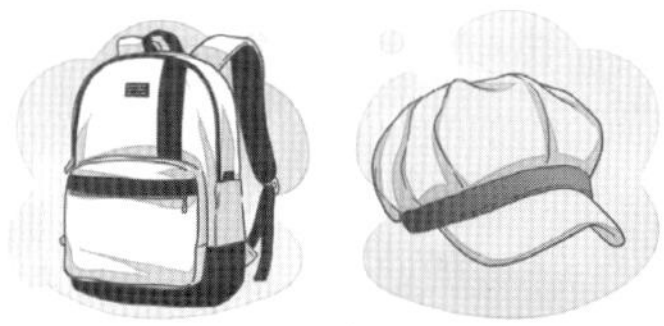

가: 가방이 있어요?

나: 네, 있어요.

가: 모자도 있어요?

나: 네, ____________________.

3)

가: 아이작 씨가 기자예요?

나: 네, 기자예요.

가: ____________________?

나: 네, 일라이 씨도 기자예요.

4)

가: 엠마 씨는 어느 나라 사람이에요?

나: 저는 프랑스 사람이에요.

가: ____________________?

다: 아니요, 일라이 씨 고향은 캐나다 밴쿠버예요.

5)

가: 짜장 라면이 맛있어요?

나: 네, 맛있어요.

가: ____________________?

나: ____________________.

복습 1~5과

말하기

1 Introducing yourself 자기 소개하기

Introduce yourself.
자기 소개를 하세요.

1) What is your name? 이름이 뭐예요?
2) Which country are you from? 어느 나라 사람이에요?
3) What do you do? 무슨 일을 해요?
4) What is your major? 전공이 뭐예요?

2 Introducing a friend 친구 소개하기

Introduce your friend.
친구를 소개하세요.

1) What is your friend's name? 친구 이름이 뭐예요?
2) Where is your friend now? 친구가 지금 어디에 있어요?
3) What is your friend like? 친구가 어때요?
4) Is your friend Korean? 친구가 한국 사람이에요?

3 Introducing your belongings 자기 물건 소개하기

Introduce your room and belongings.
방과 물건을 소개하세요.

1) What is in your room?
방에 무엇이 있어요?
2) Is there a desk (chair/mirror/clock/bookshelf) in the room?
방에 책상(의자 / 거울 / 시계 / 책장)도 있어요?
3) How is the desk (chair/mirror/clock/bookshelf)?
책상(의자 / 거울 / 시계 / 책장)이 어때요?
4) What is on the desk?
책상에는 무엇이 있어요?

쓰기

I Choose the correct particle.
알맞은 조사를 고르십시오.

1 회사원(　　) 아니에요

① 하고　　② 에　　③ 가　　④ 이

2 저(　　) 미국 사람이에요.

① 는　　② 은　　③ 의　　④ 하고

3 사전(　　) 없어요.

① 이　　② 을　　③ 에서　　④ 하고

4 교실에 책상이 있어요. 지도(　　) 없어요.

① 이　　② 는　　③ 를　　④ 에

II Choose the correct word.
알맞은 단어를 고르십시오.

5 (　　) 나라 사람이에요?

① 누구　　② 어느　　③ 어디　　④ 무엇

6 이름이 (　　) 이에요/예요?

① 누구　　② 누가　　③ 어디　　④ 뭐

7 (　　) 의 가방이에요?

① 누구　　② 누가　　③ 어느　　④ 무엇

8 교실에 (　　) 있어요?

① 누가　　② 누구를　　③ 어디가　　④ 무엇을

III Choose the correct answer.
밑줄 친 단어를 알맞게 활용한 것을 고르십시오.

9 이것은 제 연필이다 → (   ).

① 예요　　② 이에요

10 날마다 버스를 타다 → (   ).

① 타요　　② 타아요

11 이것은 필통이 아니다 → (   ).

① 아니요　　② 아니에요

12 한국어를 배우다 → (   ).

① 배워요　　② 배어요

IV Choose the correct word. 알맞은 단어를 고르십시오.

13 날씨가 (   ).

① 커요　　② 나빠요　　③ 있어요　　④ 맛있어요

14 친구를 (   ).

① 이에요.　　② 많아요.　　③ 좋아요.　　④ 만나요.

15 음식이 (   ).

① 맛있어요.　　② 좋아해요.　　③ 먹어요.　　④ 사요.

16 한국을 (   ).

① 와요　　② 있어요　　③ 좋아해요　　④ 재미있어요

V Complete the dialogue. 대화를 완성하십시오.

17 가: ____________________

나: 미국 사람이에요.

① 학생이에요?　　② 미국 사람이 있어요?

③ 어느 나라 사람이에요?　　④ 누가 한국어를 공부해요?

18 가: ____________

나: 책을 읽어요.

① 무엇을 해요? ② 전공이 뭐예요?

③ 날마다 공부해요? ④ 누가 학생이에요?

19 가: 친구예요?

나: ____________

① 네, 학생이에요. ② 네, 제 친구예요.

③ 아니요, 제 친구예요. ④ 아니요, 저는 학생이에요.

20 가: 교실에 무엇이 있어요?

나: ____________

① 책상이에요. ② 네, 교실이에요.

③ 교실에 책상이 많아요. ④ 아니요, 교실에 없어요.

Ⅵ Write a text with the following title (5 sentences or more).

다음 제목으로 글을 쓰십시오. (5문장 이상)

제목: 자기소개

읽기

[1~3] Read and answer the questions.
읽고 질문에 답하십시오.

이것은 제 학생증이에요.
학생증에 학교 이름이 있어요.
학교 이름은 연세대학교예요.
우리 학교는 신촌에 있어요.
학생증에 제 이름하고 학생 번호도 있어요.
저는 제임스예요.
저는 한국어를 공부해요.

1 **What is the passage about? (　　)**
무슨 이야기입니까?

① 학생증　② 교과서　③ 지갑　④ 명함

2 **Choose the answer that is not on the student ID card. (　　)**
학생증에 없는 것을 고르십시오.

① 이름　② 국적　③ 학생 번호　④ 학교 이름

3 **Choose the correct answer. (　　)**
맞는 것을 고르십시오.

① 신촌에 살아요.
② 한국어를 가르쳐요.
③ 이름이 제임스예요.
④ 연세대학교에서 일해요.

Ⅱ [4~6] Read and answer the questions.
읽고 질문에 답하십시오.

우리 반 친구들이에요.
마이클 씨는 중국 사람이에요. 회사원이에요.
토모미 씨는 일본 사람이에요. 은행원이에요.
케빈 씨는 미국에서 왔어요. 기자예요.
모두 열심히 일해요.
저는 엠마예요. 프랑스에서 왔어요. 대학생이에요 .

4 **What is this person's name? (　　)**
이 사람의 이름이 뭐예요?

① 케빈　　② 엠마　　③ 마이클　　④ 토모미

5 **Choose the correct answer. (　　)**
맞는 것을 고르십시오.

① 케빈 씨는 미국 기자예요.
② 엠마 씨는 열심히 일해요.
③ 마이클 씨는 은행원이에요.
④ 토모미 씨는 중국에서 왔어요

6 **Choose the answer that does not match what you read. (　　)**
읽은 내용과 다른 것을 고르십시오.

① 우리 반 친구들이에요.
② 토모미 씨는 대학생이에요.
③ 우리 반에 일본 사람이 있어요.
④ 친구들은 모두 열심히 일해요.

III [7~9] Read and answer the questions.
읽고 질문에 답하십시오.

여기는 우리 교실이에요.
우리 교실은 커요.
창문도 커요.
우리 교실에 학생이 많아요.
책상하고 의자도 많아요.
우리 교실에는 한국 지도하고 달력이 있어요.
우리 교실에 거울은 없어요.
그림도 없어요.

7 What is the passage about? (   )
무슨 이야기입니까?

① 반 친구 ② 우리 집 ③ 우리 교실 ④ 우리 학교

8 What is in the classroom? (   )
교실에 무엇이 있어요?

① 그림 ② 책장 ③ 거울 ④ 지도

9 Choose the answer that does not match what you read. (   )
이 글의 내용과 다른 것을 고르십시오.

① 교실이 커요.
② 창문이 작아요.
③ 의자도 많아요.
④ 여기는 교실이에요.

Ⅳ [10~12] Read and answer the questions.
읽고 질문에 답하십시오.

> 제 이름은 안나예요.
> 저는 독일 사람이에요.
> 독일 슈투트가르트가 제 ___㉠___ 이에요.
> 그리고 제 친구 이사벨 씨예요.
> 이사벨 씨는 스위스 사람이에요.
> 스위스 로잔이 이사벨 씨의 ___㉠___ 이에요.

10 Choose the correctly matched one. (　　)
맞게 연결된 것을 고르십시오.

① 안나 - 독일

② 안나 - 로잔

③ 이사벨 - 독일

④ 이사벨 - 슈투트가르트

11 Choose the appropriate word for ___㉠___. (　　)
___㉠___ 에 알맞은 것을 고르십시오.

① 나라　　② 국적　　③ 학교　　④ 고향

12 Choose the correct answer. (　　)
맞는 것을 고르십시오.

① 로잔은 독일에 있어요.

② 안나 씨는 스위스에 살아요.

③ 이사벨 씨는 안나 씨의 고향 친구예요.

④ 이사벨 씨는 스위스의 로잔에서 왔어요.

V [13~15] Read and answer the questions.
읽고 질문에 답하십시오.

저는 마이클이에요.
이것은 제 가방이에요. 참 좋아요.
제 가방은 커요.
가방에 교과서하고 공책이 있어요.
필통도 있어요. 필통에 볼펜이 많아요.
가방에 휴지는 없어요 .
이것은 제 친구 가방이에요.
제 친구 가방은 작아요.
친구 가방에는 주머니가 많아요.
친구 가방도 좋아요.

13 What is the passage about? (　　)
무슨 이야기입니까?

① 자기 소개
② 마이클 씨 가방
③ 마이클 씨의 가방과 필통
④ 마이클 씨의 가방과 친구의 가방

14 What is not in Michael's bag? (　　)
마이클 씨 가방에 무엇이 없습니까?

① 휴지　② 볼펜　③ 필통　④ 교과서

15 Choose the correct answer. (　　)
맞는 것을 고르십시오.

① 친구 가방이 커요.
② 친구 가방에 주머니가 없어요.
③ 마이클 씨 가방에 필통이 있어요.
④ 마이클 씨 가방에 공책은 없어요.

듣기

MP3_21

I [1~4] Listen and choose the correct answer.
듣고 맞는 것을 고르십시오.

1 (　　　　)

① 아이　　② 오이　　③ 어이

2 (　　　　)

① 와　　② 외　　③ 위

3 (　　　　)

① 가지　　② 까지　　③ 가치

4 (　　　　)

① 잊다　　② 입다　　③ 읽다

II [5~8] Listen and choose the correct answer.
듣고 맞는 대답을 고르십시오.

5 (　　　　)

① 네, 감사합니다.　　② 네, 안녕하세요?
③ 네, 안녕히 가세요.　　④ 아니요, 죄송합니다.

6 (　　　　)

① 미국이에요.　　② 영국에 있어요.
③ 호주 사람이에요?　　④ 프랑스 사람이에요.

7 (　　　)

① 김선희예요.　② 한국 사람이에요.
③ 저는 마이클이에요.　④ 저는 대학생이에요.

8 (　　　)

① 네, 책이에요.　② 네, 존 씨예요.
③ 네, 제 책이에요.　④ 네, 존 씨의 책이에요.

III [9~11] Listen and answer the questions.
듣고 질문에 답하십시오.

9 **Who is talking? (　　)**
누가 말해요?

① 제임스 씨와 친구
② 제임스 씨와 학생
③ 제임스 씨와 의사
④ 제임스 씨와 선생님

10 **What does James like? (　　)**
제임스 씨는 무엇을 좋아해요?

① 책　② 그림　③ 공책　④ 텔레비전

11 **Choose the correct answer. (　　)**
맞는 것을 고르십시오.

① 선생님은 책을 사요.
② 선생님은 책이 없어요.
③ 제임스 씨의 책이 좋아요.
④ 제임스 씨는 책을 빌려요.

IV [12~14] Listen and answer the questions.
듣고 질문에 답하십시오.

12 What are they talking about? (　　)
무슨 이야기를 해요?

① 교실　② 책상　③ 의자　④ 지도

13 What is it that you don't have in the classroom? (　　)
교실에 무엇이 없어요?

① 책상　② 지도　③ 텔레비전　④ 옷걸이

14 Choose the answer that does not match what you heard. (　　)
들은 내용과 다른 것을 고르십시오.

① 교실이 커요.
② 텔레비전이 작아요.
③ 교실에 의자가 있어요.
④ 교실에 지도도 있어요.

V [15~17] Listen and answer the questions.
대화를 듣고 질문에 답하십시오.

15 What is Stephanie's nationality? (　　)
스테파니 씨는 어느 나라 사람이에요?

① 미국　② 캐나다　③ 독일　④ 브라질

16 What is Anna's job? (　　)
안나 씨의 직업이 뭐예요?

① 회사원　② 대학생　③ 은행원　④ 선생님

17 Choose the answer that does not match what you heard. (　　)
들은 내용과 다른 것을 고르십시오.

① 안나 씨는 독일 사람이에요.
② 스테파니 씨의 고향은 토론토예요.
③ 안나 씨는 한국어를 공부해요.
④ 스테파니 씨는 대학생이에요.

6과 1항 은행에 같이 가요

은행이 어디에 있어요?

학생회관에 있어요.

학생회관은 어디에 있어요?

도서관 앞에 있어요. 은행에 같이 가요.

어휘

1 Look at the picture and fill in the blanks.
그림을 보고 빈칸을 채우십시오.

보기 | 학 | 교 |

1) | 서 | |

2) | | 당 |

3) | 우 | | |

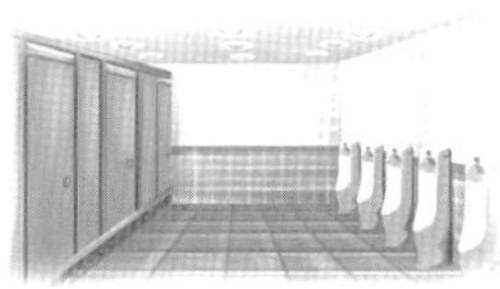

4) | | 장 | |

5) | | | 실 |

2 Look at the picture and fill in the blanks with the correct word.
그림을 보고 빈칸에 알맞은 단어를 쓰십시오.

보기

책상 (앞)

1)  책상 ( )

2)  책상 ( )

3)  책상 ( )

4)  책상 ( )

5)  책상 ( )

문법

에 가요

3 Complete the dialogue.

대화를 완성하십시오.

보기

가: 학교에 가요?

나: 아니요, 집에 가요.

1)

가: 백화점에 가요?

나: 네, ______________________.

2)

가: 도서관에 가요?

나: 아니요, ______________________.

3)

가: 어디에 가요?

나: ______________________.

4)

가: ______________________?

나: 네, 병원에 가요.

5)

가: ______________________?

나: 우체국에 가요.

4 This is Emma's day. Look at the picture and complete the story.

엠마 씨의 하루입니다. 그림을 보고 이야기를 완성하십시오

보기 

1) 

2) 

3) 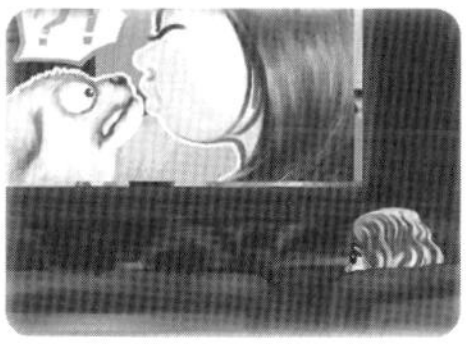

4) 

5) 

_____에 가요. __________어요 / 아요 / 여요.

보기 학교에 가요. 공부를 해요.

1) ____________________

2) ____________________

3) ____________________

4) ____________________

5) ____________________

은/는[3]

5 Look at the picture and complete the dialogue.
그림을 보고 대화를 완성하십시오.

다니엘: 안녕하세요? 저는 다니엘이에요.

선　희: 안녕하세요? 저는 김선희예요. 한국 사람이에요.

보기 다니엘 씨는 ~~은/는~~ 어느 나라 사람이에요?

다니엘: 저는 미국 사람이에요. 반가워요. 제 친구가 와요.

선　희: **1)** ____________________ 은/는 어느 나라 사람이에요?

다니엘: 제 친구는 일본 사람이에요. **2)** __________ 은/는 어느 나라 사람이에요?

선　희: 제 친구는 중국 사람이에요.

다니엘: 선희 씨, 이것이 선희 씨 책이에요?

선　희: 네, 제 책이에요. **3)** ____________________ 은/는 어디에 있어요?

다니엘: 제 책은 가방에 있어요.

선　희: 그럼 **4)** ____________________ 은/는 어디에 있어요?

다니엘: 제 가방은 책상 아래에 있어요. **5)** ____________________ 은/는 어때요?

선　희: 교실은 커요. 책상하고 의자가 많아요.

6 Use the words and complete the dialogue as shown in the example.

단어를 사용하여 보기 와 같이 대화를 완성하십시오.

보기

도서관?

가: 학생회관이 어디에 있어요?

나: 도서관 앞에 있어요.

가: 도서관은 ~~은/는~~ 어디에 있어요?

나: 체육관 옆에 있어요.

1)

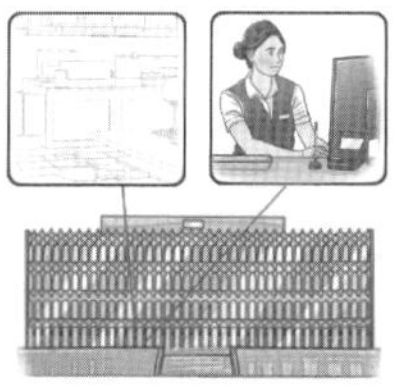

은행?

가: 학생식당이 어디에 있어요?

나: 은행 옆에 있어요.

가: ________ 은/는 어디에 있어요?

나: 학생회관 1층에 있어요.

2)

사무실?

가: 화장실이 어디에 있어요?

나: 사무실 옆에 있어요.

가: ________ 은/는 어디에 있어요?

나: ________________.

3)

제주도 날씨?

가: 수지 씨, 제주도예요?

나: 네, 제주도예요.

가: 제주도 ________ 은/는 어때요?

나: ________________.

4)

교실?

가: 리사 씨, 학교예요?

나: 네, 학교예요.

가: ________ 은/는 어때요?

나: ________________.

5)

방?

가: 방에 무엇이 있어요?

나: ________________.

가: ________ 은/는 어때요?

나: ________________.

	집	이		어	디	예	요	?							
	신	촌		백	화	점		근	처	예	요	.			
	집	에		어	떻	게		가	요	?					
	집	에		버	스	나		지	하	철	로		가	요	.

어휘

1 Look at the picture and fill in the blanks with the correct word.

그림을 보고 알맞은 단어를 골라 빈칸에 쓰십시오.

백화점	회사	병원	극장	시장	가게

보기 회사

1) ________

2) ________

3) ________

4) ________

5) ________

2 Look at the picture and complete the dialogue.

그림을 보고 대화를 완성하십시오.

보기

1)

2)

3)

4)

5)

> **보기**
> 가: 경찰관이 어디에 있어요?
> 나: 공원 앞에 있어요.

1) 가: 친구가 어디에 있어요?

   나: ________________________________.

2) 가: 차가 어디에 있어요?

   나: ________________________________.

3) 가: ________________________________?

   나: 극장 옆에 있어요.

4) 가: ________________________________?

   나: 가게 앞에 있어요.

5) 가: ________________________________?

   나: ________________________________.

문법

으로/로[1]

3 Look at the picture and answer.
그림을 보고 대답하십시오.

보기

가: 학교에 어떻게 가요?
나: 지하철로 가요.

1)

가: 부산에 어떻게 가요?
나: ____________________.

2)

가: 어느 나라 말로 이야기해요?
나: ____________________.

3)

가: 일본 음식은 무엇으로 먹어요?
나: ____________________.

4)

가: 책상은 무엇으로 만들어요?
나: ____________________.

5)

가: 공책에 무엇으로 써요?
나: ____________________.

4 Complete the story.
이야기를 완성하십시오.

저는 **보기** 버스로 ~~으로/로~~ 학교에 가요.

한국어 수업이 있어요. 반 친구하고 **1)** ________ 으로/로 이야기해요.

날마다 열심히 공부해요. **2)** ________ 으로/로 공부해요.

학생회관 안에 식당이 있어요. 식당 음식이 맛있어요.

떡볶이가 아주 맛있어요. 떡볶이는 **3)** ________ 으로/로 만들어요.

저는 **4)** ________ 으로/로 떡볶이를 먹어요.

이나/나[1]

5 Listen and answer.
듣고 대답하십시오.

보기
가: 어디에 자주 가요? (공원 / 커피숍)
나: 공원이나 커피숍에 자주 가요.

1) 친구하고 어디에 자주 가요? (노래방 / 피시방)

2) 무엇으로 써요? (연필 / 볼펜)

3) 집에 어떻게 가요? (버스 / 지하철)

4) 친구하고 어떻게 이야기해요? (영어 / 한국말)

5) 어떻게 공부해요? (한국 드라마 / 한국 영화)

6 **Answer the question using the following words.**
다음 단어를 사용해서 질문에 대답하십시오.

기차	비행기	버스

보기
가: 부산에 가요. 어떻게 가요?
나: 기차나 비행기로 가요.

버스	지하철	차

1) 가: 집에 가요. 어떻게 가요?
나: ______________________.

하와이	뉴욕	로스앤젤레스

2) 가: 미국은 어디가 좋아요?
나: ______________________.

불고기	비빔밥	김치찌개

3) 가: 한국 음식이에요. 무엇이 좋아요?
나: ______________________.

한국어 교과서	한국 드라마	한국 노래

4) 가: 어떻게 공부해요?
나: ______________________.

영화관	커피숍	______

5) 가: 친구하고 만나요. 어디에 가요?
나: ______________________.

7과 1항 무슨 사진을 봐요?

어휘

1 What do you do here? Look at the picture and choose the correct one.

여기에서 무엇을 해요? 그림을 보고 알맞은 단어를 골라 빈칸에 번호를 쓰십시오.

① 일(을) 해요.	② 숙제(를) 해요.	③ 이야기(를) 해요.
④ 운동(을) 해요.	⑤ 질문(을) 해요.	⑥ 노래(를) 해요.

1) ______________

2) ______________

3) ______________

4) ______________

5) ______________

6) ______________

2 Look at the picture and fill in the blanks with the correct word.
그림을 보고 알맞은 단어를 골라 빈칸에 쓰십시오.

일요일	월요일	화요일	수요일	목요일	금요일	토요일
				1 한국말 회사	2 한국말 회사	3 영화
4 운동	5 한국말 회사	6 한국말 회사 영화	7 한국말 회사 산책	8 한국말 회사 운동	9 한국말 회사 영화	10 미선씨와 만남
11 운동	12 한국말 회사 운동	13 한국말 회사	14 한국말 회사 영화	15 한국말 회사 운동	16 한국말 회사	17 영화
18	19 한국말 회사 영화	20 한국말 회사 운동	21 한국말 회사 영화	22 한국말 회사 미선씨와 만남	23 한국말 회사 산책	24 운동

가끔 자주 날마다

저는 1) ________ 일해요. 2) ________ 한국말도 공부해요.

저는 영화를 좋아해요. 그래서 영화를 3) ________ 봐요.

운동도 좋아해요 그래서 운동도 4) ________ 해요.

저는 여자 친구가 있어요. 여자 친구의 이름은 미선이에요.

미선 씨하고 저는 5) ________ 데이트를 해요. 산책도 6) ________ 해요.

문법

무슨

3 Choose the words and complete the dialogue.
단어를 골라 대화를 완성하십시오.

한식	일식	양식

보기
가: 무슨 음식을을/를 자주 먹습니까?
나: 양식을을/를 자주 먹습니다.

커피	녹차	홍차

1) 가: 무슨 ______ 을/를 자주 마십니까?
나: ______ 을/를 자주 마십니다

교과서	잡지	소설책

2) 가: 무슨 ______ 을/를 읽습니까?
나: ______

골프	스키	축구

3) 가: 무슨 ______ 을/를 좋아합니까?
나: ______

클래식	케이팝	힙합

4) 가: ______?
나: ______

02 안

4 Hana and Duri are siblings, but they are very different. Look at the picture and fill in the table.

하나 씨와 두리 씨는 형제입니다. 그렇지만 두 사람은 아주 다릅니다. 그림을 보고 표를 채우십시오.

하나

보기

1)

2)

3)

4)

두리

보기

1)

2)

3)

4)

하나	두리
보기 숙제가 많아요.	보기 숙제가 안 많아요.
운동을 좋아해요.	1)
2)	고기를 먹어요.
3)	중국어를 공부해요.
도서관에 가요.	4)

01 못

5 Answer the question.
질문에 대답하십시오.

> 보기
> 도서관에 자주 가요?
> → 아니요, 도서관에 자주 못 가요. 아르바이트를 해요.

1) 집에서 숙제해요?

→ 아니요, ____________________. 도서관에 가요.

2) 요리를 자주 해요?

→ 아니요, ____________________. 집이 작아요.

3) 떡볶이를 먹어요?

→ 아니요, ____________________. 좀 매워요.

4) 영화를 자주 봐요?

→ 아니요, ____________________. 집에 텔레비전이 없어요.

7과 2항 부모님은 고향에 계세요?

어휘

1 Look at the picture and write the correct word.
그림을 보고 알맞은 단어를 쓰십시오.

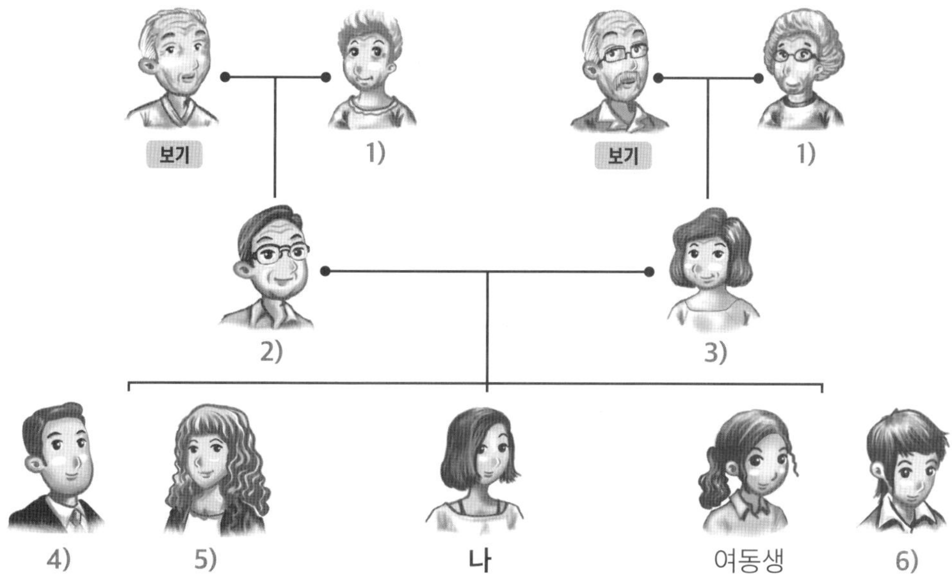

보기 할아버지 1) ______ 2) ______ 3) ______

4) ______ 5) ______ 6) ______

2 Read the following and complete the sentence.
다음을 읽고 문장을 완성하십시오.

누나가 집에 있어요.	할머니께서 집에 1) ______.
동생이 오후에 자요.	아버지께서도 오후에 2) ______.
저는 음료수를 자주 마셔요.	어머니께서는 차를 자주 3) ______.
형이 말해요.	아버지께서 4) ______.
여자 형제는 없어요.	할아버지는 5) ______.

3 Look at the picture and complete the table.
그림을 보고 표를 완성하십시오.

	하나						일곱			
	1	2	3	4	5	6	7	8	9	10
				네 권						열 권

4 Look at the picture and complete the dialogue.
그림을 보고 대화를 완성하십시오.

보기

가: 모자가 몇 개 있어요?
나: 세 개 있어요.

1) 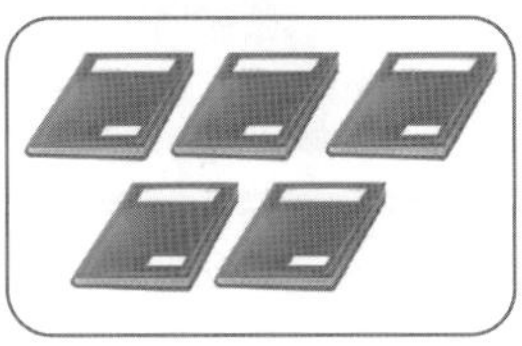

가: 공책이 몇 권이에요?
나: ______________________

2) 

가: 학생이 몇 명 있어요?
나: ______________________

3) 

가: ______________________?
나: 사과가 일곱 개 있어요.

4) 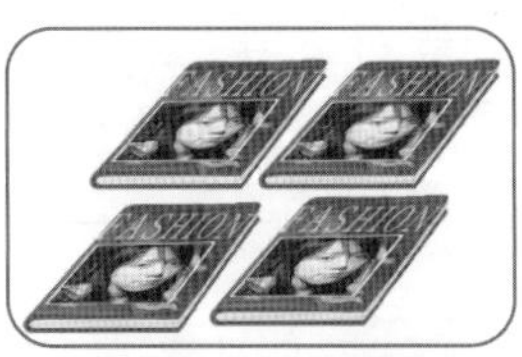

가: ______________________?
나: ______________________

문법

-으세요/세요[1]

5 Look at the picture and complete the dialogue.
그림을 보고 대화를 완성하십시오.

보기
아버지께서 무엇을 하세요?
→ 아버지께서 텔레비전을 보세요.

1) 할머니께서 무엇을 하세요?

→ ______________________________.

2) 어머니께서도 텔레비전을 보세요?

→ 아니요, ______________________________.

3) 그럼 어머니께서는 무엇을 하세요?

→ ______________________________.

4) 할아버지께서도 집에 계세요? 무엇을 하세요?

→ ______________________________.

6 Read and complete the dialogue.
다음을 읽고 대화를 완성하십시오.

리 사 : 제임스 씨, 어디에 가세요?

제임스 : 보기 (학교에 가다) 학교에 가요.

리 사 : 한국어 선생님이 누구세요?

제임스 : 1) (김연화 선생님이다) ______________.

리 사 : 어떠세요? 좋으세요?

제임스 : 네, 2) (친절하다) ______________. 3) (잘 가르치다) ______________.

리 사 : 제임스 씨, 이번 주말에 시간 있으세요?

제임스 : 네, 4) (시간이 있다) ______________.

리 사 : 같이 도서관에 가요. 무슨 요일이 좋으세요?
토요일이 좋으세요? 일요일이 좋으세요?

제임스 : 5) (다 좋다) ______________.

7 Choose the correct words.
알맞은 단어를 고르십시오.

안녕하세요?

제 이름은 보기 리암(이에요 , 이세요).

부모님께서는 미국에 1) (있어요 , 계세요).

어머니께서는 2) 한국 사람(이에요 , 이세요).

그래서 저는 지금 한국에서 외할아버지하고 3) (있어요 , 있으세요).

할아버지께서는 키가 아주 4) (커요 , 크세요).

할아버지 5) (집 , 댁)도 6) (커요 , 크세요).

우리 부모님은 한국 친구가 7) (많아요 , 많으세요).

그래서 한국에 자주 오세요. 그분들을 자주 8) (만나요 , 만나세요).

부모님께서는 저를 많이 9) (사랑해요 , 사랑하세요).

저도 우리 부모님을 10) (사랑해요 , 사랑하세요).

▮▮ ㄷ 동사

8 Complete the table.
표를 완성하십시오.

	걷다	듣다	묻다	싣다	*닫다	*받다	*믿다
-어요/아요/여요							
-으세요/세요							

9 Complete the sentences.
문장을 완성하십시오 .

보기
날마다 학교까지 걸어서 어서/아서/여서 와요. (걷다)

1) 요즘 공원에서 운동해요. 공원에서 날마다 좀 ________ 어요/아요/여요. (걷다)

2) 날마다 라디오를 ________ 으세요/세요? (듣다)

3) 질문이 있어요. 그래서 친구에게 전화로 ________ 어요/아요/여요. (묻다)

4) 아버지께서 차 트렁크에 짐을 ________ 으세요/세요. (싣다)

5) 비가 와요. 어머니께서 창문을 ________ 으세요/세요. (닫다)

6) 전화가 와요. 할머니께서 전화를 ________ 으세요/세요. (받다)

7) 저는 할아버지 말씀을 ________ 어요/아요/여요. (믿다)

어휘

1 Write the related words.
관계있는 단어를 쓰십시오.

보기
넓다 : 바다 , 방 , 우리 학교

1) 깨끗하다 : ________, ________, ________

2) 예쁘다 : ________, ________, ________

3) 복잡하다 : ________, ________, ________

4) 조용하다 : ________, ________, ________

5) 시원하다 : ________, ________, ________

2 Look at the picture and fill in the blanks with the correct word.
그림을 보고 알맞은 단어를 골라 빈칸에 쓰십시오.

많다 춥다 맛있다 시끄럽다 깨끗하다 재미있다

오늘은 날씨가 **보기** 추워요 어요/아요/여요.

여기는 제 하숙집 방이에요. 제 방은 1) ____________ 어요/아요/여요.

지금 방에 사람이 2) ____________ 어요/아요/여요.

우리는 파티를 해요.

음악을 들어요. 음악이 3) ____________ 어요/아요/여요.

우리는 음식을 먹어요. 음식이 4) ____________ 어요/아요/여요.

우리는 이야기도 많이 해요. 파티는 5) ____________ 어요/아요/여요.

문법

❶ -고[1]

3 Connect the related sentences and combine them into one sentence.
관계있는 문장을 연결하고 한 문장으로 만드십시오.

보기 여자 친구가 예뻐요.	시끄러워요.
1) 식당이 복잡해요.	더러워요.
2) 방이 좁아요.	친절해요.
3) 이 사람은 의사예요.	동생은 주스를 마셔요.
4) 서울은 한국에 있어요.	옆 사람은 간호사예요.
5) 저는 밥을 먹어요.	런던은 영국에 있어요.

보기 여자 친구가 예쁘고 친절해요.

1) ______________________.

2) ______________________.

3) ______________________.

4) ______________________.

5) ______________________.

4 Choose the correct word and complete the sentence.
알맞은 단어를 골라 문장을 완성하십시오.

똑똑하다	넓다	복잡하다
재미있다	좋다	친절하다
사람이 많다	깨끗하다	크다

보기 백화점이 크고 좋아요.

1) 친구가 친절하고 ______________________.

2) 연세대학교가 ______________________고 ______________________.

3) 우리 선생님이 ______________________고 ______________________.

4) 가: 교실이 어때요?

나: ______________________고 ______________________.

5) 가: 동대문 시장이 어때요?

나: ______________________.

ㅂ 동사

5 Complete the table. 표를 완성하십시오.

	-어요/아요/여요
맵다	
덥다	
춥다	추워요
쉽다	
어렵다	
아름답다	
귀엽다	
더럽다	
시끄럽다	
돕다	도와요
*좁다	
*입다	
*잡다	

6 Rewrite the given words correctly.
주어진 단어를 알맞게 고쳐 쓰십시오.

오늘 날씨가 아주 보기 추워요~~어요/아요/여요~~. (춥다)

저는 코트를 1) ________어요/아요/여요. (입다)

케빈 씨 방은 2) ________어요/아요/여요. (좁다)

우리는 떡볶이를 먹어요. 떡볶이가 아주 3) ________어요/아요/여요. (맵다)

그리고 우리는 같이 숙제를 해요.

단어는 4) ________어요/아요/여요. (쉽다)

문법은 좀 5) ________어요/아요/여요. (어렵다)

8과 2항 대학교에서 경제학을 전공해요

어휘

1 Look at the picture and fill in the blanks with the correct word.
그림을 보고 알맞은 단어를 골라 빈칸에 쓰십시오.

보기 컴퓨터공학

1) ______

2) ______

3) ______

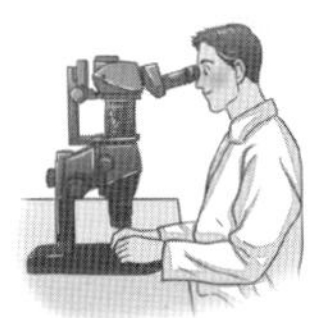

4) ______

5) ______

의학, 법학, 영문학, 생물학, 역사학, 경영학, 정치학, 컴퓨터공학

2 Fill in the blanks with the correct word.
빈칸에 알맞은 단어를 쓰십시오.

보기 제 전공은 (역사학)입니다. 저는 역사 선생님이에요.

1) 승호 씨는 변호사예요. (   )이/가 전공이에요.

2) 우리 형 전공은 (   )이에요/예요. 지금 회사 사장님이에요.

3) 피터 씨는 (   )을/를 전공해요. 셰익스피어를 공부해요.

4) 우리 아버지는 의사예요. 전공이 (   )이에요/예요.

문법

에서

3 Connect the related words and write them in a sentence.
관계있는 단어를 연결하고 문장으로 쓰십시오.

보기 은행	생선을 사다
1) 서점	돈을 찾다
2) 시장	책을 빌리다
3) 극장	영화를 보다
4) 학교	잡지를 사다
5) 도서관	한국말을 배우다

보기 은행에서 돈을 찾아요.

1) ______________________________.

2) ______________________________.

3) ______________________________.

4) ______________________________.

5) ______________________________.

4 Complete the dialogue.
대화를 완성하십시오.

학생 식당 (circled)	기숙사 식당	학교 근처 식당

보기
가 : 어디에서 점심을 먹어요?
나 : 학생 식당에서 먹어요.

공원	친구 집	커피숍

1) 가 : 어디에서 친구를 만나요?
나 : ____________________.

시장	백화점	인터넷

2) 가: 어디에서 옷을 사요?
나: ____________________.

집 (circled)	학교	도서관

3) 가: ____________________?
나: 집에서 숙제를 해요.

회사	병원	은행 (circled)

4) 가: ____________________?
나: 친구가 은행에서 일해요.

집 근처	공원	운동장

4) 가: ____________________?
나: ____________________.

5 Read the passage and choose the answer.

이야기를 읽고 맞는 것을 고르십시오.

저는 보기 브라질(에, (에서)) 왔어요.

저는 커피를 아주 좋아해요.

그래서 날마다 1) 커피숍(에, 에서) 커피를 마셔요.

2) 집(에도, 에서도) 마셔요.

3) 브라질(에, 에서) 여러 가지 커피가 있어요.

4) 한국(에도, 에서도) 여러 가지 커피가 있어요.

11 ㅅ 동사

6 Complete the table.

표를 완성하십시오.

	-어요/아요/여요
낫다	
짓다	
긋다	그어요
젓다	
붓다	
잇다	
*웃다	웃어요
*씻다	
*벗다	

7 Look at the picture and complete the dialogue.

그림을 보고 대화를 완성하십시오.

보기

가: 이 단어는 시험에 나와요?

나: 네, 이 단어에 밑줄을 그어요 ~~어요/아요/여요~~.

1)

가: 약을 안 먹고 싶어요.

나: 그럼 빨리 안 ________ 어요/아요/여요. 약을 드세요.

2)

가: 라면을 왜 안 먹어요?

나: 내일 아침에 얼굴이 ________ 어요/아요/여요.

3)

가: 국에 소금을 넣고 무엇으로 ________ 어요/아요/여요?

나: 숟가락으로 ________ 어요/아요/여요.

4)

가: 지금 학교 앞에 무슨 건물을 ________ 어요/아요/여요?

나: 도서관 건물을 ________ 어요/아요/여요.

9과 1항 두 시부터 여섯 시까지 일해요

어휘

1 Write the numbers in Korean.
숫자를 한글로 쓰십시오.

보기 52 → 오십이

1) 19 → ______
2) 368 → ______
3) 205 → ______
4) 4,500 → ______
5) 1,097 → ______
6) 38,720 → ______
7) 60,000 → ______

2 Write the time in numbers.
시간을 숫자로 쓰십시오.

보기 다섯(5) 시예요.

1) 세(　　) 시 삼(　　) 분이에요.
2) 네(　　) 시 사십(　　) 분이에요.
3) 열(　　) 시 십일(　　) 분이에요.
4) 두(　　) 시 이십팔(　　) 분이에요.
5) 열두(　　) 시 십이(　　) 분이에요.

3 Write the time in Korean.
시간을 한글로 쓰십시오.

보기

일곱 시예요.

1)

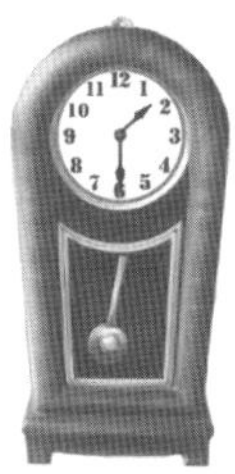

2)

3)

4)

5)

문법

-으러/러

4 Look at the picture and complete the sentences.
그림을 보고 문장을 완성하십시오.

◈ 계획표 ◈

일요일	월요일	화요일	수요일	목요일	금요일	토요일
오후	7:00pm	6:00pm	9:00pm	오전	저녁	오후
어머니를 돕다	제임스 씨를 만나다	중국어를 배우다	영화를 보다	책을 읽다	생선회를 먹다	선희 씨와 놀다
(집)	(독수리 커피숍)	(뚜에이 중국어 학원)	(신촌 영화관)	(학교 도서관)	(맛나 횟집)	(에버월드)

보기 일요일 오후 : 어머니를 도우러~~으러/러~~ 집에 와요 .

1) 월요일 7시 : ______________ 으러/러 ______________.

2) 화요일 6시 : ______________ 으러/러 ______________.

3) 수요일 9시 : ______________ 으러/러 ______________.

4) 목요일 오전 : ______________ 으러/러 ______________.

5) 금요일 저녁 : ______________ 으러/러 ______________.

6) 토요일 오후 : ______________ 으러/러 ______________.

5 Look at the picture and complete the story using the given expressions.

그림을 보고 알맞은 표현을 골라 이야기를 완성하십시오.

하루 일과

한국어를 공부하다	케이크를 만들다	지갑을 사다	생일 파티를 하다	점심을 먹다	장미꽃 스물 두 송이를 사다

저는 날마다 **보기** 한국어를 공부하러~~으러/러~~ 가요. 오후 1시까지 학교에서 공부해요.

보통 학생 식당에 1) ______________ 으러/러 가요. 학교 도서관에서 숙제도 해요.

그런데 오늘은 여자 친구의 스물 두 살 생일이에요. 그래서 아주 바빠요.

먼저 2) ______________________________ 으러/러 백화점부터 가요.

그 다음에 꽃도 사러 가요. 여자 친구는 장미꽃을 아주 좋아해요.

3) ______________________________ 으러/러 학교 앞 꽃집에 가요.

마지막으로 케이크를 준비해요. 케이크는 제가 만들어요. 빵집에서 안 사요.

그래서 4) ______________________________ 으러/러 집에 가요.

마지막으로 5) ________________________ 으러/러 여자 친구 집에 가요

■■ 부터 까지

6 Look at the picture and complete the dialogue.
그림을 보고 대화를 완성하십시오.

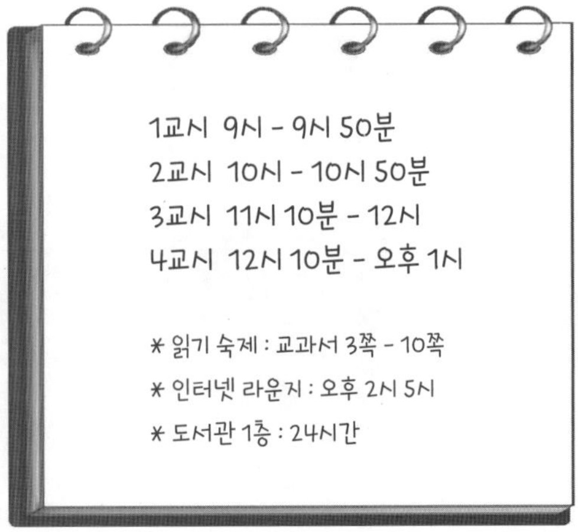

보기
제임스: 선생님, 선생님은 보통 몇 시까지 학교에 오세요?
선생님: **보기** 날마다 여덟 시 이십 분까지 와요.

제임스: 선생님, 1교시 수업은 몇 시부터예요?

선생님: **1)** ________________________________.

제임스: 몇 시부터 몇 시까지 수업이 있어요?

선생님: **2)** ________________________________.

제임스: 3교시는 몇 시까지 교실에 들어와요?

선생님: **3)** ________________________________.

제임스: 오늘 읽기 숙제는 어디부터 어디까지예요?

선생님: **4)** ________________________________.

제이스: 학교 도서관은 언제 열어요?

선생님: 도서관 1층은 **5)** ________________________________.

제임스: 알겠어요. 선생님. 감사합니다.

7 Look at the picture and complete the dialogue.
그림을 보고 대화를 완성하십시오.

보기

21일	22일	23일	24일
⟵	방	학	⟶

가: 며칠부터 며칠까지 방학이에요?
나: 이십일 일부터 이십사 일까지 방학이에요.

3월	4월	5월
⟵	봄	⟶

가: 언제 봄이에요?
나: 1) ______________________.

월	화	수	목	금
⟵	수		업	⟶

가: 무슨 요일부터 무슨 요일까지 수업해요?
나: 2) ______________________.

AM 10:00 - AM 11:00 운동

가: 3) ______________________?
나: 오전 열 시부터 열 한 시까지 운동해요.

10쪽- 20쪽 숙제

가: 숙제가 4) ______________________?
나: 5) ______________________.

9과 2항 오늘이 몇 월 며칠이에요?

어휘

1 Write the correct word. 알맞은 단어를 쓰십시오.

보기 하나 - (둘) - (셋) - 넷 - 다섯

1) 일월 - (   ) - (   ) - 사월 - (   ) - (   )

2) (   ) - 팔월 - 구월 - (   ) - 십일월 - (   )

3) 십육 일 - (   ) - 십팔 일 - (   ) - 이십 일 - (   )

4) 일요일 - (   ) - 화요일 - (   ) - 목요일 - (   ) - (   )

5) (   ) - 오늘 - (   )

2 Write the date in Korean. 날짜를 한글로 쓰십시오.

보기 이천이십사 년 칠월 이십일 일

1) ______________________

2) ______________________

3) ______________________

4) ______________________

5) ______________________

3 Look at the picture and complete the dialogue.
그림을 보고 대화를 완성하십시오.

10월

Sun	Mon	Tue	Wed	Thu	Fri	Sat
						1
2	3 개천절	4	5	6	7	8
9 한글날	10	11	12	13 오늘	14	15
16	17	18 ←	19 시	20 험	21 →	22
23	24	25	26	27	28	29 어머니 생신
30	31					

보기
가: 오늘이 몇 월 며칠이에요?
나: 시월 십사 일이에요.

1) 가: 오늘이 무슨 요일이에요?
나: ______________________

2) 가: 내일이 몇 월 며칠이에요?
나: ______________________

3) 가: 한글날이 무슨 요일이에요?
나: ______________________

4) 가: 시험이 며칠부터 며칠까지예요?
나: ______________________

5) 가: ______________________?
나: 시월 이십구 일이에요.

문법

-을/ㄹ 거예요

4 Complete the dialogue.
대화를 완성하십시오.

지민 : 저 다음 주에 결혼해요.

친구: 정말이에요? 축하해요. 어디에서 결혼할 거예요?

지민: (연세호텔) 보기 연세호텔에서 할 거예요~~을/ㄹ 거예요~~.

친구 : 결혼식을 몇 시에 할 거예요?

지민: 1) 12시에 ________________ 을/ㄹ 거예요.

친구: 손님이 많이 와요?

지민: 네, 2) 아마 ________________ 을/ㄹ 거예요.

친구: 주말에는 교통이 복잡해요?

지민: 네, 3) 아마 ________________ 을/ㄹ 거예요.

친구: 신부는 예뻐요?

지민: 네, 아주 예뻐요.

친구: 신혼여행은 어디에 갈 거예요?

지민: 4) 제주도에 ________________ 을/ㄹ 거예요.

친구: 결혼하면 어디에서 살 거예요?

지민: 5) 부산에서 ________________ 을/ㄹ 거예요.

친구: 다시 한번 축하해요. 결혼식에서 봐요.

-으세요/세요²

5 Look at the picture and connect the sentences that the student needs.
그림을 보고 학생에게 필요한 문장을 골라 연결하십시오.

보기 리사 •	• ① 약을 드세요.
1) 마이클 •	• ② 들으세요.
2) 제임스 •	• ③ 들어오세요.
3) 씨리낫 •	• ④ 일어나세요.
4) 다니엘 •	• ⑤ 자리에 앉으세요.
5) 엠마 •	• ⑥ 조용히 하세요.

보기 리사 씨, 들어오세요.

1) ______________________________

2) ______________________________.

3) ______________________________.

4) ______________________________.

5) ______________________________.

6 Complete the dialogue.

대화를 완성하십시오.

보기

가: 배가 고파요.

나: 식사하세요~~으세요/세요~~.

1) 가: 선생님, 질문이 있어요.

나: ______________________________으세요/세요.

2) 가: 밑줄을 그어요?

나: 네, ______________________________으세요/세요.

3) 가: 생일 축하해요. 이따가 생일 파티에 몇 시까지 가요?

나: ______________________________으세요/세요.

4) 가: 버스를 타요? 걸어서 가요?

나: ______________________________으세요/세요.

5) 가: 밤 11시 반이에요. 피곤해요.

나: ______________________________으세요/세요.

10과 1항 일곱 시 반에 일어나요

어휘

1 Match the related words.
관계있는 단어를 연결하십시오.

보기 이를	자다
1) 잠을	타다
2) 세수를	닦다
3) 버스를	하다
4) 버스에서	내리다

2 Fill in the blanks with the correct word.
알맞은 단어를 골라 빈칸에 쓰십시오.

타다 내리다 일어나다 잠을 자다 이를 닦다 세수를 하다

아침 7시예요. 지수 씨는 날마다 일찍 보기 일어나요.

먼저 1) ____________. 얼굴이 깨끗해요.

지수 씨는 아침을 먹어요. 아침 식사를 하고 2) ____________.

8시 반에 집에서 나와요. 버스를 3) ____________.

회사가 종로에 있어요. 지수 씨는 회사 앞에서 버스에서 4) ____________.

지수 씨는 회사에서 열심히 일을 해요.

오후 6시에 일이 끝나요. 지수 씨는 피곤해요. 집에서 5) ____________.

문법

① 에

3 Complete the dialogue.
대화를 완성하십시오.

아침	(저녁)	밤

보기
가: 언제 숙제해요? (숙제하다)
나: 저녁에 숙제해요.

10시	11시	(12시)

1) 가: 몇 시에 ______________________ ? (자다)
나: ______________________ .

(9월)	10월	11월

2) 가: 몇 월에 ______________________ ? (여행하다)
나: ______________________ .

12월 23일	12월 24일	(12월 25일)

3) 가: ______________________ ? (파티를 하다)
나: ______________________ .

월요일	화요일	(수요일)

4) 가: ______________________ ? (시험이 있다)
나: ______________________ .

생일	설날	크리스마스

5) 가: ______________________ ? (가족을 만나다)
나: ______________________ .

4 Complete the table and write it into sentences.
표를 완성하고 문장으로 쓰십시오.

시간	계획
보기 오늘 저녁	한국말 숙제
1) 내일 오후 3시	
2) 일요일 오전	
3) 크리스마스	
4) 내일 아침	

보기 저는 오늘 저녁에 한국말 숙제를 할 거예요.

1) ______________________.

2) ______________________.

3) ______________________.

4) ______________________.

-고²

5 Combine into one sentence.
한 문장으로 만드십시오.

보기 세수를 해요. / 이를 닦아요.
→ 세수를 하고 이를 닦아요.

1) 밥을 먹어요. / 차를 마셔요.

→ ______________________.

2) 텔레비전을 봐요. / 숙제를 해요.

→ ______________________________.

3) 옷을 입어요. / 거울을 봐요.

→ ______________________________.

4) 영화를 봐요. / 커피숍에 가요.

→ ______________________________.

5) 책을 읽어요 / 잘 거예요.

→ ______________________________.

6 Look at the table and write about Peter's daily life.

표를 보고 피터 씨의 생활을 쓰십시오.

8:30	아침 식사
9:00 - 12:00	한국어 수업
1:00	점심 식사
2:00 - 5:00	아르바이트
6:00 - 7:00	운동
7:30	저녁 식사
9:00 - 10:00	텔레비전 보기

보기 피터 씨는 아침을 먹고 한국어를 공부해요.

1) 한국어를 공부하고 ______________________________.

2) 점심을 ______________________________.

3) 아르바이트를 ______________________________.

4) ______________________________ 저녁을 먹어요.

5) ______________________________.

7 **Read the passage and write the numbers of the pictures in order.**
이야기를 읽고 순서대로 그림의 번호를 쓰십시오.

저는 내일 선희 씨하고 쇼핑을 할 거예요.
신촌백화점 앞에서 미선 씨를 만날 거예요.
3층에서 가방을 사고 1층에서 립스틱을 구경할 거예요.
립스틱을 사고 5층 식당에 갈 거예요.
미선 씨와 저녁을 먹고 차를 마실 거예요.
차를 마시고 집에 돌아올 거예요.

1) 

2) 

3) 

4) 

5) 

6) 

3) → ____ → ____ → ____ → ____ → ____

10과 2항 어제 무엇을 했어요?

어휘

1 Fill in the blanks with the correct word. 빈칸에 알맞은 단어를 쓰십시오.

1) (그저께) - 어제 - ( ) - 내일 - ( )

2) ( ) - 이번 주 - ( )

3) 지난 달 - ( ) - ( )

4) ( ) - 올해 - ( )

2 Look at the calendar and write the correct word in the blank.
달력을 보고 알맞은 단어를 골라 빈칸에 쓰십시오.

2월

일요일	월요일	화요일	수요일	목요일	금요일	토요일
			1	2	3	4
5	6	7	8 수영	9	10	11
12	13	14 밸런타인데이	15	16 오늘	17	18 리사 생일
19	20	21 시험	22	23	24	25
26	27	28				

어제 그저께 내일 모레 지난주 이번 주 다음 주

보기 오늘은/는 목요일이에요.

1) ________________ 은/는 리사 씨 생일이에요.

2) ________________ 은/는 밸런타인데이였어요.

3) ________________ 에 수영을 했어요.

4) ________________ 에 시험이 있어요.

문법

-으면/면

3 Connect the two sentences and make them into one sentence.
두 문장을 연결하고 한 문장으로 만드십시오.

보기 시간이 있어요	① 다리가 아파요.
1) 음식이 매워요	② 걸어가세요.
2) 값이 싸요	③ 같이 산책해요.
3) 많이 걸어요	④ 같이 영화를 봐요.
4) 가까워요	⑤ 물을 드세요.
5) 날씨가 좋아요	⑥ 핸드폰을 살 거예요.

보기 시간이 있으면 같이 영화를 봐요.

1) ______________________.

2) ______________________.

3) ______________________.

4) ______________________.

5) ______________________.

4 Look at the picture and answer the question.

그림을 보고 질문에 대답하십시오.

보기

가: 머리가 많이 아프면 어떻게 해요?

나: 머리가 많이 아프면 약을 먹어요.

1)

가: 밤에 잠이 안 오면 뭘 해요?

나: ______________________.

2)

가: 약속 시간에 늦으면 어떻게 해요?

나: ______________________.

3)

가: 주말에 날씨가 좋으면 뭘 해요?

나: ______________________.

4)

가: 돈이 많으면 무엇을 살 거예요?

나: ______________________.

5)

가: 여행을 가면 어디에 갈 거예요?

나: ______________________.

-었/았/였-

5 Complete the table.
표를 완성하십시오.

	-어요/아요/여요	-었어요/았어요/였어요
가다	가요	
타다		
받다		
앉다		
오다		
보다		
좋다		
먹다		먹었어요
마시다		
가르치다		
읽다		
배우다		
주다		
쓰다		
예쁘다		
쉬다		
일하다		
여행하다		

6 Read and choose the correct one.

이야기를 읽고 맞는 것을 고르십시오.

저는 지금 친구 집에 **보기** (~~(살아요)~~ 살아요, 살았어요).

지난달까지는 기숙사에 **1)** (살아요, 살았어요).

제 친구는 아주 **2)** (친절해요. 친절했어요).

어제는 친구가 불고기하고 김치찌개를 **3)** (만들어요, 만들었어요).

불고기가 **4)** (맛있어요, 맛있었어요),

김치찌개는 **5)** (매워요, 매웠어요).

우리는 어제 저녁을 먹고 드라마를 **6)** (봐요, 봤어요),

저는 한국 드라마를 자주 **7)** (봐요, 봤어요).

어제 드라마도 **8)** (재미있어요, 재미있었어요).

친구는 한국 노래를 **9)** (좋아해요, 좋아했어요).

그래서 우리는 텔레비전을 보고 노래방에 **10)** (가요, 갔어요).

7 Look at the picture and complete the sentences.

그림을 보고 문장을 완성하십시오.

1990년 | 지금

> **보기** 저는 키가 작았어요. 지금은 키가 커요.

1) 저는 ______________. 지금은 머리가 짧아요.

2) 저는 ______________. 지금은 아이스크림을 안 좋아해요.

1970년 | 지금

3) 이곳은 ______________. 지금은 나무가 없어요.

4) 이곳은 ______________. 지금은 아파트가 많아요.

5) 이곳은 ______________. 지금은 시끄러워요.

복습 6~10과

말하기

1 Sharing your school life
학교 생활 이야기하기

Talk about your school life.
학교 생활을 이야기하세요.

1) **What is your major?**
전공이 뭐예요?

2) **What time does the Korean class start and end?**
한국어 수업은 몇 시부터 몇 시까지 있어요?

3) **Who teaches Korean?**
누가 한국말을 가르치세요?

4) **Where do you live? How do you come to school?**
어디에 살아요? 학교에 어떻게 와요?

5) **Do you often go to the student cafeteria? Where is the student cafeteria?**
학생 식당에 자주 가요? 학생 식당이 어디에 있어요?

2 Introducing your hometown
고향 소개하기

Introduce your hometown.
고향을 소개하세요.

1) **Where is your hometown?**
고향이 어디예요?

2) **What is in your hometown? What is famous there?**
고향에 무엇이 있어요? 무엇이 유명해요?

3) **What food is delicious?**
무슨 음식이 맛있어요?

4) **How are the people in your hometown?**
고향 사람들이 어때요?

5) **When you go to your hometown, where will you go? What will you do? What are you going for?**
고향에 가면 어디에 갈 거예요? 무엇을 할 거예요? 무엇을 하러 갈 거예요?

3 Talking about past events
지난 일 이야기하기

What did you do yesterday? And what did you do today?
어제 무엇을 했어요? 그리고 오늘은 무엇을 했어요?

1) **What time did you wake up today?**
오늘 몇 시에 일어났어요?

2) **What did you eat for breakfast?**
아침에 무엇을 먹었어요?

3) **What classes did you have today?**
오늘 무슨 수업이 있었어요?

4) **Where did you go after class yesterday?**
어제는 수업이 끝나고 어디에 갔어요?

5) **Who did you meet yesterday? What did you do?**
어제 누구를 만났어요? 무엇을 했어요?

쓰기

I Choose the correct particle.
알맞은 조사를 고르십시오.

1 도서관(　　) 숙제해요.

① 이　② 은　③ 에　④ 에서

2 우유(　　) 커피를 마셔요.

① 나　② 도　③ 를　④ 만

3 수업 시간에 한국말(　　)이야기해요.

① 은　② 에　③ 로　④ 이나

4 아침 9시(　　) 1시까지 한국어 공부해요.

① 에서　② 부터　③ 에　④ 나

II Choose the correct answer.
알맞은 단어를 고르십시오.

5 한국 친구가 (　　)명 있어요.

① 하나　② 두　③ 셋　④ 넷

6 이번 달은 구월이에요. 다음 달은 (　　)이에요.

① 팔월　② 칠월　③ 사월　④ 시월

7 (　　)부터 한국어를 1년 공부했어요.

① 올해　② 내년　③ 작년　④ 지난 년

8 미국이 캐나다 (　　)에 있어요.

① 아래　② 위　③ 뒤　④ 앞

III Choose the correct answer.
밑줄 친 단어를 알맞게 활용한 것을 고르십시오.

9 한국 음악을 듣다 → (　　　　　).

① 듣어요　　② 들어요

10 카드를 연필로 쓰다 → (　　　　　).

① 써요　　② 쓰어요

11 제 방은 더럽다 → (　　　　　).

① 더럽어요　　② 더러워요

12 할아버지가 제 이름을 짓다 → (　　　　　).

① 지으셨어요　　② 짓으셨어요

IV Choose the answer that is not correct.
맞지 않는 대답을 고르십시오.

13 제임스 씨, 어디에 가세요? (　　)

① 극장에 가요.　　② 백화점에 있어요.
③ 영화를 보러 가요.　　④ 선물을 사러 가요.

14 학교에 어떻게 와요? (　　)

① 날마다 와요.　　② 걸어서 와요.
③ 지하철로 와요.　　④ 택시를 타고 와요.

15 어머니께서 무엇을 하세요? (　　)

① 지금 주무세요.　　② 저녁을 만드세요.
③ 노래를 잘하세요.　　④ 학교 선생님이세요.

16 영화를 보통 언제 보세요? (　　)

① 날마다 봐요.　　② 주말에 봐요.
③ 시험이 끝나면 봐요.　　④ 영화가 재미있으면 좋아요.

V Complete the dialogue.
대화를 완성하십시오.

17 가: ____________

나: 월요일이에요.

① 무슨 요일이에요? ② 무슨 날이에요?
③ 며칠이에요? ④ 몇 시예요?

18 가: ____________

나: 학생이에요.

① 이것이 뭐예요? ② 이 사람이 누구예요?
③ 수지 씨 전공이 뭐예요? ④ 수지 씨는 무슨 일을 하세요?

19 가: 고향이 어때요?

나: ____________

① 바빠요.
② 영국에서 왔어요.
③ 공기도 좋고 조용해요.
④ 독일 슈투트가르트예요.

20 가: 어제 무엇을 했어요?

나: ____________

① 네, 숙제를 했어요.
② 어제는 수요일이었어요.
③ 커피숍에서 친구를 만났어요.
④ 저녁에 고향 친구를 만날 거예요.

VI Write a text with the following title (7 sentences or more).
다음 제목으로 글을 쓰십시오. (7문장 이상)

제목: 나의 하루

읽기

I [1~3] Read and answer the questions.
읽고 질문에 답하십시오.

제 방은 2층에 있어요.
제 방에는 침대가 있어요.
옷장이 있어요. 책상도 있어요.
책상에 교과서가 있어요. 시계도 있어요.
제 방에 텔레비전이 없어요. 냉장고도 없어요.
텔레비전은 1층에 있어요. 냉장고도 1층에 있어요.

1 **What is the passage about? (　　)**
무슨 이야기입니까?

① 제 방　　② 2층집
③ 책상과 옷장　　④ 텔레비전과 냉장고

2 **Choose what is not in the room. (　　)**
방에 없는 것을 고르십시오.

① 침대　　② 옷장　　③ 책장　　④ 시계

3 **Read and choose the correct answer. (　　)**
읽고 맞는 것을 고르십시오.

① 침대는 1층에 있어요.
② 옷장이 2층에 있어요.
③ 냉장고는 우리 집에 없어요.
④ 제 책상 위에 텔레비전이 한 대 있어요.

III [4~6] Read and answer the questions.
읽고 질문에 답하십시오.

오늘은 10월 1일 일요일이에요.
모레는 개천절이에요.
7일은 추석이에요. 그래서 6일부터 쉬어요.
한국 사람들은 추석에 고향에 가요.
제 친구 선희 씨도 고향에 갈 거예요.
저도 선희 씨 고향에 같이 갈 거예요.
9일 ___㉠___ 은 한글날이에요. 한글날도 쉬는 날이에요.
10월에는 제 동생 생일도 있어요.
25일이 제 동생 생일이에요

4 **What is the passage about? (　　)**
무슨 이야기입니까?

① 추석　　② 10월　　③ 개천절　　④ 한글날

5 **Choose the correct word to fill in ___㉠___. (　　)**
___㉠___ 에 들어갈 말로 알맞은 것을 고르십시오.

① 월요일　　② 화요일　　③ 수요일　　④ 일요일

6 **Choose the answer that does not match what you read. (　　)**
이 글의 내용과 다른 것을 고르십시오.

① 개천절은 화요일이에요.
② 한글날에 수업이 없어요.
③ 저는 추석에 제 고향에 갈 거예요.
④ 시월에는 6일부터 9일까지 쉬어요.

III [7~9] Read and answer the questions.
읽고 질문에 답하십시오.

> 엠마 씨, 안녕하세요?
> 저는 학교가 끝나고 고향에 왔어요.
> 지금 제주도에 있어요.
> 제주도가 제 고향이에요.
> 제주도에는 한라산과 바다가 있어요.
> 공기도 좋고 경치도 아름다워요.
> 귤도 참 맛있어요.
> 엠마 씨, 요즘도 많이 바빠요?
> 방학 잘 보내세요.
>
> \- 12.20. 김정우

7 What type of text is this? (　　)
이 글은 무슨 글입니까?

① 시　② 편지　③ 소설　④ 일기

8 What is not in Jeju Island? (　　)
제주두에 무엇이 없어요?

① 귤　② 바다　③ 한라산　④ 정우 씨 학교

9 Choose the answer that does not match what you read. (　　)
이 글의 내용과 다른 것을 고르십시오.

① 정우 씨가 편지를 썼어요.
② 정우 씨는 고향에서 이 편지를 썼어요.
③ 제주도는 산과 바다가 있고 공기가 좋아요.
④ 엠마 씨는 지금 방학이지만 요즘도 많이 바빠요.

Ⅳ [10~12] Read and answer the questions.
읽고 질문에 답하십시오.

우리 하숙집에 시경 씨, 조슈아 씨하고 에릭 씨가 있어요.
시경 씨는 은행원이에요.
시경 씨는 운동을 좋아해요. 테니스를 좋아하요.
조슈아 씨는 신문사 ___㉠___ 이에요/예요.
조슈아 씨도 운동을 좋아해요. 하지만 운동을 자주 못 해요. 가끔 해요. 날마다 바빠요.
에릭 씨는 무역 일을 해요.
에릭 씨는 한국 음식을 좋아해요. 한국 반찬을 날마다 먹어요.
우리는 날마다 한국어로 이야기해요. 하숙집 생활이 재미있어요.

10 What is the passage about? (　　)
무슨 이야기입니까?

① 하숙집　② 한국 음식　③ 반 친구들　④ 하숙집 친구들

11 Choose the correct word to fill in ___㉠___. (　　)
___㉠___ 에 들어갈 말로 알맞은 것을 고르십시오.

① 배우　② 의사　③ 기자　④ 가수

12 Choose the answer that matches what you read. (　　)
이 글의 내용과 같은 것을 고르십시오.

① 에릭 씨는 무역 회사에서 일해요.
② 조슈아 씨는 날마다 운동을 해요.
③ 하숙집 친구들과 영어로 이야기해요.
④ 시경 씨하고 조슈아 씨는 운동을 안 좋아해요.

V [13~15] Read and answer the questions.
읽고 질문에 답하십시오.

저는 월요일부터 금요일까지 학교에 가요.
집 앞에서 752번 버스를 타고 가요.
여덟 시에 집에서 나가요.
버스를 타면 학교까지 15분쯤 걸려요.
1교시가 9시 50분에 끝나면 쉬는 시간이에요.
쉬는 시간에 우리는 보통 편의점으로 내려가요.
수업은 오후 한 시에 끝나요.
수업이 끝나고 밥을 먹으러 친구들하고 학생 식당에 가요.
밥을 먹고 같이 도서관에 가요. 숙제를 하고 집에 와요.

13 What is the passage about? (　　)
무슨 이야기입니까?

① 고향　② 가족　③ 취미 생활　④ 학교 생활

14 Choose the one written in order. (　　)
순서대로 쓴 것을 고르십시오.

ㄱ. 학생 식당에 가요.	ㄴ. 752번 버스를 타요.
ㄷ. 도서관에서 숙제를 해요.	ㄹ. 쉬는 시간에 편의점에 가요.

① ㄹ → ㄱ → ㄷ → ㄴ　② ㄹ → ㄷ → ㄱ → ㄴ
③ ㄴ → ㄹ → ㄱ → ㄷ　④ ㄴ → ㄹ → ㄷ → ㄱ

15 Choose the correct answer. (　　)
맞는 것을 고르십시오.

① 숙제를 하고 점심을 먹어요.
② 이 사람은 날마다 학교에 가요.
③ 쉬는 시간에는 보통 숙제를 해요.
④ 버스나 지하철을 타고 학교에 가요.

듣기

MP3_22

I [1~4] Listen and choose the correct answer.
듣고 맞는 답을 고르십시오.

1 (　　　)

① 네, 있어요. ② 아니요, 없어요.
③ 학생회관 1층에 있어요. ④ 은행 앞에 학생회관이 있어요.

2 (　　　)

① 영화를 봤어요. ② 아침을 먹을 거예요.
③ 오후 여섯 시 반이에요. ④ 두 시부터 운동을 할 거예요.

3 (　　　)

① 네, 좋아해요. ② 저는 수영을 좋아해요.
③ 아니요, 운동을 안 좋아해요 ④ 배드민턴을 좋아하세요.

4 (　　　)

① 수요일이에요. ② 아니요, 금요일이었어요.
③ 오월 오일이에요. ④ 지난 토요일은 유월 오 일이었어요.

II [5~6] Where are the two people having a conversation? Choose the answer.
두 사람이 어디에서 이야기해요? 고르십시오.

5 (　　　)

① 학생회관 ② 기숙사 ③ 도서관 ④ 대학교

6 (　　　)

① 백화점 ② 편의점 ③ 문방구 ④ 슈퍼마켓

Ⅲ [7~9] Listen and answer the questions.
듣고 질문에 답하십시오.

7 How many people are there in the family? ( )
가족이 모두 몇 명이에요?

① 4명 ② 6명 ③ 7명 ④ 8명

8 Choose the answer that does not match for the jobs of each family members. ( )
가족이 하는 일이 아닌 것을 고르십시오.

① 여동생 - 연구원 ② 남동생 - 학생
③ 어머니 - 변호사 ④ 할머니 - 선생님

9 Choose the answer that matches what you heard. ( )
들은 내용과 같은 것을 고르십시오.

① 애니 씨는 여동생이 2명 있어요.
② 애니 씨의 할머니는 고향에 안 계세요.
③ 애니 씨의 가족은 한국에 있어요.
④ 애니 씨의 아버지는 회사원이세요.

Ⅳ [10~12] Listen and answer the questions.
듣고 질문에 답하십시오.

10 Choose the correct answer that matches the daily routine of James. ( )
제임스 씨의 하루를 순서대로 연결한 것을 고르십시오.

ㄱ.숙제를 해요. ㄴ.학생식당에 가요. ㄷ.집에 와요. ㄹ.버스를 타요.

① ㄹ - ㄷ - ㄱ - ㄴ ② ㄹ - ㄴ - ㄷ - ㄱ
③ ㄴ - ㄱ - ㄹ - ㄷ ④ ㄴ - ㄹ - ㄷ - ㄱ

11 What time does James have lunch? ( )
제임스 씨는 몇 시에 점심을 먹어요?

① 11시 10분 ② 11시 20분 ③ 1시 10분 ④ 1시 20분

12 **Choose the answer that does not match what you heard. (   )**
이야기와 다른 것을 고르십시오.

① 제임스 씨는 집에서 숙제해요.

② 제임스 씨는 6시 30분까지 자요.

③ 제임스 씨는 보통 친구들과 점심을 먹어요.

④ 제임스 씨는 텔레비전을 보고 숙제해요.

V [13~15] Listen and answer the questions.
듣고 질문에 답하십시오.

13 **What are the two people talking about? (   )**
두 사람은 무슨 이야기를 해요?

① 경치 ② 고향 ③ 날씨 ④ 가족

14 **How are the people in Vancouver? (   )**
밴쿠버 사람들이 어때요?

① 조용해요. ② 깨끗해요. ③ 친절해요. ④ 아름다워요.

15 **Choose the answer that does not match what you heard. (   )**
이야기와 다른 것을 고르십시오.

① 저스틴 씨는 캐나다에서 왔어요.

② 선희 씨는 저스틴 씨의 고향 친구예요.

③ 밴쿠버는 공기가 깨끗하고 경치가 좋아요.

④ 크리스마스에 저스틴 씨는 가족을 만날 거예요.

대학생을 위한 연세한국어

YONSEI KOREAN

for college students

101

부록

KOREAN LANGUAGE INSTITUTE

YONSEI UNIVERSITY PRESS

대학생을 위한 연세한국어

YONSEI KOREAN

for college students

101

부록

KOREAN LANGUAGE INSTITUTE

YONSEI UNIVERSITY PRESS

부록

모범답안 — 4

Workbook 모범답안 — 16

영문 번역 — 29

문화 — 66

색인 — 71

모범답안

1과 한글 I

01. 모음 1, 자음 1

▶ **모음 1 연습**

1. 생략

2. 1) 이 2) 오 3) 외 4) 아이 5) 오이 6) 에이

3. 1) ① 아 2) ① 어 3) ② 오
4) ② 으 5) ② 위 6) ② 오이

▶ **자음 1 연습**

1. 생략

2. 1) 가게 2) 다리 3) 누나
4) 노래 5) 라디오 6) 개나리

3. 1) ① 가 2) ① 나 3) ② 로
4) ① 어디 5) ① 거리 6) ① 개나리

▶ **과제 1 읽어 봅시다**

1. 생략

2. 생략

3. 생략

▶ **과제 2 들어 봅시다**

1. 1) ② 2) ⑥ 3) ① 4) ④ 5) ③

2. 고래, 가구, 가나, 어머니, 나라, 구두

3. 1) 아우 2) 노래 3) 다르다
4) 아래 5) 어머니

▶ **과제 3 해 봅시다**

1.

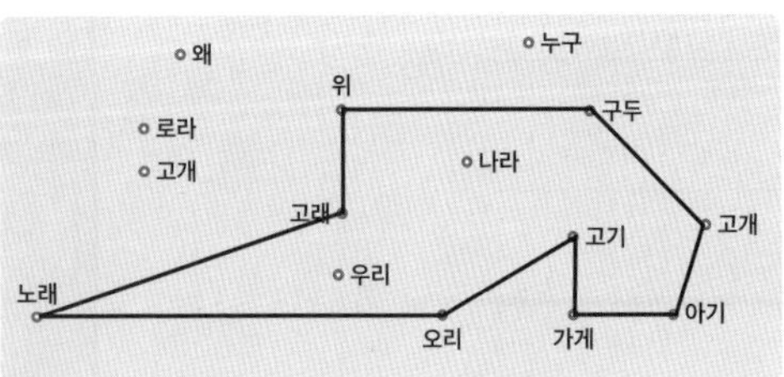

2. 1) 뇌 2) 귀 3) 오리 4) 고래 5) 구

3. 생략

02. 자음 2, 자음 3

▶ **자음 2 연습**

1. 생략

2. 1) 모자 2) 바지 3) 새우
4) 지도 5) 어머니 6) 쇠고기

3. 1) ① 무 2) ② 쥐 3) ② 부자
4) ① 세모 5) ① 소리 6) ① 어머니

▶ **자음 3 연습**

1. 생략

2. 1) 포도 2) 회사 3) 커피
4) 치마 5) 케이크 6) 투수

3. 1) ① 티 2) ② 코 3) ① 자다
4) ① 포도 5) ① 회사 6) ① 호세

▶ **과제 1 읽어 봅시다**

1. 생략

2. 생략

3. 생략

▶ **과제 2 들어 봅시다**

1. 1) ③ 2) ① 3) ⑥
4) ④ 5) ②

2. 채소, 바로, 페루, 두바이, 자리

3. 1) 파도 2) 부모 3) 바위 4) 회사 5) 마트

▶ **과제 3 해 봅시다**

1.

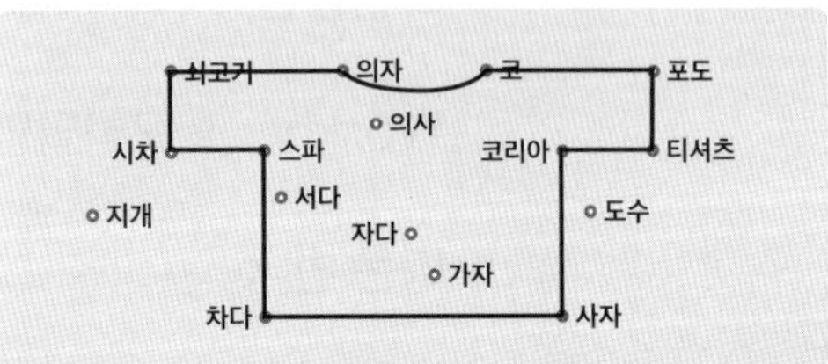

2. 1) 지도 2) 모자 3) 커피
4) 바지 5) 치마

3. 생략

2과 한글 II

01. 자음 4, 모음 2

▶ **자음 4 연습**

1. 생략

2. 생략

3. 1) ② 꼬리　2) ② 싸다　3) ① 아빠
4) ② 따르다　5) ② 찌다　6) ① 삐다

▶ 모음 2 연습

1. 생략
2. 생략
3. 1) ① 야구　2) ② 의사　3) ② 여우
4) ① 교회　5) ① 사과　6) ① 여기

▶ 과제 1 읽어 봅시다

1. 생략
2. 생략
3. 생략

▶ 과제 2 들어 봅시다

1. 1) ④　2) ②　3) ⑤
4) ⑥　5) ①
2. 1) 꼬리　2) 의사　3) 시계
4) 짜다　5) 회사
3. 1) 토끼　2) 야구　3) 아빠
4) 따르다　5) 빠르다

▶ 과제 3 해 봅시다

1.

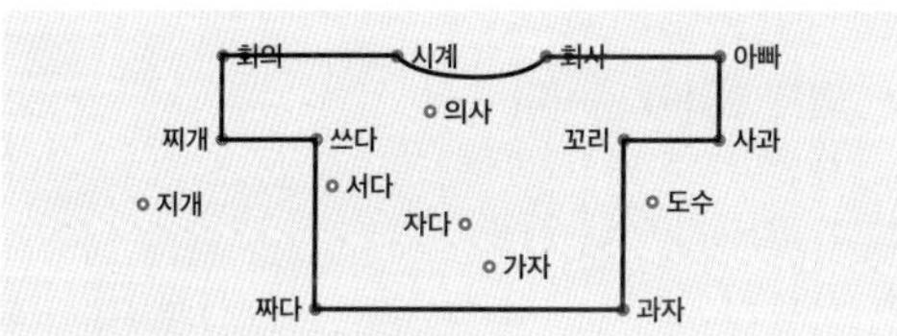

2. 1) 아빠　2) 시계　3) 과자
4) 코끼리　5) 꼬리
3. 생략

02. 받침 1, 받침 2

▶ 받침 1 연습

1. 생략
2. 생략
3. 1) ③ 공　2) ② 집　3) ③ 옷
4) ③ 돈　5) ② 국　6) ① 별

▶ 받침 2 연습

1. 생략
2. 생략
3. 1) ① 읽다　2) ② 굶다　3) ② 밟다
4) ① 많다　5) ② 끊다　6) ① 앉다

▶ 과제 1 읽어 봅시다

1. 생략
2. 생략
3. 1) 죄송합니다.
2) 처음 뵙겠습니다.
3) 안녕히 가세요.

▶ 과제 2 들어 봅시다

1. 1) ①　2) ④　3) ⑥
4) ②　5) ⑤
2. 1) 공　2) 집　3) 별
3. 1) ①　2) ②　3) ②
4) ①　5) ①

▶ 과제 3 해 봅시다

1.

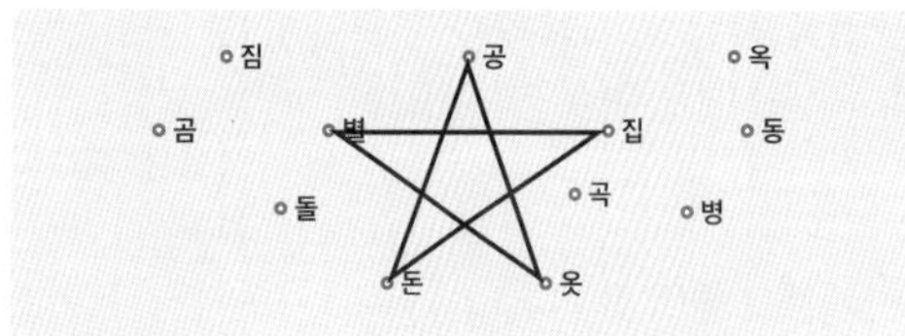

2. 1) 부엌　2) 집　3) 국
4) 김치　5) 옷　6) 별
3. 생략

3과 인사

01. 저는 엠마예요

▶ 어휘 연습

1. 생략
2. 성: 뒤부아 / 이름: 엠마
성: 파커 / 이름: 제임스
성: 성 / 이름: 시영
3. 생략

▶ 문법 연습 1

1. 1) 엠마예요.
2) 학생이에요.

3) 제 친구예요
4) 우리 선생님이에요.

2. 1) 제임스예요.
2) 엠마예요.
3) 리사예요.
4) 왕 다니엘이에요.

▶ 문법 연습 2

1. 1) 제 이름은
2) 엠마 씨는
3) 다니엘은
4) 우리 학교는

2. 1) 우리는 친구예요.
2) 리사 씨는 2학년이에요.
3) 다니엘 씨는 미국 사람이에요
4) 엠마 씨 성은 뒤부아예요.

▶ 과제 1 읽어 봅시다

1. 제임스 2) 이수영
2. 1) X 2) X 3) ○
3. 제임스예요, 이수영이에요
4. 생략

▶ 과제 2 들어 봅시다

1. ②
2. ④
3. ③, ④
4. 1) 이수영 2) 제임스 3) 엠마
5. 생략

▶ 과제 3 해 봅시다

1. 생략
2. 생략

02. 어느 나라 사람이에요?

▶ 어휘 연습

1. 1) 한국 - ① 2) 미국 - ②
3) 태국 - ④ 4) 영국 - ⑦
5) 브라질 - ⑤ 6) 싱가포르 - ⑥

▶ 문법 연습 1

1. 1) 캐나다예요? 2) 프랑스예요?
3) 중국이에요? 4) 독일이에요?
5) 멕시코예요?

2. 1) 가: 한국 사람이에요?
나: 네, 한국 사람이에요.
2) 가: 인도 사람이에요?
나: 네, 인도 사람이에요.
3) 가: 미국 사람이에요?
나: 아니요, 영국 사람이에요.
4) 가: 중국 사람이에요?
나: 아니요, 일본 사람이에요.

▶ 문법 연습 2

1. 1) 이름이
2) 고향이
3) 호주의 수도가
4) 누가

2. 1) 제임스 씨가 누구예요?
- ① 제가 제임스예요.
2) 성이 파커예요?
- ② 네, 파커예요.
3) 고향이 어디예요?
- ⑤ 미국 뉴욕이에요.
4) 여기가 영국이에요?
- ④ 아니요, 프랑스예요.
5) 서울이 한국의 수도예요?
- ⑥ 네, 맞아요.

▶ 과제 1 읽어 봅시다

1. 1) 안나 2) 독일
2. 1) X 2) X 3) X
3. 1) 스위스 2) 안나 3) 독일
4. 생략

▶ 과제 2 들어 봅시다

1. ①
2. ④
3. 로라 - 캐나다
필립 - 호주
안나 - 독일
유진 - 한국
4. ③
5. ②
6. 생략

▶ 과제 3 해 봅시다

1. 생략
2. 생략

4과 소개

01. 회사원이 아니에요

▶ **어휘 연습**

1. 1) 비서 2) 회사원 3) 가수
4) 선생님 5) 학생 6) 의사
7) 간호사 8) 은행원

▶ **문법 연습 1**

1. 1) 엠마가 2) 한국 사람이
3) 경찰이 4) 의사가

2. 1) 학생이 아니에요. / 가수예요.
2) 간호사가 아니에요. / 의사예요?
/ 의사예요.
3) 선생님이 아니에요. / 그럼 학생이에요?
/ 학생이에요.
4) 가수가 아니에요. / 그럼 은행원이에요?
/ 은행원이에요.

▶ **문법 연습 2**

1. 1) 선생님하고 학생이에요.
2) 리사 씨하고 다니엘 씨예요.
3) 한국과 중국이에요.
4) 기자와 변호사예요.

2. 1) 다니엘 씨하고(씨와) 리사씨예요.
2) 미국하고(미국과) 한국이에요.
3) 가수하고(가수와) 의사예요.
4) 은행원과(은행원하고) 회사원이 아니에요.
선생님하고(선생님과) 학생이에요.

▶ **과제 1 읽어 봅시다**

1. 마유미

2. ①

3. 1) 저는 마유미예요.
2) 일본에서 왔어요.
3) 저는 회사원이 아니에요.
4) 대학생이에요.

4. 생략

▶ **과제 2 들어 봅시다**

1. ④

2. ④

3. 제임스, 수영

4. ①

5. ① 유 진: 회사원
② 토마스: 은행원
③ 왕 명: 교수

6. ① 유 진: 회사
② 토마스: 은행
③ 왕 명: 대학교

7. 생략

▶ **과제 3 해 봅시다**

1. 생략

2. 생략

3. 생략

02. 같이 한국어를 공부해요

▶ **어휘 연습**

1. 1) ④ 2) ⑤ 3) ③
4) ① 5) ⑥

▶ **문법 연습 1**

1)

-어요	먹다	**보기** 먹어요
	웃다	웃어요
	입다	입어요
	읽다	읽어요
	만들다	만들어요
	배우다	배워요
	주다	줘요
	추다	춰요
	마시다	마셔요
	쓰다	써요
	가르치다	가르쳐요
-아요	타다	타요
	놀다	놀아요
	가다	가요
	자다	자요
	사다	사요
	만나다	만나요
	오다	와요
-여요	일하다	일해요
	공부하다	공부해요
	좋아하다	좋아해요
	전화하다	전화해요

2. 1) 수지 씨가 먹어요.
   2) 다니엘 씨가 읽어요.
   3) 서준 씨가 일해요.
   4) 선희 씨가 자요.
   5) 수영 씨가 마셔요.
   6) 엠마 씨가 써요.
   7) 리사 씨가 봐요.

▶ **문법 연습 2**

1. 1) 옷을
   2) 밥을
   3) 책을
   4) 노래를
2. 1) 김치를 먹어요.
   2) 영화를 봐요.
   3) 책을 읽어요.
   4) 친구를 만나요.

▶ **과제 1 읽어 봅시다**

1. 우리 반 친구들이에요.
2. ④
3. 1) 마이클 씨하고 메이린 씨하고 일라이 씨예요.
   2) 마이클 씨와 메이린 씨가 춤을 춰요.
   3) (한국어를) 공부해요.
   4) 한국 영화를 많이 봐요.
4. 생략

▶ **과제 2 들어 봅시다**

1. ④
2. ①
3. 민지 씨
4. ②
5. 제임스 씨하고 김 선생님
6. ① 제임스 씨
   ② 김 선생님
   ③ 해요?
   ④ 책을 빌려요.
   ⑤ 책을 많이 읽어요?
   ⑥ 책을 좋아해요.
7. ③
8. 생략

▶ **과제 3 해 봅시다**

1. 생략
2. 생략

5과 물건

01. 누구의 교과서예요?

▶ **어휘 연습**

1. 1) 이 지우개
   2) 그 사전
   3) 이 휴지
   4) 저 과자

▶ **문법 연습 1**

1. 1) 저는 / 제 친구는
   2) 리사 씨는 / 다니엘 씨는
   3) 다니엘은 / 제임스는
   4) 영화는 / 책은
2. 1) 제 친구는 회사원이에요.
   2) 제 친구는 텔레비전을 봐요.
   3) 저는 비빔밥을 먹어요.
   제 친구는 김치찌개를 먹어요.
   4) 된장찌개는 / 김치찌개는

▶ **문법 연습 2**

1. 1) 마이클 씨의 학교예요?
   2) 누구의 교과서예요?
   3) 제 아버지의 명함이에요.
   4) 제(저의) 연필이에요.
2. 1) 셰익스피어의 책을 읽어요.
   2) 제 학교예요.
   3) 리사 씨의 거울이에요.
   4) 제 손수건이에요.

▶ **과제 1 읽어 봅시다**

1. 제 가방(제임스 씨의 가방)하고 선희 씨의 가방이에요.
2. ①
3. 한국어를 공부해요. / 열심히 영어를 공부해요.
4. 생략

▶ **과제 2 들어 봅시다**

1. ②
2. ②
3. ① 엠마 ② 마이클
4. 제임스 씨하고 마이클 씨
5. ②, ④
6. 생략

▶ 과제 3 해 봅시다
1. 생략
2. 생략

02. 교실에 지도도 있어요

▶ 어휘 연습
1. 1) ③
   2) ④
   3) ①
   4) ⑤
   5) ⑦
   6) ⑥
   7) ②

▶ 어휘 연습
2. 1) 텔레비전이 커요. (O)
   2) 날씨가 나빠요. (O)
   3) 음식이 맛있어요. (O)

▶ 문법 연습 1
1. 1) 교실에 달력이 있어요.
   2) 벽에 그림이 없어요.
   3) 창문에 커튼이 없어요.
   4) 가방이 바닥에 없어요
2. 생략

▶ 문법 연습 2
1. 1) 문도 2) 박씨도 3) 텔레비전도 4) 주스노
2 1) 가: 네, 칠판도 커요.
   2) 나: 벽에 달력도 있어요?
   가: 네, 벽에 달력도 있어요.
   3) 나: 한국 지도도 없어요?
   가: 네, 한국 지도도 없어요.
   4) 나: 거울도 없어요?
   가: 아니요, 거울은 있어요.

▶ 과제 1 읽어 봅시다
1. 교실
2. ①, ②
3. 1) 우리 교실이에요.
   2) 교실이 커요.
   3) 책상하고 의자하고 한국 지도하고 달력이 있어요.
4. 생략

▶ 과제 2 들어 봅시다
1. ①
2. ③
3. ②
4. ③
5. 교실
6. ④
7. 생략

▶ 과제 3 해 봅시다
1. 생략
2. 생략

6과 학교와 집

01. 은행에 같이 가요

▶ 어휘 연습
1. 1) ① 2) ⑤ 3) ⑥
   4) ④ 5) ②

▶ 어휘 연습
2. 1) 뒤 2) 위 3) 안
   4) 옆 5) 밑/아래

▶ 문법 연습 1
1. 1) 식당에 가요.
   2) 백화점에 가요.
   3) 도서관에 가요.
   4) 사무실에 가요.
   5) 공원에 가요.
2. 1) 화장실에 가요.
   2) 식당에 가요.
   3) 수지 씨가 어디에 가요?
   4) 리사 씨가 어디에 가요? / 서점에 가요.

▶ 문법 연습 2
1. 1) 선생님 이름은
   2) 사무실은
   3) 고향 날씨는
   4) 다니엘 씨는
2. 1) 학생회관은
   2) 학교는

3) 학교 서점은

4) 가:교실은 / 화장실은 / 사무실은 어때요?
   나: 커요 / 깨끗해요 / 넓어요 / 작아요 / 좁아요….

▶ **과제 1 읽어 봅시다**

1. 한국어학당 옆에 있어요.
2. ①
3. 침대, 책상, 시계
4. 생략

▶ **과제 2 들어 봅시다**

1. ③ **2.** ③
3. 우체국 **4.** ④
5. 서점, 은행 **6.** ④
7. 생략

▶ **과제 3 해 봅시다**

1. 생략
2. 생략
3. 생략

02. 집에 버스나 지하철로 가요

▶ **어휘 연습**

1. 1) 영화관 / 극장 2) 가게 / 편의점
3) 공원 4) 약국
5) 가게 / 시장

▶ **문법 연습 1**

1. 1) 영화를 컴퓨터로 봐요.
2) 라면을 젓가락으로 먹어요.
3) 연락을 이메일로 해요.
4) 학교에 버스로 가요.
5) 한국말을 교과서로 공부해요.

2. 1) 숟가락으로 먹어요.
2) 교과서로 공부해요.
3) 볼펜으로 써요.
4) 지하철로 가요.

▶ **문법 연습 2**

1. 1) 버스나 2) 연필이나
3) 가게나 4) 빵이나

2. 1) 볼펜이나 연필로 써요.
2) 한국말이나 영어로 이야기해요.
3) 버스나 택시로 가요.
4) 드라마나 영화로 공부해요.

▶ **과제 1 읽어 봅시다**

1. 신촌에 있어요. 지하철이나 버스로 집에 가요.
2. ③
3. 하숙집, 약국, 공원
4. 1) 뒤에 2) 옆에 3) 앞에

▶ **과제 2 들어 봅시다**

1. ④ **2.** ④
3. 한국 친구를 만나요.
4. ①, ③
5. ④
6. ① 신촌
② 교회, 가게, 마이클씨 집, 공원
7. 생략

▶ **과제 3 해 봅시다**

1. 생략
2. 생략
3. 생략

7과 가족

01. 무슨 사진을 봐요?

▶ **어휘 연습**

1. 1) 이야기해요. 2) 전화해요.
3) 운동해요. 4) 노래해요.

▶ **문법 연습 1**

1. 1) 무슨 음식을 2) 무슨 차를
3) 무슨 책을 4) 무슨 음악을

2. 생략

▶ **문법 연습 2**

1. 1) 안 가요. 2) 책을 안 읽어요.
3) 일을 안 해요. 4) 노래를 안 좋아해요.
5) 지갑이 없어요. 6) 날씨가 안 좋아요.

2. 1) 숙제가 안 많아요.
2) 신문을 안 읽어요.
3) 음악을 자주 안 들어요.
4) 음식이 맛없어요.

▶ **문법 연습 3**

1. 1) 텔레비전을 못 봐요.
2) 한국어를 못 배워요.
3) 커피를 못 마셔요.
4) 친구를 못 만나요.
5) 공부를 못 해요.
6) 전화를 못 해요.

2. 1) 책을 안 좋아해요.
2) 못 봐요.
3) 안 많아요.
4) 안 해요. / 못 해요.

▶ **과제 1 읽어 봅시다**

1. 은행원이에요.
2. 한국 음식을 좋아해요.
3. 1) X 2) X 3) O
4. 1) 시경 씨는 무슨 운동을 좋아해요?
2) 조슈아 씨는 무슨 일을 해요?
3) 하숙집 생활이 재미있어요.

▶ **과제 2 들어 봅시다**

1. ② **2.** ④
3. 수영: 날마다
산책: 자주
숙제: 날마다
책: 안 해요
전화: 가끔
컴퓨터 게임: 가끔
4. ① 리사 ② 언니 ③ 남동생
5. 여동생은 미국에 있어요. 대학생이에요
6. 생략

▶ **과제 3 해 봅시다**

1. 생략
2. 생략
3. 생략

02. 부모님은 고향에 계세요?

▶ **어휘 연습**

1. 1) 누나/언니 2) 아버지
3) 어머니 4) 할아버지
2. 1) 공부해요.
2) 잡수세요/드세요.
3) 텔레비전을 보세요.
4) 주무세요.

▶ **어휘 연습**

3. 1) 가방 하나, 가방 한 개
2) 책상 여섯, 책상 여섯 개
3) 의자 일곱, 의자 일곱 개
4) 책 열, 책 열 권

▶ **문법 연습 1**

1. 1) 운동을 하세요.
2) 사진을 보세요.
3) 친구가 많으세요.
4) 회사원이 아니세요.
2. 1) 우산 있으세요?
2) 무슨 일을 하세요?
3) 오늘 기분이 좋으세요? / 오세요.
4) 지금 안 바쁘세요?
5) 무슨 일이세요?

▶ **문법 연습 2**

1.

	-어요/아요/여요
걷다	걸어요
듣다	들어요
묻다	물어요
싣다	실어요
*닫다	닫아요
*믿다	믿어요
*받다	받아요

2. 1) 걸어요. 2) 들어요.
3) 물어요? 4) 실어요?
5) 닫아요? 6) 믿어요?
7) 받아요.

▶ **과제 1 읽어 봅시다**

1. 두 명 있어요.
2. 아버지께서는 의사세요.
3. ①
4. 생략

▶ **과제 2 들어 봅시다**

1. ① **2.** ②
3. ② **4.** ②
5. 여동생: 연구원
남동생: 대학생
6. ④
7. 생략

▶ **과제 3 해 봅시다**

1. 생략
2. 생략
3. 생략

8과 고향과 친구

01. 공기도 좋고 조용해요

▶ **어휘 연습**

1. 1) ④ 2) ② 3) ①

▶ **문법 연습 1**

1. 1) 주스가 맛있고 시원해요.
2) 우체국이 좁고 복잡해요.
3) 도서관이 크고 조용해요.
2. 생략

▶ **문법 연습 2**

1.

	-어요/아요/여요
아름답다	보기 아름다워요
가깝다	가까워요
맵다	매워요
쉽다	쉬워요
어렵다	어려워요
춥다	추워요
덥다	더워요
더럽다	더러워요
시끄럽다	시끄러워요
귀엽다	귀여워요
돕다	도와요
*입다	입어요
*좁다	좁아요

2. 1) 아름다워요. 2) 매워요.
3) 추워요. 4) 더워요.
5) 귀여워요.

▶ **과제 1 읽어 봅시다**

1. ③ **2.** ①
3. 김정우 **4.** 생략

▶ **과제 2 들어 봅시다**

1. ③ **2.** ③
3. 학교 앞에 있습니다. **4.** ④
5. ②
6. (바다)하고 (대학교)하고 (공원이) 있어요.
7. ②, ④
8. 생략

▶ **과제 3 해 봅시다**

1. 생략
2. 생략
3. 생략

02. 대학교에서 경제학을 전공해요

▶ **어휘 연습**

1. 1) ③ 2) ① 3) ② 4) ⑥ 5) ⑤

▶ **문법 연습 1**

1. 1) ④ 2) ⑥ 3) ⑤ 4) ① 5) ③
2. 생략

▶ **문법 연습 2**

1.

	-어요/아요/여요
낫다	보기 나아요
젓다	저어요
붓다	부어요
짓다	지어요
잇다	이어요
긋다	그어요
*웃다	보기 웃어요
*씻다	씻어요
*벗다	벗어요

2. 1) 나아요. 2) 저어요.
3) 부어요. 4) 벗어요.
5) 웃어요.

▶ **과제 1 읽어 봅시다**

1. 친구
2. ④
3. 노래, 춤
4. 생략

▶ 과제 2 들어 봅시다

1. ②
2. ③
3. 신촌에서 만납니다.
4. ③
5. ①
6. ① 하와이 ② 역사학
7. 생략

▶ 과제 3 해 봅시다

1. 생략
2. 생략
3. 생략

9과 날짜와 시간

01. 두 시부터 여섯 시까지 일해요

▶ 어휘 연습

1. 1) 육백오십 원 2) 팔만 원
   3) 오천오백 원 4) 삼만 구천 원
   5) 만 사천 원

▶ 어휘 연습

2. 1) 열한 시 이십 분
   2) 열 시 사십팔 분
   3) 여섯 시 십 분
   4) 오전 여덟 시
   5) 오전 아홉 시 오십 분
   6) 오후 한 시
   7) 오후 열 시 사십칠 분

▶ 문법 연습 1

1. 1) 무엇을 하러 가요?
   2) 밥을 먹으러 식당에 가요.
   3) 숙제를 하러 도서관에 가요.
2. 1) 커피를 사러 카페에 가요.
   2) 책을 빌리러 도서관에 가요.
   3) 식사하러 식당에 가요.
   4) 시장에 반찬을 사러 가요.
   5) 도서관에 책을 빌리러 가요.
   6) 학교 앞에 친구를 만나러 가요.

▶ 문법 연습 2

1. 1) 아홉 시까지
   2) 다섯 시까지
   3) 가: 몇 시까지 숙제를 해요?
      나: 여섯 시 삼십 분까지 숙제해요.
   4) 가: 몇 시까지 텔레비전을 봐요?
      나: 열한 시 사십 분까지 텔레비전을 봐요.
2. 1) 오후 한 시부터 두 시까지 학생식당에서 친구와 점심을 먹어요.
   2) 오후 세 시부터 다섯 시까지 아르바이트를 해요.
   3) 아침부터 밤까지 도서관에서 공부를 해요.
   4) 밤 열한 시부터 열한 시 사십 분까지 텔레비전을 봐요.
   5) 밤 열한 시 사십 분부터 다음날 일곱 시 사십 분까지 자요.

▶ 과제 1 읽어 봅시다

1. 교실
2. (리사) ➜ (마이클) ➜ (제임스와 엠마) ➜ (선생님)
3. 1) X 2) O 3) O
4. 1) 리사 씨가 들어와요.
   2) 마이클 씨가 와요. 커피를 마셔요.
   3) 선생님께서 오세요.
   4) 아홉 시부터 한 시까지 공부해요.

▶ 과제 2 들어 봅시다

1. ②
2. ③
3. ②
4. 운동해요.
5. 세 시 반이에요.
6. ① 회의가 ② 네 시
   ③ 삼십 ④ 시간이
7. 생략

▶ 과제 3 해 봅시다

1) 가: 지금 몇 시예요?
   나: 네 시 삼십오 분이에요.
   가: 뭘 해요?
   나: 운동해요.
2) 가: 지금 몇 시예요?
   나: 여덟 시 사십오 분이에요.
   가: 뭘 해요?
   나: 숙제해요.
3) 가: 지금 몇 시예요?
   나: 열한 시 오십 분이에요.
   가: 뭘 해요?
   나: 음악을 들어요.

2. 1) 나: 아홉 시까지 가요.
   2) 나: 두 시부터 세 시 오십 분까지 경제학 수업이 있어요.
   3) 나: 세 시까지 체육관에 가요.
3. 생략

02. 오늘이 몇 월 며칠이에요?

▶ 어휘 연습

1. 1) 가: 오늘이 몇 월 며칠이에요?
      나: 오늘은 십이월 십칠 일이에요. 화요일이에요.
   2) 가: 내일이 몇 월 며칠이에요?
      나: 내일은 십이월 십팔 일이에요. 수요일이에요.
   3) 가: 생일이 몇 월 며칠이에요?
      나: 생일은 십이월 육 일이에요. 금요일이에요.

▶ 문법 연습 1

1. 1) 아르바이트를 할 거예요.
   2) 내일 고향에 갈 거예요.
   3) 집 앞 백반집에서 먹을 거예요.
2. 1) 기차를 탈 거예요. / 빠를 거예요.
   2) 백화점에서 생일 선물을 살 거예요. / 좀 비쌀 거예요.
   3) 커피숍에서 숙제할 거예요.
   4) 집에서 쉴 거예요. / 비가 올 거예요.

▶ 문법 연습 2

1. 1) 숙제하세요.
   2) 어서 오세요.
   3) 많이 드세요
   4) 안녕히 주무세요.
2. 1) 식사를 하세요.
   2) 잠시 쉬세요.
   3) 안녕히 계세요.
   4) 여기에서 기다리세요.

▶ 과제 1 읽어 봅시다

1. 시월 삼 일
2. 고향에 가요.
3. 1) O　2) X　3) O
4. 생략

▶ 과제 2 들어 봅시다

1. ③　2. ③
3. ③
4. 파티를 하고 노래방에 갈 거예요.
5.

12월						
일	월	화	수	목	금	토
	1	2	3	4	5 ① 시험	6
7	8 ② 시험	9	10	11 ③ 방학/파티	12	13
14	15	16	17 ④ 한국(기차)여행	18	19	20
21	22 ⑤고향	23	24 ⑥ 가족 모임	25 크리스마스	26	27
28	29	30	31			

6. 십이월 이십오 일
7. 생략

▶ 과제 3 해 봅시다

1. 생략
2. 생략

10과 하루 생활

01. 일곱 시 반에 일어나요

▶ 어휘 연습

1.

아침	점심	저녁
보기 일어나요. 세수해요. 이를 닦아요. 지하철을 타요.	운동해요. 숙제해요. 친구를 만나요.	지하철에서 내려요. 텔레비전을 봐요. 술을 마셔요. 잠을 자요.

▶ 문법 연습 1

1. 1) 아홉 시에 학교에 가요.
   2) 열두 시에 점심을 먹어요.
   3) 저녁에 친구를 만나요.
2. 생략

▶ **문법 연습 2**

1. 1) 식사를 하고 커피를 마셔요.
2) 세수를 하고 자요.
3) 저녁을 먹고 운동을 해요.

2. 1) 점심을 먹어요.
2) 친구를 만나요.
3) 텔레비전을 보고 숙제를 해요.
4) 숙제를 하고 자요.

▶ **과제 1 읽어 봅시다**

1. 나의 (하루)
2. ①
3. 1) ② 2) ⑤ 3) ④ 4) ① 5) ③
4. 1) 오전에는 수영을 해요.
2) 오후 한 시에 학생식당에서 점심을 먹을 거예요.
3) 오후에 친구를 만날 거예요.
4) 저녁을 먹고 영화를 볼 거예요.
5) 보통 밤 열 시에 자요.

▶ **과제 2 들어 봅시다**

1. ③ **2.** ②
3. 저녁 여덟 시 **4.** ①
5. ① 여섯 시 삼십 분 ② 일곱 시
③ 여덟 시 이십 분 ④ 한 시 십 분
⑤ 일곱 시 반 ⑥ 여덟 시 오십 분
⑦ 열한 시
6. 생략
7. 생략

▶ **과제 3 해 봅시다**

1. 생략
2. 생략
3. 생략

02. 어제 무엇을 했어요?

▶ **어휘 연습**

1. 1) 그저께 2) 내일
3) 모레 4) 지난 주

▶ **문법 연습 1**

1. 1) 시간이 있으면 산책을 해요.
2) 날씨가 더우면 수영장에 가요.
3) 어려우면 복습을 많이 하세요.

2. 1) 머리가 아프면 병원에 가세요.
2) 한국말이 어려우면 한국 드라마를 많이 보세요.
3) 내일 시험이 있으면 도서관에서 공부하세요.
4) 잠이 안 오면 책을 읽으세요.
5) 고향에서 친구가 오면 인사동에 가세요.

▶ **문법 연습 2**

1.

동사와 형용사	-었어요/았어요/였어요
인사하다	**보기** 인사했어요
가다	갔어요
만나다	만났어요
좋다	좋았어요
재미있다	재미있었어요
읽다	읽었어요
쓰다	썼어요
마시다	마셨어요
공부하다	공부했어요

2. 1) 갔어요. 2) 탔어요.
3) 내렸어요. 4) 사고
5) 먹었어요. 6) 갔어요.
7) 마셨어요. 8) 왔어요.

▶ **과제 1 읽어 봅시다**

1. ③
2. ③
3. ① 6 ② 1 ③ 3 ④ 2 ⑤ 4 ⑥ 5
4. 1) 토요일이었어요.
2) 운동을 했어요.
3) 치마를 샀어요.

▶ **과제 2 들어 봅시다**

1. ① **2.** ③
3. 파티 **4.** ③
5. ① 학교 앞에서 친구를 만났어요.
② 집에 갔어요.
6. ④
7. 생략

▶ **과제 3 해 봅시다**

1. 생략
2. 생략
3. 생략

1과 한글 I

생략

2과 한글 II

생략

3과 인사

01. 저는 엠마예요

▶ **어휘**

1. 1) 친구 2) 학생 2) 선생님

2. 1) ① 2) ②

▶ **문법**

3. 1) 대학생이에요.
2) 1학년이에요.
3) 리사예요.
4) 리암 씨예요.
5) 제 친구예요.

4. 1) 한국이에요.
2) 김미선이에요./김미선 씨예요.
3) 아이스크림이에요.

5. 1) 제 이름은 엠마예요.
2) 리사 씨는 제 친구예요.
3) 제 친구는 경제학과 2학년이에요
4) 우리는 룸메이트예요.
5) 선생님은 한국 사람이에요.

6. 생략

02. 어느 나라 사람이에요?

▶ **어휘**

1. 1) 캐나다 2) 미국 3) 브라질
4) 호주 5) 싱가포르 6) 일본
7) 중국 8)독일 9) 영국

2. 1) 미국 사람이에요.
2) 독일 사람이에요.
3) 인도 사람이에요.
4) 한국 사람이에요.
5) 프랑스 사람이에요

▶ **문법**

3. 1) 1학년이에요? 2) 선생님이에요?
3) 엠마 씨예요? 4) 친구예요?
5) 서울이에요?

4. 1) 가: 나지원 씨예요?
2) 가: 학생이에요?
3) 나: 미국 사람이에요.
4) 나: 아니요, 멕시코예요.
5) 가: 어느 나라 사람이에요?

5. 1) 엠마 씨 성이 뒤부아예요?
2) 수지 씨가 3학년이에요?
3) 학교가 어디예요?
4) 선생님이 누구예요?
5) 누가 한국 사람이에요?

6. 1) 메뉴가 뭐예요?
2) 여기가 어디예요?
3) 생일이 언제예요?
4) 이 사람이 누구예요?
5) 가: 누가 우리 선생님이에요?
나: 김 선생님이 우리 선생님이에요.

4과 소개

01. 회사원이 아니에요

▶ **어휘**

1. 1) 회사원 2) 기자 3) 의사
4) 경찰 5) 간호사

▶ **문법**

2. 1) 이 2) 가 3) 가 4) 이 5) 이

3. 1) 기타예요. / 피아노가 아니예요.
2) 마이클이에요. / 제임스가 아니에요.
3) 가수예요. / 영화 배우가 아니에요.
4) 미국 사람이에요. / 한국 사람이 아니에요.

4. 1) 선생님이 아니에요. 학생이에요.
2) 의사가 아니에요. 경찰이에요.
3) 부산이 아니에요. 서울이에요.
4) 아니요, 오렌지가 아니에요. 바나나예요.

5) 가: 의사예요?
   나: 아니요, 의사가 아니에요.
   간호사예요.

5. 1) 다니엘 씨하고 선희 씨예요.
2) 한국하고 미국이에요.
3) 영국 사람하고 일본 사람이에요.
4) 선생님하고 학생이에요.
5) 가수하고 기자예요.

6. 1) 의사와 간호사예요.
2) 미국 사람과 한국 사람이에요.
3) 선생님과 학생이에요?
4) 기자와 배우예요?
5) 엠마 씨와 다니엘 씨예요.

02. 같이 한국어를 공부해요

▶ 어휘

1. 1) ① 2) ④ 3) ⑤ 4) ⑥ 5) ③

▶ 문법

2.

	-어요/아요/여요	-어요/아요/여요?
먹다	먹어요	먹어요?
읽다	읽어요	읽어요?
입다	입어요	입어요?
찾다	찾아요	찾아요?
닫다	닫아요	닫아요?
앉다	앉아요	앉아요?
하다	해요	해요?
일하다	일해요	일해요?
인사하다	인사해요	인사해요?
공부하다	공부해요	공부해요?
가다	가요	가요?
사다	사요	사요?
자다	자요	자요?
만나다	만나요	만나요?
마시다	마셔요	마셔요?
가르치다	가르쳐요	가르쳐요?
보다	봐요	봐요?
오다	와요	와요?
주다	줘요	줘요?
배우다	배워요	배워요?
쓰다	써요	써요?

3. 1) 먹어요. 2) 읽어요.
3) 네, 앉아요. 4) 일해요?
5) 가: 인사해요? 나: 네, 인사해요.
6) 자요 7) 써요.
8) 가요. 9) 네, 마셔요.
10) 가르쳐요?
11) 가: 만나요? 나: 네, 만나요.

4. 1) 를 2) 를 3) 을
4) 를 5) 을

5. 1) 친구를 만나요.
2) 갈비를 먹어요.
3) 옷을 입어요.
4) 한글을 써요.
5) 우유를 마셔요.

6. 1) 커피를 마셔요.
2) 가수 제이를 좋아해요.
3) 텔레비전을 봐요.
4) 무엇을 가르쳐요?
5) 누구를 만나요?

5과 물건

01. 누구의 교과서예요?

▶ 어휘

1. 1) 볼펜 2) 교과서 3) 공책
4) 열쇠 6) 지갑

2. 1) 책이에요.
2) 과자예요.
3) 아니요, 손수건이에요.
4) 네, 신분증이에요.
5) 거울이에요.

▶ 문법

3. 1) 은 / 는 1) 는 / 는
2) 는 / 은 3) 은 / 는

4. 1) ② 2) ① 3) ④ 4) ⑥ 5) ⑤

5. 1) ② 2) ① 3) ④ 4) ⑥ 5) ⑤

6. 1) 마이클 씨의 학교예요.
2) 지민 씨의 사진이에요.
3) 선희 씨의 가방이에요.
4) 셰익스피어의 책이에요.
5) 제 지갑이에요.

02. 교실에 지도도 있어요

▶ 어휘

1. 1) (O) 2) (O) 3) (X)
   4) (O) 6) (O)
2. 1) 책상 2) 필통
3. 1) ① 2) ④ 3) ②
4. 1) 많아요. 2) 커요. 3) 적어요.
   4) 나빠요. 5) 재미있어요. / 좋아요.

▶ 문법

5. 1) 교실에 지도가 있어요.
   2) 네, 교실에 책상이 많아요.
   3) 책상에 책이 없어요.
   4) 아니요, 창문에 커튼이 없어요 .
   5) 아니요, 교실에 옷걸이가 없어요.
6. 1) 엠마 씨도 있어요.
   2) 모자도 있어요.
   3) 일라이 씨도 기자예요?
   4) 일라이 씨도 프랑스 사람이에요?
   5) 가: 떡볶이도 맛있어요?
      나: 네, 떡볶이도 맛있어요.

복습(1~5과)

>> 말하기

1. 1) 안녕하세요? 제 이름은 ○○○이에요/예요. 만나서 반가워요.
   2) 저는 미국 캘리포니아에서 왔어요. 미국 사람이에요. 부모님은 한국 사람이에요.
   3) 저는 학생이에요. 회사원이 아니에요.
   4) 저는 한국어를 공부해요.
2. 1) 제 친구 ○○○의 사진이에요. 제 친구 이름은 ○○○이에요/예요.
   2) ○○○은/는 지금 캐나다 밴쿠버에 있어요. ○○○ 대학교 학생이에요.
   3) 제 친구 ○○○은/는 컴퓨터 사이언스를 공부해요. 날마다 학교에 가요. 열심히 공부해요. 친구가 참 재미있어요.
   4) 친구는 한국 사람이 아니에요. 친구는 캐나다 사람이에요.
3. 1) 방에 침대하고 옷장이 있어요.
   2) 네, 책상도 있어요. / 아니요, 책상은 없어요.
   3) 책상이 커요. 책상이 좋아요.
   4) 책상에 교과서하고 필통, 지갑, 여권이 있어요. 컴퓨터도 있어요.

>> 쓰기

Ⅰ 1. ④ 2. ① 3. ① 4. ②
Ⅱ 5. ② 6. ④ 7. ① 8. ①
Ⅲ 9. ② 10. ① 11. ② 12. ①
Ⅳ 13. ② 14. ④ 15. ① 16. ③
Ⅴ 17. ③ 18. ① 19. ② 20. ③
Ⅵ 안녕하세요?
제 이름은 조수지예요.
저는 미국 사람이에요.
미국 하와이에서 왔어요.
저는 하와이 대학교 학생이에요.
전공은 생물학이에요.
한국어도 공부해요.
한국어가 참 재미있어요.
만나서 반가워요.

>> 읽기

Ⅰ 1. ① 2. ② 3. ③

안녕하세요?
이것은 제 학생증이에요.
학생증에 학교 이름이 있어요.
학교 이름은 연세대학교예요.
우리 학교는 신촌에 있어요.
학생증에 제 이름하고 학생 번호도 있습니다.
저는 제임스예요.
저는 한국어를 공부해요.
Hello.
This my student ID card.
The school name is on my student ID.
The name of the school is Yonsei University.
The school is in Shinchon.
My name and student number are also on my Student ID.
My name is James.
I study Korean.

II **4.** ② **5.** ① **6.** ②

우리 반 친구들이에요.
마이클 씨는 중국 사람이에요. 회사원이에요.
토모미 씨는 일본 사람이에요. 은행원이에요.
케빈 씨는 미국에서 왔어요. 기자예요.
모두 열심히 일해요.
저는 엠마예요. 프랑스에서 왔어요. 대학생이에요.
These are my classmates.
Michael is from China. He is an office worker.
Tomomi is Japanese. She is a banker.
Kevin is from the United States. He is a reporter.
Everyone works hard.
I'm Emma. I'm from France. I'm a college student.

III **7.** ③ **8.** ④ **9.** ②

여기는 우리 교실이에요.
우리 교실은 커요.
창문도 커요.
우리 교실에 학생이 많아요.
책상하고 의자도 많아요.
우리 교실에는 한국 지도하고 달력이 있어요.
우리 교실에 거울은 없어요.
그림도 없어요.
This our classroom.
Our classroom is big.
The windows are also big.
There are many students in our classroom.
There are also many desks and chairs.
The classroom has a map of Korea and a calendar.
There is no mirror in our classroom.
There is also no painting.

IV **10.** ① **11.** ④ **12.** ④

제 이름은 안나예요.
저는 독일 사람이에요.
독일 슈투트가르트가 제 ___㉠___ 이에요.
그리고 제 친구 이사벨 씨예요.
이사벨 씨는 스위스 사람이에요.
스위스 로잔이 이사벨 씨의 ___㉠___ 이에요.
My name is Anna.
I am German.
Stuttgart, Germany is my ___㉠___
And this is my friend Isabel.
Isabel is Swiss.
Lausanne, Switzerland is Isabel's ___㉠___

V **13.** ④ **14.** ① **15.** ③

저는 마이클이에요.
이것은 제 가방이에요. 참 좋아요.
제 가방은 커요.
가방에 교과서하고 공책이 있어요.
필통도 있어요. 필통에 볼펜이 많아요.
가방에 휴지는 없어요.
이것은 제 친구 가방이에요.
제 친구 가방은 작아요.
친구 가방에는 주머니가 많아요.
친구 가방도 좋아요.
My name is Michael.
This my bag. It is very nice bag.
My bag is big.
I have textbooks and a notebook in my bag.
I also have a pencil case. There are a lot of pens in my pencil case.
There are no tissues in my bag.
This is my friend's bag.
My friend's bag is small.
My friend's bag has a lot of pockets.
My friend's bag is nice, too.

>> 듣기

I **1.** ③

여자: 어이
Woman: 어이

2. ②

남자: 외
Man: 외

3. ③

여자: 가치
Woman: 가치

4. ①

남자: 잊다
Man: 잊다

II **5.** ②

여자: 안녕하세요?
Woman: Hello.

6. ④

남자: 어느 나라 사람이에요?
Man: Which country are you from?

7. ③

여자: 안녕하세요? 저는 김선희예요.
Woman: Hello. I am Kim Sunhee.

8. ④

남자: 엠마 씨, 이것이 존 씨의 책이에요?
Man: Emma, is this John's book?

Ⅲ 9. ④ 10. ① 11. ④

김 선생님: 안녕하세요. 제임스 씨?
제임스: 네, 안녕하세요. 김 선생님?
김 선생님: 무엇을 해요?
제임스: 책을 빌려요.
김 선생님: 책을 많이 읽어요?
제임스: 네, 저는 책을 좋아해요.
Teacher Kim: Hello James.
James: Yes, hello Ms. Kim.
Teacher Kim: What are you doing?
James: I'm borrowing a book from the library.
Teacher Kim: Do you read a lot?
James: Yes, I like books.

Ⅳ 12. ① 13. ④ 14. ②

여자: 여기는 우리 교실이에요. 교실이 커요.
남자: 교실에 무엇이 있어요?
여자: 교실에 책상하고 의자가 있어요. 지도도 있어요.
남자: 텔레비전도 있어요?
여자: 네, 텔레비전도 있어요. 텔레비전이 커요.
남자: 옷걸이도 있어요?
여자: 아니요, 교실에 옷걸이는 없어요.
Woman: This is our classroom. The classroom is big.
Man: What's in the classroom?
Woman: There's a desk and a chair in the classroom. There's a map, too.
Man: Is there a television as well?
Woman: Yes, there is a television. The television is big.
Man: Is there a hanger?
Woman: No, there is no hanger in the classroom.

Ⅴ 15. ② 16. ② 17. ④

스테파니: 안녕하세요? 제 이름은 스테파니예요. 캐나다 사람이에요. 캐나다 토론토가 제 고향이에요.
안나: 스테파니 씨, 반가워요. 저는 안나예요. 독일 사람이에요. 제 고향은 베를린이에요. 스테파니 씨는 학생이에요?
스테파니: 아니요, 저는 학생이 아니에요. 회사원이에요.
안나: 저는 대학생이에요. 한국어를 공부해요.
Stephanie: Hello? My name is Stephanie. I'm from Canada. Toronto, Canada is my hometown.
Anna: Hello? Nice to meet you. I'm Anna. I'm from Germany. My hometown is Berlin. Are you a university student?
Stephanie: No, I'm not a college student. I'm an office worker.
Anna: I'm a college student. I study Korean.

6과 학교와 집

01. 은행에 같이 가요

▶ 어휘

1. 1) 서점 2) 식당 3) 우체국 4) 화장실 5) 사무실
2. 1) 뒤 2) 옆 3) 위 4) 안 5) 밑/아래

▶ 문법

3. 1) 백화점에 가요. 2) 식당에 가요. 3) 공원에 가요. 4) 병원에 가요? 5) 어디에 가요?
4. 1) 도서관에 가요. 숙제를 해요.
   2) 백화점에 가요. 옷을 사요.
   3) 영화관에 가요. 영화를 봐요.
   4) 식당에 가요. 점심을 먹어요.
   5) 집에 가요. 자요.
5. 1) 다니엘 씨 친구는 2) 선희 씨 친구는 3) 다니엘 씨 책은 4) 다니엘 씨 가방은 5) 교실은
6. 1) 은행은
   2) 사무실은 / 1층에 있어요.
   3) 제주도 날씨는 / 제주도 날씨는 좋아요.
   4) 교실은 / 교실은 커요.
   5) 생략

02. 집에 버스나 지하철로 가요

▶ 어휘

1. 1) 극장　　2) 가게　　3) 병원
　4) 백화점　　5) 시장

2. 1) 친구가 서점 안에 있어요.
　2) 차가 백화점 뒤에 있어요.
　3) 신촌 서점이 어디에 있어요?
　4) 아이들이 어디에 있어요?
　5) 가: 병원이 어디에 있어요?
　　나: 약국 위에 있어요.

▶ 문법

3. 1) 기차로 가요.
　2) 한국말로 이야기해요.
　3) 젓가락으로 먹어요.
　4) 나무로 만들어요.
　5) 볼펜으로 써요.

4. 1) 한국어로　　2) 교과서로
　3) 떡으로　　4) 젓가락으로

5. 1) 노래방이나 피시방에 자주 가요.
　2) 연필이나 볼펜으로 써요.
　3) 버스나 지하철로 가요.
　4) 영어나 한국말로 이야기해요.
　5) 한국 드라마나 한국 영화로 공부해요.

6. 1) 버스나 지하철로 가요.
　2) 하와이나 뉴욕이 좋아요.
　3) 불고기나 비빔밥이 좋아요.
　4) 한국 드라마나 한국 노래로 공부해요.
　5) 영화관이나 커피숍에 가요.

7과 가족

01. 무슨 사진을 봐요?

▶ 어휘

1. 1) ① 일을 해요.
　2) ⑤ 질문을 해요.
　3) ⑥ 노래를 해요.
　4) ③ 이야기를 해요.
　5) ④ 운동을 해요.
　6) ② 숙제를 해요.

2. 1) 날마다　　2) 날마다　　3) 자주
　4) 자주　　5) 가끔　　6) 가끔

▶ 문법

3. 1) 차를, 생략
　2) 책을, 생략
　3) 운동을, 생략
　4) 가: 무슨 음악을 자주 듣습니까?
　　나: 생략

4. 1) 운동을 안 좋아해요.
　2) 고기를 안 먹어요.
　3) 중국어 공부를 안 해요.
　4) 도서관에 안 가요.

5. 1) 집에서 숙제를 못 해요.
　2) 요리를 자주 못 해요.
　3) 떡볶이를 못 먹어요.
　4) 영화를 자주 못 봐요.

02. 부모님은 고향에 계세요?

▶ 어휘

1. 1) 할머니　　2) 아버지　　3) 어머니
　4) 오빠　　5) 언니　　6) 남동생

2. 1) 계세요　　1) 주무세요　　2) 드세요
　3) 말씀하세요　　4) 안 계세요

3.

하나	둘	셋	넷	다섯	여섯	일곱	여덟	아홉	열
1	2	3	4	5	6	7	8	9	10
한 권	두 권	세 권	네 권	다섯 권	여섯 권	일곱 권	여덟 권	아홉 권	열 권

4. 1) 공책이 다섯 권이에요
　2) 학생이 두 명 있어요.
　3) 사과가 몇 개 있어요?
　4) 가: 잡지책이 몇 권 있어요?
　　나: 네 권 있어요.

▶ 문법

5. 1) 할머니께서 신문을 읽으세요.
　2) 아니요, 어머니께서는 텔레비전을 안 보세요.
　3) 어머니께서는 차를 드세요.
　4) 네, 할아버지께서도 집에 계세요. 주무세요.

6. 1) 김연화 선생님이세요.
　2) 친절하세요.
　3) 잘 가르치세요.
　4) 시간이 있어요.

5) 다 좋아요.

7. 1) 계세요 2) 한국 사람이세요
3) 있어요 4) 크세요
5) 댁 6) 커요
7) 많으세요 8) 만나세요
9) 사랑하세요 9) 사랑해요

8.

	걷다	듣다	묻다	싣다	*닫다	*받다	*믿다
-어요/아요/여요	걸어요	들어요	물어요	실어요	닫아요	받아요	믿어요
-으세요/세요	걸으세요	들으세요	물으세요	실으세요	닫으세요	받으세요	믿으세요

9. 1) 걸어요. 2) 들으세요?
3) 물어요 4) 실으세요
5) 닫으세요 6) 받으세요
7) 믿어요.

8과 고향과 친구

01. 공기도 좋고 조용해요

▶ **어휘**

1. 1) 옷, 집, 교실
2) 친구, 꽃, 옷
3) 교통, 명동, 길
4) 교실, 도서관, 방
5) 물, 에어컨, 바람

2. 1) 깨끗해요
2) 많아요.
3) 시끄러워요.
4) 맛있어요.
5) 재미있어요.

▶ **문법**

3. 1) 식당이 복잡하고 시끄러워요.
2) 방이 좁고 더러워요.
3) 이 사람은 의사이고 옆 사람은 간호사예요.
4) 서울은 한국에 있고 런던은 영국에 있어요.
5) 저는 밥을 먹고 동생은 주스를 마셔요.

4. 1) 똑똑해요.
2) 크고 넓어요.
3) 친절하고 재미있어요.
4) 깨끗하고 넓어요.
5) 사람이 많고 복잡해요.

5.

	-어요/아요/여요
맵다	매워요
덥다	더워요
춥다	추워요
쉽다	쉬워요
어렵다	어려워요
아름답다	아름다워요
귀엽다	귀여워요
더럽다	더러워요
시끄럽다	시끄러워요
돕다	도와요
*좁다	좁아요
*입다	입어요
*잡다	잡아요

6. 1) 입어요. 2) 좁아요. 3) 매워요.
4) 쉬워요. 5) 어려워요.

02. 대학교에서 경제학을 전공해요

▶ **어휘**

1. 1) 법학 2) 경영학
3) 영문학 4) 생물학
5) 의학

2. 1) 법학이
2) 경영학이에요.
3) 영문학을
4) 의학이에요.

▶ **문법**

3. 1) 서점에서 잡지를 사요.
2) 시장에서 생선을 사요.
3) 극장에서 영화를 봐요.
4) 학교에서 한국말을 배워요.
5) 도서관에서 책을 빌려요.

4. 1) 생략
2) 생략
3) 어디에서 숙제를 해요?
4) 친구가 어디에서 일해요?
5) 생략

5. 1) 커피숍에서 2) 집에서도
3) 브라질에 4) 한국에도

6.

	-어요/아요/여요
낫다	나아요
짓다	지어요
긋다	그어요
젓다	저어요
붓다	부어요
잇다	이어요
*웃다	웃어요
*씻다	씻어요
*벗다	벗어요

7. 1) 나아요.
2) 부어요.
3) 저어요?, 저어요.
4) 지어요?, 지어요.

9과 날짜와 시간

01. 두 시부터 여섯 시까지 일해요

▶ 어휘

1. 1) 십구 2) 삼백육십팔
3) 이백오 4) 사천오백
5) 천구십칠 6) 삼만 칠천칠백이십
7) 육만
2. 1) 3, 3 2) 4, 40 3) 10, 11
4) 2, 28 5) 12, 12
3. 1) 한 시 삼십 분이에요.
2) 세 시 오 분이에요.
3) 열두 시 십 분이에요.
4) 여섯 시 십오 분이에요.
5) 아홉 시 사십팔 분이에요.

▶ 문법

4. 1) 제임스 씨를 만나러 독수리 커피숍에 가요.
2) 중국어를 배우러 뚜에이 중국어 학원에 가요.
3) 영화를 보러 신촌 영화관에 가요.
4) 책을 읽으러 학교 도서관에 가요.
5) 생선회를 먹으러 맛나 횟집에 가요.
6) 선희 씨와 놀러 에버월드에 가요.
5. 1) 점심을 먹으러
2) 지갑을 사러
3) 장미꽃 스물 두 송이를 사러
4) 케이크를 만들러
5) 생일 파티를 하러
6. 1) 아홉 시부터예요.
2) 아홉 시부터 한 시까지 수업이 있어요.
3) 열한 시 십 분까지 교실에 들어와요.
4) 교과서 삼 쪽부터 십 쪽까지예요.
5) 이십사 시간 열어요.
7. 1) 3월부터 5월까지 봄이에요.
2) 월요일부터 금요일까지 수업해요.
3) 몇 시부터 몇 시까지 운동하세요?
4) 몇 쪽부터 몇 쪽까지예요?
5) 십 쪽부터 이십 쪽까지예요.

02. 오늘이 몇 월 며칠이에요?

▶ 어휘

1. 1) 일월 - (이월) - (삼월) - 사월 - (오월) - (유월)
2) (칠월) - 팔월 - 구월 - (시월) - 십일월 - (십이월)
3) 십육 일 - (십칠 일) - 십팔 일 - (십구 일) - 이십 일 - (이십일 일)
4) 일요일 - (월요일) - 화요일 - (수요일) - 목요일 - (금요일) - (토요일)
5) (어제) - 오늘 - (내일)
2. 1) 천구백구십팔 년 십일 월 십이 일
2) 이천칠 년 이월 십사 일
3) 유월 육 일
4) 시월 십 일
5) 팔월 삼십일 일
3. 1) 목요일이에요.
2) 시월 십사 일이에요.
3) 일요일이에요.
4) 시월 십팔 일부터 이십일 일까지예요.
5) 어머니 생신이 언제예요?

▶ 문법

4. 1) 12시에 결혼식을 할 거예요.
2) 아마 손님이 많이 오실 거예요.
3) 아마 교통이 복잡할 거예요.
4) 제주도에 갈 거예요.
5) 부산에서 살 거예요.

5. 1) ④ 마이클 씨, 일어나세요.
   2) ⑥ 제임스 씨, 조용히 하세요.
   3) ② 씨리낫 씨, 들으세요.
   4) ① 다니엘 씨, 약을 드세요.
   5) ⑤ 엠마 씨, 자리에 앉으세요.
6. 1) 말씀하세요. 2) 그으세요.
   3) 7시까지 오세요. 4) 걸어서 가세요.
   5) 주무세요.

10과 하루 생활

01. 일곱 시 반에 일어나요

▶ 어휘
1. 1) 잠을 - 자다 2) 세수를 - 하다
   3) 버스를 - 타다 4) 버스에서 - 내리다
2. 1) 세수를 해요. 2) 이를 닦아요.
   3) 타요. 4) 내려요.
   5) 잠을 자요.

▶ 문법
3. 1) 가: 몇 시에 자요?
      나: 12시에 자요.
   2) 가: 몇 월에 여행해요?
      나: 9월에 여행해요.
   3) 가: 언제 파티를 해요?
      나: 12월 25일에 파티를 해요.
   4) 가: 언제 시험이 있어요?
      나: 수요일에 시험이 있어요.
   5) 가: 언제 가족을 만나요?
      나: 생략
4. 생략
5. 1) 밥을 먹고 차를 마셔요.
   2) 텔레비전을 보고 숙제를 해요.
   3) 옷을 입고 거울을 봐요.
   4) 영화를 보고 커피숍에 가요.
   5) 책을 읽고 잘 거예요.
6. 1) 한국말을 배우고 점심을 먹어요.
   2) 점심을 먹고 아르바이트를 해요.
   3) 아르바이트를 하고 운동을 해요.
   4) 운동을 하고 저녁을 먹어요.
   5) 저녁을 먹고 텔레비전을 봐요.
7. 3) → 2) → 1) → 5) → 6) → 4)

02. 어제 무엇을 했어요?

▶ 어휘
1. 1) (그저께) - 어제 - (오늘) - 내일 - (모레)
   2) (지난주) - 이번 주 - (다음 주)
   3) 지난달 - (이번 달) - (다음 달)
   4) (작년) - 올해 - (내년)
2. 1) 모레는
   2) 그저께는
   3) 지난주
   4) 다음 주

▶ 문법
3. 1) 음식이 매우면 물을 드세요.
   2) 값이 싸면 핸드폰을 살 거예요.
   3) 많이 걸으면 다리가 아파요.
   4) 가까우면 걸어가세요.
   5) 날씨가 좋으면 같이 산책해요.
4. 1) 밤에 잠이 안 오면 책을 읽어요.
   2) 약속 시간에 늦으면 전화해요.
   3) 주말에 날씨가 좋으면 등산해요.
   4) 돈이 많으면 차를 살 거예요.
   5) 여행을 가면 하와이에 갈 거예요.
5.

동사	Vst 어요/아요/여요	Vst 었어요/았어요/였어요
가다	가요	갔어요
타다	타요	탔어요
받다	받아요	받았어요
앉다	앉아요	앉았어요
오다	와요	왔어요
보다	봐요	봤어요
좋다	좋아요	좋았어요
먹다	먹어요	먹었어요
마시다	마셔요	마셨어요
가르치다	가르쳐요	가르쳤어요
읽다	읽어요	읽었어요
배우다	배워요	배웠어요
주다	줘요	줬어요
쓰다	써요	썼어요
예쁘다	예뻐요	예뻤어요
쉬다	쉬어요	쉬었어요
일하다	일해요	일했어요
여행하다	여행해요	여행했어요

6. 1) 살았어요
   2) 친절해요
   3) 만들었어요
   4) 맛있었어요
   5) 매웠어요
   6) 봤어요
   7) 봐요
   8) 재미있었어요
   9) 좋아해요
   10) 갔어요
7. 1) 머리가 길었어요.
   2) 아이스크림을 좋아했어요.
   3) 나무가 많았어요.
   4) 아파트가 없었어요.
   5) 조용했어요.

복습(6~10과)

>> 말하기

1. 1) 제 전공은 경제학이에요/저는 경제학을 공부해요/저는 경제학을 공부했어요.
   2) 아홉 시부터 오후 한 시까지 한국어 수업이 있어요.
   3) 김 선생님께서 한국말을 가르치세요.
   4) 기숙사에 살아요. 날마다 걸어서 와요.
   5) 네, 자주 가요. 학생 식당이 학생회관 2층에 있어요.
2. 1) 미국 뉴욕이에요.
   2) 공원이 많아요. 그리고 센트럴 파크가 유명해요.
   3) 베이글이 맛있어요.
   4) 여러 나라 사람들이 많아요. 사람들이 날마다 바빠요.
   5) 고향에 가면 친구들을 만나러 갈 거예요.
3. 1) 오늘 아침에 일곱 시에 일어났어요.
   2) 시리얼을 먹었어요/아침을 안 먹었어요/보통 아침을 안 먹어요.
   3) 경제학 수업이 있었어요/한국어 수업이 있었어요.
   4) 어제는 수업이 끝나고 영화를 보러 갔어요.
   5) 어제 고향 친구를 만났어요. 같이 영화를 보러 갔어요.

>> 쓰기

Ⅰ 1. ④ 2. ① 3. ③ 4. ②
Ⅱ 5. ② 6. ④ 7. ③ 8. ①
Ⅲ 9. ② 10. ① 11. ② 12.①
Ⅳ 13. ② 14. ① 15. ③ 16. ④
Ⅴ 17. ① 18. ④ 19. ③ 20. ③
Ⅵ 저는 아침 일곱 시부터 여덟 시까지 수영을 해요. 오늘도 아침부터 수영을 했어요. 아홉 시부터 오후 한 시까지 수업이 있어요. 수업이 끝나고 보통 학생식당에서 점심을 먹어요. 오늘은 학교 앞 식당에서 먹을 거예요. 점심을 먹고 명동에서 쇼핑을 할 거예요. 저녁을 먹고 여덟 시에 영화도 볼 거예요. 날마다 재미있습니다.

>> 읽기

Ⅰ 1. ① 2. ③ 3. ②

제 방은 2층에 있어요.
제 방에는 침대가 있어요.
옷장이 있어요. 책상도 있어요.
책상에 교과서가 있어요. 시계도 있어요.
제 방에 텔레비전이 없어요. 냉장고도 없어요.
텔레비전은 1층에 있어요. 냉장고도 1층에 있어요.
My room is on the second floor.
There is a bed in my room.
There is a closet. There is also a desk.
There is a textbook on the desk. There is also a clock.
There is no TV in my room. There is also no refrigerator.
The TV is on the first floor. The refrigerator is also on the first floor.

Ⅱ 4. ② 5. ① 6. ③

오늘은 10월 1일 일요일이에요.
모레는 개천절이에요.
7일은 추석이에요. 그래서 6일부터 쉬어요.
한국 사람들은 추석에 고향에 가요.
제 친구 선희 씨도 고향에 갈 거예요.
저도 선희 씨 고향에 같이 갈 거예요.
9일 ___㉠___ 은 한글날이에요. 한글날도 쉬는 날이에요.
10월에는 제 동생 생일도 있어요.

25일이 제 동생 생일이에요
Today is Sunday, October 1st.
The day after tomorrow is National Foundation Day.
The 7th is Chuseok (Korean Thanksgiving), so we take a break from the 6th.
Korean people go to their hometowns during Chuseok.
My friend Sunhee is also going to her hometown.
I'm going to Sunhee's hometown with her.
The 9th ___㉠___ is Hangeul Day. Hangul Day is also a day off.
My younger sibling's birthday is also in October.
The 25th is my younger sister/brother's birthday.

III **7.** ② **8.** ④ **9.** ④

엠마 씨, 안녕하세요?
저는 학교가 끝나고 고향에 왔어요.
지금 제주도에 있어요.
제주도가 제 고향이에요.
제주도에는 한라산과 바다가 있어요.
공기도 좋고 경치도 아름다워요.
귤도 참 맛있어요.
엠마 씨, 요즘도 많이 바빠요?
방학 잘 보내세요.
- 12.20. 김정우
Hello, Emma.
I came to my hometown after school.
I'm in Jeju Island right now.
Jeju Island is my hometown.
Jeju Island has Hallasan Mountain and the sea.
The air is nice and the scenery is beautiful.
The tangerines are also really delicious.
Are you still busy these days Emma?
Have a nice vacation.
- Dec. 20 Jungwoo Kim

IV **10.** ④ **11.** ③ **12.** ①

우리 하숙집에 시경 씨, 조슈아 씨하고 에릭 씨가 있어요.
시경 씨는 은행원이에요.
시경 씨는 운동을 좋아해요. 테니스를 좋아해요.
조슈아 씨는 신문사 기자예요.
조슈아 씨도 운동을 좋아해요. 하지만 운동을 자주 못 해요. 가끔 해요. 날마다 바빠요.
에릭 씨는 무역 일을 해요.
에릭 씨는 한국 음식을 좋아해요. 한국 반찬을 날마다 먹어요.
우리는 날마다 한국어로 이야기해요. 하숙집 생활이 재미있어요.
Sikyung, Joshua, and Eric live in my boarding house.
Sikyung is a banker.
Sikyung likes to exercise. He likes tennis.
Joshua is a newspaper reporter.
Joshua also likes to exercise, but he can't exercise often. He works out sometimes. He is busy every day.
Eric works in trade.
Eric likes Korean food. He eats Korean side dishes every day.
We talk in Korean every day. Life in the boarding house is fun.

V **13.** ④ **14.** ③ **15.** ②

저는 월요일부터 금요일까지 학교에 가요.
집 앞에서 752번 버스를 타고 가요.
여덟 시에 집에서 나가요.
버스를 타면 학교까지 15분쯤 걸려요.
1교시가 9시 50분에 끝나면 쉬는 시간이에요.
쉬는 시간에 우리는 보통 편의점으로 내려가요.
수업은 오후 한 시에 끝나요.
수업이 끝나고 밥을 먹으러 친구들하고 학생 식당에 가요.
밥을 먹고 같이 도서관에 가요. 숙제를 하고 집에 와요.
I go to school from Monday to Friday.
I take bus number 752 in front of my house.
I leave home at eight o'clock.
It takes about 15 minutes to get to school by bus.
After first period ends at 9:50, it is break time.
During break time, we usually go down to the convenience store. Class ends at 1PM.
After class, I go to the student cafeteria with my friends to eat.
After eating, we go to the library together. We do our homework and then come home.

>> 듣기

I **1.** ③

여자: 은행이 어디에 있어요?
Woman: Where is the bank?

2. ④

남자: 오후에 뭘 할 거예요?
Man: What are you going to do this afternoon?

3. ②

여자: 무슨 운동을 좋아하세요?
Woman: What kind of sports do you like?

4. ③

남자: 이번 주 수요일이 몇 월 며칠이에요?
Man: What month and day is this Wednesday?

II **5.** ④

여자: 학생회관이 어디에 있어요?
남자: 도서관 앞에 있어요.
여자: 기숙사도 있어요?
남자: 네, 학생회관 뒤에 있어요.
Woman: Where is the student center?
Man: It's in front of the library.
Woman: Is there a dormitory too?
Man: Yes, it's behind the student center.

6. ①

여자: 점심을 먹으러 갈까요?
남자: 네, 지금 갑시다. 여기 9층에 식당이 많아요.
여자: 그리고 가방하고 구두도 사요. 가방하고 구두는 몇 층에 있어요?
남자: 가방하고 구두는 2층에 있어요.
Woman: Shall we go for lunch?
Man: Yes, let's go now. There are many restaurants here on the 9th floor.
Woman: And let's also buy a bag and some shoes. What floor are they on?
Man: Bags and shoes are on the second floor.

III **7.** ② **8.** ③ **9.** ④

남자: 애니 씨, 형제가 있어요?
여자: 네, 여동생이 하나, 남동생이 하나 있어요.
남자: 동생들은 어디에 있어요? 동생들도 한국에 있어요?
여자: 아니요, 모두 고향에 있어요.
남자:동생들은 무슨 일을 해요?
여자: 여동생은 연구원이에요. 남동생은 대학교에 다녀요.
남자: 부모님도 고향에 계세요?
여자: 네, 부모님하고 할머니도 고향에 계세요. 할아버지는 안 계세요. 할머니는 선생님이세요. 참 재미있으세요. 부모님은 회사에 다니세요.
Man: Annie, do you have any siblings?
Woman: Yes, I have a younger sister and a younger brother.
Man: Where are your siblings? Are they in Korea as well?
Woman: No, they are all in my hometown.
Man: What do your siblings do?
Woman: My younger sister is a researcher. My younger brother goes to university.
Man: Are your parents also in your hometown?
Woman: Yes, my parents and grandmother are also in my hometown. My grandfather has passed away.
My grandmother is a teacher. She is so much fun. My parents work at a company.

IV **10.** ② **11.** ③ **12.** ④

여자: 제임스 씨는 보통 몇 시에 일어나요?
남자: 저는 보통 6시 30분에 일어나요.
여자: 그리고 무엇을 해요?
남자: 7시에 세수를 해요.
8시 20분에는 버스를 타고 학교에 가요.
여자: 그래요? 그럼 언제 점심을 먹어요?
남자: 오후 1시 10분에 학생 식당에서 친구들하고 점심을 먹어요. 점심을 먹고 집에 가요.
여자: 숙제는 언제 해요?
남자: 저녁을 먹고 7시 반에 숙제를 해요
저는 보통 숙제를 하고 8시 50분에 텔레비전을 봐요.
여자: 그럼 보통 몇 시에 자요?
남자: 저는 보통 11시에 자요.
Woman: James, what time do you usually wake up?
Man: I usually wake up at 6:30.
Woman: And then?
Man: I wash my face at 7.
I take the bus at 8:20 and go to school.
Woman: Really? Then when do you have lunch?

Man: I have lunch with my friends at the student cafeteria at 1:10. I go home after lunch.
Woman: When do you do your homework?
Man: I do my homework at 7:30 after dinner. I usually do my homework and then watch TV at 8:50.
Woman: Then what time do you usually sleep?
Man: I usually go to bed at 11.

V **13.** ② **14.** ③ **15.** ②

선희: 저스틴 씨, 고향이 어디예요?
저스틴: 제 고향은 캐나다 밴쿠버예요.
선 희: 밴쿠버는 어때요?
저스틴: 밴쿠버는 조용해요. 그리고 경치가 아름답고 사람들도 친절해요.
선 희: 밴쿠버 사람들은 어디에 자주 가요?
저스틴: 사람들이 산과 바다에 자주 가요. 공기가 좋고 날씨도 좋아요.
선 희: 언제 고향에 갈 거예요?
저스틴: 크리스마스에 가족들을 만나러 갈 거예요. 12월 22일에 고향에 갈 거예요.
Sunhee: Justin, where is your hometown?
Justin: My hometown is Vancouver, Canada.
Sunhee: How is Vancouver?
Justin: Vancouver is quiet. The scenery is beautiful and the people are friendly.
Sunhee: Where do people often go in Vancouver?
Justin: People often go to the mountains and the sea. The air is clean and the weather is nice.
Sunhee: When are you going home?
Justin: I'm going to see my family for Christmas. I'm going home on December 22nd.

영문 번역

Unit 1

Section1. Vowels 1, Consonants 1

1. Vowels 1

The sounds of vowels are different depending on the shape of the lips and the location of the tongue. Vowels can be largely divided into "short vowels/ monophthongs" and "diphthongs".

"Short vowels/monophthongs" are the vowels that do not move the lips or tongue while being pronounced.

Short-vowels (10)	ㅏ	ㅓ	ㅗ	ㅜ	ㅡ	ㅣ	ㅐ	ㅔ	ㅚ	ㅟ
	아	어	오	우	으	이	애	에	외	위

· Note

'ㅚ' and 'ㅟ' among the short vowels can be pronounced by moving the lips or tongue like diphthongs.

"Diphthongs" are the vowels that require movement of the lips or tongue while being pronounced.

Diph-thongs (11)	ㅑ	ㅕ	ㅛ	ㅠ	ㅒ	ㅖ	ㅘ	ㅝ	ㅙ	ㅞ	ㅢ
	야	여	요	유	얘	예	와	워	왜	웨	의

1) Pronunciation

The sound of vowels differ according to the shape of the lips and the position of the tongue.

Classification	Front-tongue		Central-tongue	Back-tongue
Shape of lips / Height of tongue	Unrounded	Rounded	Unrounded	Rounded
High	ㅣ[i]	ㅟ[ü/wi]	ㅡ[ɨ]	ㅜ[u]
middle	ㅔ[e]	ㅚ[ö/we]	ㅓ[ə]	ㅗ[o]
Low	ㅐ[ɛ]		ㅏ[a]	

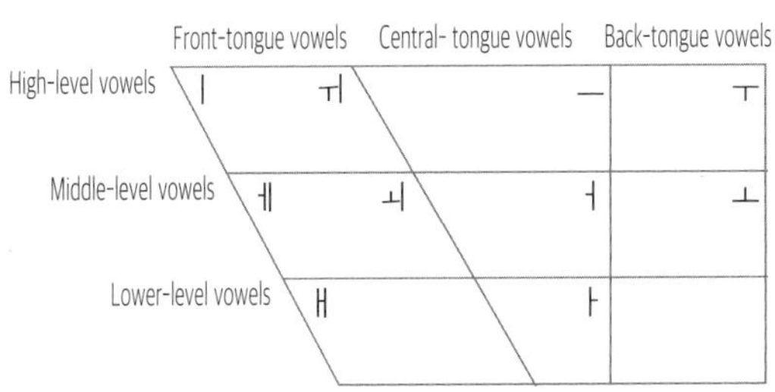

2) Letters of Vowels 1

The vowels in Hangul are based on three basic components, each of which embodies the circular sky(heaven), flat earth(land), and a standing person. The three basic symbols are '•', 'ㅡ', 'ㅣ', and by combining them, complex systems of vowels are expressed.

example)

• + ㅡ = ㅗ	ㅡ + • = ㅜ	ㅣ + • = ㅏ	• + ㅣ = ㅓ
ㅣ + ㅗ = ㅛ	ㅣ + ㅜ = ㅠ	ㅣ + ㅏ = ㅑ	ㅣ + ㅓ = ㅕ
ㅗ + ㅏ = ㅘ	ㅜ + ㅓ = ㅝ		

3) Writing method

Vowel strokes are written from top to bottom, and from left to right. They are positioned on the right of or below a consonant. In the case where the syllable starts with a vowel sound, the silent character 'ㅇ', which does not have a phonetic value, is written in the position of a consonant as a placeholder.

example)

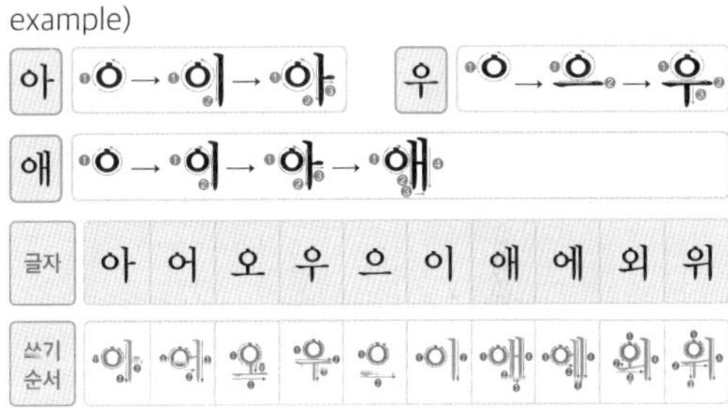

4) The syllable structure of Hangul

V	Vowel	ㅏ → 아
CV	Consonant + Vowel	ㄴ + ㅏ → 나
VC	Vowel + Consonant	ㅏ + ㄴ → 안
CVC	Consonant + Vowel + Consonant	ㄴ + ㅏ + ㄴ → 난

① Vowel
ex) 아, 우, 위
② Consonant + Vowel
ex) 나, 소, 비
③ Vowel + Consonant
ex) 안, 옷, 잎
④ Consonant + Vowel + Consonant
ex) 난, 별, 집

2. Consonants 1

consonants	ㄱ	ㄴ	ㄷ	ㄹ	ㅁ	ㅂ	ㅅ	ㅇ	ㅈ
names	기역	니은	디귿	리을	미음	비읍	시옷	이응	지읒
ㅊ	ㅋ	ㅌ	ㅍ	ㅎ	ㄲ	ㄸ	ㅃ	ㅆ	ㅉ
치읓	키읔	티읕	피읖	히읗	쌍기역	쌍디귿	쌍비읍	쌍시옷	쌍지읒

1) Pronunciation

The sounds of consonants differ according to the position and the method of producing the sound.

Method of articulation \ Place of articulation			Bilabial	tongue-tip alveolar	alveo-palatal	velar	glottal
voiceless	Plosive	plain	ㅂ[b]	ㄷ[t]		ㄱ[k]	
		tense	ㅃ[p']	ㄸ[t']		ㄲ[k']	
		aspirated	ㅍ[ph]	ㅌ[th]		ㅋ[kh]	
	Affricative	plain			ㅈ[ch]		
		tense			ㅉ[ch']		
		aspirated			ㅊ[ch^h]		
	Fricative	plain		ㅅ[s]			ㅎ[h]
		tense		ㅆ[s']			
voiced	nasal		ㅁ[m]	ㄴ[n]		ㅇ[ŋ]	
	liquid			ㄹ[r/l]			

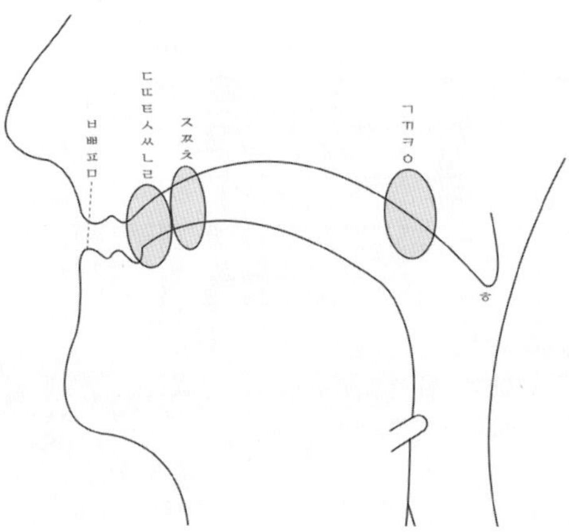

<Place of Articulation>

2) Writing Method

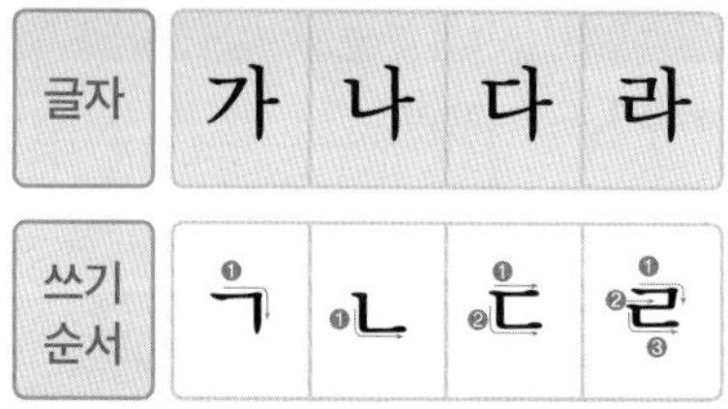

Consonant strokes are written from top to bottom, and from left to right.
They are positioned on the left of or above a vowel. Consonants may be written below a vowel, and in this case, the consonant is called a final consonant.

3) Letters of Consonants

The consonants in hangul have five basic characters, which have been visualized based on the shapes of the vocal organs that are used in making these consonant sounds. The five basic consonants of 'ㄱ', 'ㄴ', 'ㅁ', 'ㅅ', 'ㅇ' are based on these shapes. The rest of the consonants were created by adding another stroke on these basic consonants, or by doubling the consonant.

example) ㄱ → ㅋ, ㄱ → ㄲ

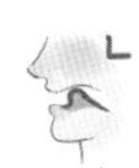

example) ㄴ → ㄷ → ㅌ, ㄷ → ㄸ

example) ㅁ → ㅂ → ㅍ, ㅂ → ㅃ

example) ㅅ → ㅈ → ㅊ, ㅅ → ㅆ, ㅈ → ㅉ

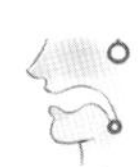

example) ㅇ

Unit 1

Section2. Consonants 2, Consonants3

1. Consonants 2

consonants	ㄱ	ㄴ	ㄷ	ㄹ	ㅁ	ㅂ	ㅅ	ㅇ	ㅈ
names	기역	니은	디귿	리을	미음	비읍	시옷	이응	지읒
ㅊ	ㅋ	ㅌ	ㅍ	ㅎ	ㄲ	ㄸ	ㅃ	ㅆ	ㅉ
치읓	키읔	티읕	피읖	히읗	쌍기역	쌍디귿	쌍비읍	쌍시옷	쌍지읒

1) Pronunciation

The sounds of consonants differ according to the position and ways of producing the sound.

Method of articulation \ Place of articulation			Bilabial	tongue-tip alveolar	alveo-palatal	velar	glottal
voiceless	Plosive	plain	ㅂ[b]	ㄷ[t]		ㄱ[k]	
		tense	ㅃ[p']	ㄸ[t']		ㄲ[k']	
		aspirated	ㅍ[ph]	ㅌ[th]		ㅋ[kh]	
	Affricative	plain			ㅈ[ch]		
		tense			ㅉ[ch']		
		aspirated			ㅊ[chʰ]		
	Fricative	plain		ㅅ[s]			ㅎ[h]
		tense		ㅆ[s']			
voiced	nasal		ㅁ[m]	ㄴ[n]		ㅇ[ŋ]	
	liquid			ㄹ[r/l]			

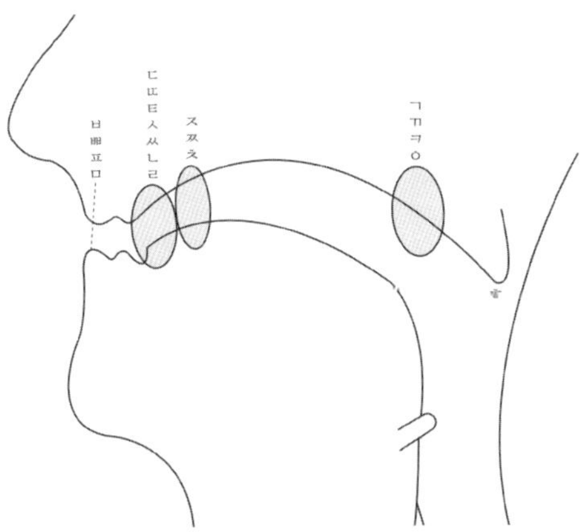

<Place of Articulation>

(2) Writing Method

글자	마	바	사	아	자
쓰기 순서	ㅁ	ㅂ	ㅅ	ㅇ	ㅈ

Consonant strokes are written from top to bottom, and from left to right.

They are positioned on the left of or above a vowel.

2. Consonants 3

consonants	ㄱ	ㄴ	ㄷ	ㄹ	ㅁ	ㅂ	ㅅ	ㅇ	ㅈ
names	기역	니은	디귿	리을	미음	비읍	시옷	이응	지읒
ㅊ	ㅋ	ㅌ	ㅍ	ㅎ	ㄲ	ㄸ	ㅃ	ㅆ	ㅉ
치읓	키읔	티읕	피읖	히읗	쌍기역	쌍디귿	쌍비읍	쌍시옷	쌍지읒

1) Pronunciation

The sounds of consonants differ according to the position and ways of producing the sound.

Method of articulation \ Place of articulation			Bilabial	tongue-tip alveolar	alveo-palatal	velar	glottal
voiceless	Plosive	plain	ㅂ[b]	ㄷ[t]		ㄱ[k]	
		tense	ㅃ[p']	ㄸ[t']		ㄲ[k']	
		aspirated	ㅍ[ph]	ㅌ[th]		ㅋ[kh]	
	Affricative	plain			ㅈ[ch]		
		tense			ㅉ[ch']		
		aspirated			ㅊ[chʰ]		
	Fricative	plain		ㅅ[s]			ㅎ[h]
		tense		ㅆ[s']			
voiced	nasal		ㅁ[m]	ㄴ[n]		ㅇ[ŋ]	
	liquid			ㄹ[r/l]			

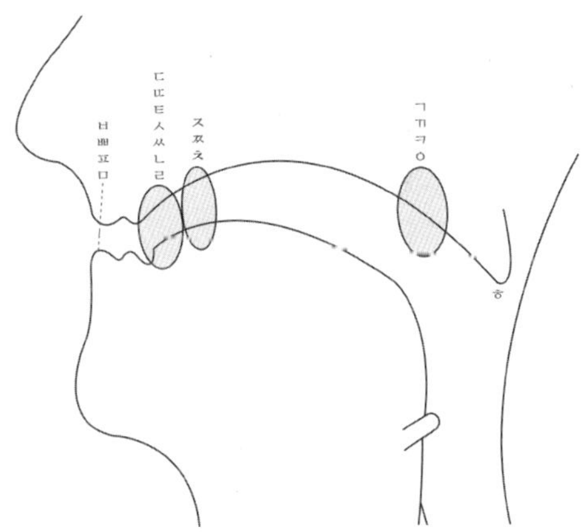

<Place of Articulation>

2) Writing Method

글자	차	카	타	파	하
쓰기 순서	ㅊ	ㅋ	ㅌ	ㅍ	ㅎ

Consonant strokes are written from top to bottom, and from left to right.

They are positioned on the left of or above a vowel.

Unit 2

Section1. Consonants 4, Vowels 2

1. Consonants 4

consonants	ㄱ	ㄴ	ㄷ	ㄹ	ㅁ	ㅂ	ㅅ	ㅇ	ㅈ
names	기역	니은	디귿	리을	미음	비읍	시옷	이응	지읒
ㅊ	ㅋ	ㅌ	ㅍ	ㅎ	ㄲ	ㄸ	ㅃ	ㅆ	ㅉ
치읓	키읔	티읕	피읖	히읗	쌍기역	쌍디귿	쌍비읍	쌍시옷	쌍지읒

1) Pronunciation

The sounds of consonants differ according to the position and ways of producing the sound.

Method of articulation \ Place of articulation			Bilabial	tongue-tip alveolar	alveo-palatal	velar	glottal
voiceless	Plosive	plain	ㅂ[b]	ㄷ[t]		ㄱ[k]	
		tense	ㅃ[p']	ㄸ[t']		ㄲ[k']	
		aspirated	ㅍ[ph]	ㅌ[th]		ㅋ[kh]	
	Affricative	plain			ㅈ[ch]		
		tense			ㅉ[ch']		
		aspirated			ㅊ[ch^h]		
	Fricative	plain		ㅅ[s]			ㅎ[h]
		tense		ㅆ[s']			
voiced	nasal		ㅁ[m]	ㄴ[n]		ㅇ[ŋ]	
	liquid			ㄹ[r/l]			

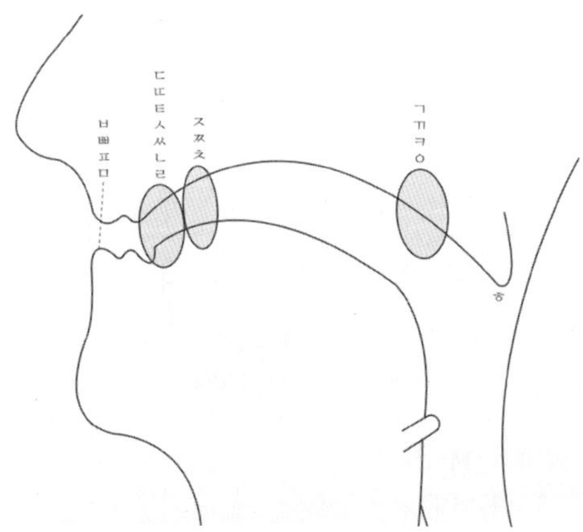

2) Writing method

Consonant strokes are written from top to bottom, and from left to right.

They are positioned on the left of or above a vowel.

글자	까	따	빠	싸	짜
쓰기 순서	ㄲ	ㄸ	ㅃ	ㅆ	ㅉ

2. Vowels 2

"Diphthong Vowels" are the vowels that require movement of the lips or tongue while being pronounced. Besides the 10 basic vowels, there are 11 diphthong vowels, such as:

Diph-thongs (11)	ㅑ	ㅕ	ㅛ	ㅠ	ㅒ	ㅖ	ㅘ	ㅝ	ㅙ	ㅞ	ㅢ
	야	여	요	유	얘	예	와	워	왜	웨	의

1) Pronunciation

Diph-thongs (11)	letters	ㅑ	ㅕ	ㅛ	ㅠ	ㅒ	ㅖ	ㅘ	ㅝ	ㅙ	ㅞ	ㅢ
	sounds	[ja]	[jə]	[jo]	[ju]	[jɛ]	[je]	[wa]	[wo]	[wɛ]	[we]	[ɨi]

2) Writing method

Vowel strokes are written from top to bottom, and from left to right. They are positioned on the right of or below a consonant. In the case where the syllable starts with a vowel, the silent 'ㅇ' is written in the position of a consonant.

글자	ㅑ	ㅕ	ㅛ	ㅠ	ㅒ	ㅖ	ㅘ	ㅙ	ㅝ	ㅞ	ㅢ
쓰기 순서	야	여	요	유	얘	예	와	왜	워	웨	의

Unit 2

Section2. Final consonants 1, Final consonants 2

1. Final Consonants 1

Consonants written below a vowel are called final consonants(받침, batchim).

받침	받침 소리	단어
ㄱ, ㄲ, ㅋ	[ㄱ]	국, 밖, 부엌
ㄴ	[ㄴ]	돈
ㄷ, ㅅ, ㅆ, ㅈ, ㅊ, ㅌ, ㅎ	[ㄷ]	듣다, 옷, 있다, 낮, 닻, 밑, 히읗
ㄹ	[ㄹ]	밀
ㅁ	[ㅁ]	김치
ㅂ, ㅍ	[ㅂ]	집, 앞
ㅇ	[ㅇ]	공

1) Pronunciation

All the consonants may be used as a final consonant, but they are pronounced in only the following seven sounds: [k], [n], [t], [l], [m], [p], [ŋ].

받침	받침 소리	받침 소리	단어
ㄱ, ㄲ, ㅋ	[ㄱ]	[k]	국, 밖, 부엌
ㄴ	[ㄴ]	[n]	돈
ㄷ, ㅅ, ㅆ, ㅈ, ㅊ, ㅌ, ㅎ	[ㄷ]	[t]	듣다, 옷, 있다, 낮, 닻, 밑, 히읗
ㄹ	[ㄹ]	[l]	밀
ㅁ	[ㅁ]	[m]	김치
ㅂ, ㅍ	[ㅂ]	[p]	집, 앞
ㅇ	[ㅇ]	[ŋ]	공

2) Writing Method

Final consonants are written below a vowel, but the stroke order is the same as how other consonants are written. They are written from top to bottom, and from left to right.

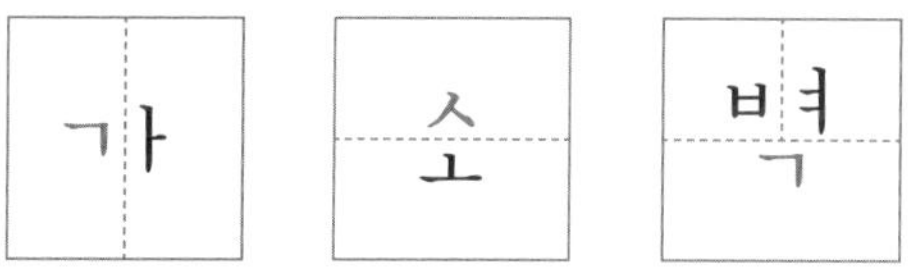

Left side of vowel: example) 가, 비, 터, 매 | Above vowel: example) 소, 푸, 회, 늬 | Below vowel: example) 벽, 철, 문, 꽃

2. final consonants 2

Batchim(final consonant) composed of two different consonants are called "kyopbatchim"(double final consonants). In Korean, the kyopbatchim(double final consonant) is only used as final consonants.

겹받침	대표 소리	예	발음
ㄳ	[ㄱ]	몫	[목]
ㄵ	[ㄴ]	앉다	[안따]
ㄶ	[ㄴ]	많다	[만타]
ㄺ	[ㄱ]	읽다	[익따]
ㄻ	[ㅁ]	젊다	[점따]
ㄼ	[ㄹ]/[ㅂ]	여덟/밟다	[여덜]/[밥따]
ㄽ	[ㄹ]	외곬	[외골]
ㄾ	[ㄹ]	핥다	[할따]
ㄿ	[ㅂ]	읊다	[읍따]
ㅀ	[ㄹ]	잃다	[일타]
ㅄ	[ㅂ]	없다	[업따]

1) Pronunciation

In words with kyopbatchim(double final consonants), when it is followed by a consonant-starting syllable, only one of the consonants in the kyopbatchim is pronounced.

	kyopbatchim (double final consonants)	Examples
when the first consonants is pronounced	ㄳ, ㄶ, ㄵ, ㄼ, ㄾ, ㅄ	삯, 많다, 앉다, 여덟 핥다, 값, 없다
when the second consonants is pronounced	ㄺ, ㄻ, ㄿ	늙다, 삶다, 읊다
when both consonants are pronounced	ㄼ, ㄺ	넓다, 읽다

If the kyopbatchim(double final consonant) is followed by a vowel-starting syllable, both consonants in the kyopbatchim are pronounced.

example)

읽다	[익따]

읽어요	[일거요]

2. Writing Method

Final consonants including kyopbatchim(double final consonants) are written below a vowel, but the stroke order is the same as how other consonants are written. They are written from top to bottom, and from left to right.

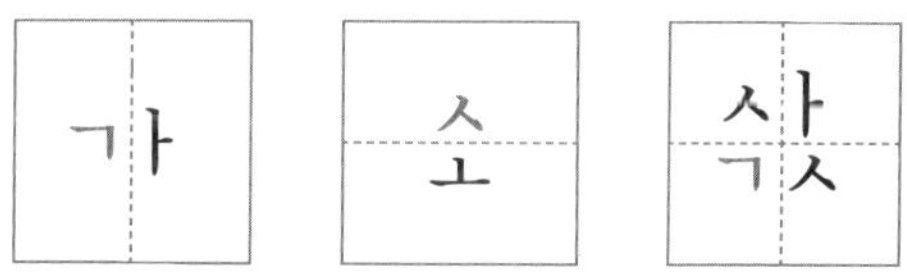

Left side of vowel: example) 가, 비, 터, 매 | Left side of vowel: example) 소, 푸, 회, 늬 | Left side of vowel: example) 벽, 철, 문, 꽃

Unit 3

Section1. My name is Emma

수영: 안녕하세요?
Sooyoung: Hello.
엠마: 네, 안녕하세요?
Emma: Hello.
수영: 이수영이에요
Sooyoung: I'm Lee Sooyoung.
엠마: 저는 엠마예요.
Emma: I'm Emma.

문법

1. 이에요/예요

· Meaning and Usage

This is added after a noun to express a property or state of the subject of the sentence.

· Form

'이에요' is added when a noun ends in a consonant.
'예요' is added when a noun ends in a vowel.

Noun ending	Combine with	Example
Consonant	이에요	이수영이에요.
Vowel	예요	엠마예요.

· Example

마이클이에요.
I'm Michael.
마이클 씨예요.
He is Michael.
1(일)학년이에요.
I'm a freshman.
한국어 수업이에요.
It's a Korean language class.

가: 리사 씨예요.
A: She is Lisa.
나: 2(이)학년이에요.
B: She is a sophomore.

가: 연세대학교예요.
A: This is Yonsei University.
나: 맞아요, 우리 학교예요.
B: Right, it's our school.

2. 은/는[1]

· Meaning and Usage

This is added after a noun to express the subject or topic of the sentence. The particle '은/는' attached to the topic is used for introducing a noun.

· Form

'은' is added when a noun ends in a consonant.
'는' is added when a noun ends in a vowel.

Noun ending	Combine with	Example
Consonant	은	선생님은, 4학년은
Vowel	는	저는, 우리 학교는

· Example

저는 제임스예요.
I'm James.
성은 파커예요.
My surname is Parker.
제임스 씨는 인턴이에요
James is an intern.
회사는 한국 신문사예요.
The company is Hangook Newspaper Company.

가: 저는 생물학과 3학년이에요.
A: I'm a junior in the Department of Biology.
나: 제 동생은 4학년이에요.
B: My younger sibling is in the fourth grade.
가: 선희 씨는 대학원생이에요.
A: Sunhee is a graduate school student.
나: 맞아요, 학교 이름은 연세대학교예요.
B: That's right, her school name is Yonsei University.

· Note

'은/는' can be combined with other particles as in '에는' and '에서는', but it cannot be combined with the subject particle '이/가', the object particle '을/를', and '도'.

한국에는 김씨가 많아요.
In Korea, there are many people with the surname Kim.

▶읽어 봅시다

안녕하세요?
저는 제임스예요.
이 사람은 제 친구예요.
친구 이름은 이수영이에요.
Hello.
I'm James.
This person is my friend.
My friend's name is Lee Sooyoung.

▶들어 봅시다

[1-2]

1. 여자: 안녕하세요?
남자: 네, 안녕하세요?
Woman: Hello.
Man: Hello.

2. 여자: 안녕하세요? 저는 선희예요.
Woman: Hello. I'm Sunhee.

3. 선희: 안녕하세요?
마이클: 네 안녕하세요? 저는 마이클이에요. 회사원이에요.
선희: 제 이름은 선희예요. 학생이에요.
마이클: 반가워요.
선희: 반가워요.
Sunhee: Hello.
Michael: Hello. I'm Michael. I am an office worker.
Sunhee: My name is Sunhee. I am a student.
Michael: Nice to meet you.
Sunhee: Nice to meet you.

4. 제임스: 엠마 씨, 안녕하세요?
엠마: 네, 안녕하세요, 제임스 씨?
그런데…. 누구예요?
제임스: 제 친구 이수영 씨예요.
컴퓨터과학과 1학년이에요.
수영: 안녕하세요? 이수영이에요.
엠마: 네, 안녕하세요? 저는 엠마예요.
James: Hello, Emma.
Emma: Hello, James?
By the way, who is this?
James: This is my friend Lee Sooyoung.
He's a freshman in the Department of Computer Science.
Sooyoung: Hello. I'm Lee Sooyoung.
Emma: Hello. I'm Emma.

▶해 봅시다

<보기>
가: 엠마 씨, 안녕하세요?
나: 네, 안녕하세요, 제임스 씨.
가: 제 친구예요. 친구 이름은 정서준이에요.
다: 안녕하세요? 정서준이에요.
나: 네, 안녕하세요? 저는 뒤부아 엠마예요.
다: 엠마 씨, 반가워요.
나: 반가워요, 서준 씨.
[Example]
A: Hello, Emma.
B: Hello, James.
A: This is my friend. My friend's name is Jeong Seojun.
C: Hello. I'm Jeong Seojun.
B: Hello. I'm Emma Dubois.
C: Emma, Glad to meet you.
B: Glad to meet you, Seojun.

Unit 3

Section2. Which country is he from?

엠마: 리사 씨, 제임스 씨가 어느 나라 사람이에요?
Emma: Lisa, which country is James from?
리사: 미국 사람이에요.
Lisa: He is American.
엠마: 리사 씨는 한국 사람이에요?
Emma: Lisa, are you Korean?
리사: 아니요, 저는 일본 사람이에요.
Lisa: No, I'm Japanese.

문법

1. 이에요/예요?

· Meaning and Usage
This is added after a noun to ask about a property or state of the subject of the sentence.
'이에요?' is the interrogative form of '이에요.' and only the intonation changes when pronounced.

· Form
'이에요?' is added when the a noun ends in a consonant.
'예요?' is added when a noun ends in a vowel.

Noun ending	Combine with	Example
Consonant	이에요?	캐나다 사람이에요?
Vowel	예요?	캐나다예요?

· Example
선희 씨예요?
Are you Sunhee?
어느 나라 사람이에요?
Where(which country) are you from?
제임스 씨, 미국 사람이에요?
James, are you American?
제임스 씨는 대학생이에요?.
Is James a college student?

가: 프랑스 사람이에요?
A: Are you French?
나: 네, 프랑스 사람이에요.
B: Yes, I'm French.

가: 누구예요?
A: Who is it?
나: 저예요, 선희.
B: It's me, Sunhee.

2. 이/가

· Meaning and Usage

This is added after a noun to mark the noun as the subject of the sentence.

· Form

'이' is added when a noun ends in a consonant.
'가' is added when a noun ends in a vowel.

Noun ending	Combine with	Example
Consonant	이	선생님이, 교실이
Vowel	가	친구가, 학교가

· Example

이름이 뭐예요?
What is your name?
여기가 어디예요?
Where is here?/Where am I?
Lisa 씨가 2학년이에요?
Is Lisa a sophomore?
김 선생님이 우리 선생님이에요?
Is teacher Kim our teacher?

가: 뒤부아가 이름이에요?
A: Is Dubois your given name?
나: 아니요, 엠마가 제 이름이에요.
B: No, Emma is my given name.

가: 오늘 메뉴가 뭐예요?
A: What is today's menu?
나: 샌드위치예요.
B: It's a sandwich.

· Note

For personal pronouns, '나', '너' and '저' become '내가', '네가' and '제가' respectively when '가' is added.
The interrogative pronoun '누구' becomes '누가' when '가' is added.

Noun	Combine with	Example
누구	가	누가
저	가	제가
나	가	내가
너	가	네가

가: 누가 제임스 씨예요?
A: Who is James?
나: 제가 제임스예요.
B: I'm James.

▶읽어 봅시다

제 이름은 안나예요.
저는 독일 사람이에요.
독일 슈투트가르트가 제 고향이에요.
그리고 제 친구 이사벨 씨예요.
이사벨 씨는 스위스 사람이에요.
스위스 로잔이 이사벨 씨 고향이에요.
My name is Anna.
I am German.
Stuttgart, Germany, is my hometown.
And this is my friend Isabel.
Isabel is Swiss.
Lausanne, Switzerland, is Isabel's hometown.

▶들어 봅시다

[1-2]

1. 여자: 어느 나라 사람이에요?
남자: 독일 사람이에요.
Woman: Which country are you from?
Man: I am German.

2. 남자: 영국 사람이에요?
여자: 아니요.
남자: 그럼 호주 사람이에요?
여자: 아니요. 미국 사람이에요.
Man: Are you English?
Woman: No.
Man: Then are you Australian?
Woman: No. I am American.

3. 로라: 안녕하세요? 제 이름은 로라예요. 캐나다 사람이에요. 캐나다 토론토에서 왔어요.
필립: 저는 필립이에요. 호주 사람이에요. 호주 멜버른이 제 고향이에요.
안나: 저는 안나예요. 독일 사람이에요. 제 고향은 독일 슈투트가르트예요.
유진: 반가워요. 저는 김유진이에요. 한국 사람이에요.
Laura: Hello. My name is Laura. I am Canadian. I am from Toronto, Canada.
Phillip: I am Phillip. I am Australian. Melbourne, Australia, is my hometown.
Anna: I am Anna. I am German. Stuttgart, Germany, is my hometown.

Yoojin: Glad to meet you. I am Kim Yoojin. I am Korean.

[4-5]
샐리: 안녕하세요? 저는 샐리예요.
해리: 안녕하세요? 제 이름은 해리예요.
샐리: 반가워요, 해리 씨.
해리 씨는 영국 사람이에요?
해리: 네, 런던이 고향이에요.
샐리 씨는 미국 사람이에요?
샐리: 아니요, 저는 호주 사람이에요.
만나서 반가워요 .
해리: 반가워요.
Sally: Hello. I'm Sally.
Harry: Hello. My name is Harry.
Sally: Glad to meet you, Harry. Are you English?
Harry: Yes, London is my hometown. Are you American?
Sally: No, I am Australian. Nice to meet you.
Harry: Nice to meet you.

6. <보기>
제 친구 로라 씨, 필립 씨, 안나 씨예요.
로라 씨는 캐나다 사람이에요.
캐나다 토론토에서 왔어요.
필립 씨는 호주에서 왔어요.
호주 멜버른이 필립 씨 고향이에요.
안나 씨는 독일에서 왔어요.
안나 씨 국적은 독일이에요.
독일 슈투트가르트가 안나 씨 고향이에요.
[Example]
These are my friends Laura, Phillip, and Anna.
Laura is Canadian.
She is from Toronto, Canada.
Phillip is from Australia.
Melbourne, Australia, is his hometown.
Anna is from Germany.
Her nationality is German.
Stuttgart, Germany, is her hometown.

▶해 봅시다
<보기>
가: 안녕하세요? 제임스예요.
나: 안녕하세요? 저는 안나예요.
가: 안나 씨는 어느 나라 사람이에요?
나: 저는 독일 사람이에요. 제임스 씨는요?
가: 저는 미국 사람이에요.
미국 로스앤젤레스가 제 고향이에요
나: 반가워요, 제임스 씨.

A: Hello. I'm James.
B: Hello. I'm Anna.
A: Which country are you from Anna?
B: I'm German. What about you, James?
A: I'm American. Los Angeles, US, is my hometown.
B: Glad to meet you, James.

Unit 4

Section1. I am not an office worker

다니엘: 엠마 씨, 회사원이에요?
Daniel: Emma, are you an office worker?
엠마: 아니요, 저는 회사원이 아니에요.
민지 씨하고 준호 씨가 회사원이에요.
Emma: No, I'm not an office worker.
Minji and Junho are office workers.
다니엘: 그럼 엠마 씨는 학생이에요?
Daniel: Then, are you a student?
엠마: 네, 저는 대학생이에요.
Emma: Yes, I'm a college student.

문법

1. 이/가 아니에요

· Meaning and Usage
This is added after a noun to deny the noun. It is a negative form of '이에요'.

· Form
'이 아니에요' is added when the a noun ends in a consonant. '가 아니에요' is added when a noun ends in a vowel.

Noun ending	Combine with	Example
Consonant	이 아니에요	한국 사람이 아니에요.
Vowel	가 아니에요	가수가 아니에요.

· Example
저는 한국 사람이 아니에요.
I'm not Korean.
이민호 씨는 선생님이 아니에요.
Lee Minho is not a teacher.
저는 가수가 아니에요.
I'm not a singer.
리사 씨는 기자가 아니에요.
Lisa is not a journalist.

가: 일본 사람이에요?
A: Are you Japanese?
나: 아니요, 일본 사람이 아니에요.
B: No, I am not Japanese.

가: 의사예요?
A: Are you a doctor?
나: 아니요, 의사가 아니에요.
B: No, I am not a doctor.

2. 하고(과/와)

· Meaning and Usage

It is added after a noun in order to list two or more nouns of equal value. It can be used interchangeably with '과/와'. For spoken language, '하고' is used.

· Form

'과' is used when the noun ends in a consonant and '와' is used when the noun ends in a vowel.

Noun ending	Combine with	Example
Consonant	과	선생님과, 동생과
Vowel	와	친구와, 리에 씨와

· Example

엠마 씨하고 수영 씨가 제 친구예요.
Emma and Sooyoung are my friends.
리사 씨와 엠마 씨는 미국 사람이 아니에요.
Lisa and Emma are not American.
시계하고 달력이에요.
These are a clock and a calendar.
여기가 기숙사하고 식당이에요.
Here is the dormitory and the restaurant.

가: 뭐예요?
A: What are these?
나: 책과 공책이에요.
B: These are a book and a notebook.

가: 누구예요?
A: Who are they?
나: 제임스하고 다니엘이에요.
B: They are James and Daniel.

▶읽어 봅시다

안녕하세요?
제 이름은 마유미예요.
저는 일본 사람이에요.
저는 회사원이 아니에요.
대학생이에요.
Hello.
My name is Ma Yoomi.
I am Japanese.
I am not an office worker.
I am a college student.

▶들어 봅시다

[1-2]

1. 여자: 제임스 씨, 선생님이에요?
Woman: James, are you a teacher?

2. 남자: 누구예요?
여자: 선생님하고 학생이에요.
Man: Who are they?
Woman: They are a teacher and a student.

[3-4]

서준: 리사 씨, 제임스 씨하고 수영 씨가 제 친구예요.
리사: 안녕하세요? 저는 리사예요.
제임스: 안녕하세요? 리사 씨, 저는 제임스예요.
수영: 안녕하세요? 저는 이수영이에요. 리사 씨는 회사원이에요?
리사: 아니요, 저는 회사원이 아니에요. 학생이에요.
Seojun: Lisa, James and Sooyoung are my friends.
Lisa: Hello. I'm Lisa.
James: Hello, Lisa. I'm James.
Sooyoung: Hello. I'm Lee Sooyoung. Are you an office worker Lisa?
Lisa: No, I'm not an office worker. I'm a student.

[5-6]

유진: 안녕하세요? 저는 김유진이에요.
토마스: 반가워요. 저는 토마스예요.
왕명: 저는 왕명이에요. 유진 씨, 학생이에요?
유진: 아니요. 저는 회사원이에요. 왕명 씨, 학생이에요?
왕명: 저는 대학교 교수예요. 토마스 씨는 회사원이에요?
토마스: 저는 은행원이에요.
Yoojin: Hello. I am Kim Yoojin.
Thomas: Glad to meet you. I'm Thomas.
Wang Myeong: I'm Wang Myeong. Yoojin, are you a student?
Yoojin: No. I'm an office worker. Are you a student Wang Myeong?

Wang Myeong: I am a college professor.
Thomas, are you an office worker?
Thomas: I'm a banker.

▶해 봅시다

[보기]
엠마: 수영 씨하고 제임스 씨는 대학생이에요?
수영: 네, 저는 대학생이에요.
제임스: 아니요, 저는 대학생이 아니에요. 기자예요.
[Example]
Emma: Sooyoung and James, are you college students?
Sooyoung: Yes, I'm a college student.
James: No, I'm not a college student. I am a reporter.

Unit 4

Section2. We study Korean together

선희: 누구예요?
Sunhee: Who is it?
다니엘: 제 친구 수영 씨예요. 날마다 같이 한국어를 공부해요.
Daniel: This is my friend Sooyoung. We study Korean together every day.
선희: 처음 뵙겠습니다. 김선희예요.
Sunhee: Nice to meet you. I'm Kim Sunhee.
수영: 안녕하세요? 반가워요.
Sooyoung: Hello. Glad to meet you.

문법

1. -어요/아요/여요

· Meaning and Usage

This is added to an action verb or a descriptive verb to explain and question a subject's action, condition and situation. It is the informal expression of '-습니다/ㅂ니다', '-습니까/ㅂ니까?' and is used a lot in everyday conversation.

· Form

'-아요' is used when action verb and descriptive verb stems end with 'ㅏ' 'ㅗ'. '-어요' is used for other syllables(ㅓ,ㅜ,ㅡ, ㅣ) and '-여요'(해요) is used for '하'.

Active verb and descriptive verb stem syllable	Combine with	Example
ㅏ, ㅗ	-아요	앉아요, 가요
Other vowel (ㅓ, ㅜ, ㅡ, ㅣ)	-어요	읽어요, 배워요
하	-여요(해요)	일해요, 공부해요

· Example

저는 한국말을 배워요.
I learn Korean.
눈이 와요.
It is snowing.
저는 숙제해요.
I do my homework.
안녕히 계세요.
Good-bye.

가: 안녕하세요?
A: Hello.
나: 안녕하세요? 만나서 반가워요.
B: Hello. Glad to meet you.

가: 집에 가요?
A: Are you going home?
나: 아니요, 학교에 가요.
B: No, I'm going to school.

· Note

Based on the intonation, this can be used as a narrative or question. Depending on the context, it can be used as a command or a request.

There are cases when deletions or contractions occur when two vowels meet in verb conjugation.

1) When two identical vowels meet, they are contracted into a single vowel.

사 + 아요 → 사요

2) When 이 and 어 combine, they are contracted to '여'.

가르치 + 어요 → 가르쳐요

However, in the case of honorific vocabulary, '시 + 어' is contracted to '세' instead of '셔'.

계시 + 어요 → 계셔요 → 계세요

3) The following combination (우+어, 오+아) may be contracted to a double vowel.

우 + 어 → 워	우 + 어 → 워
오 + 아 → 와	오 + 아 → 와

If the preceding syllable begins with a consonant, vowel contraction is optional.

보다 + 아요 → 보아요/봐요 (보아요 is also allowed.)
추다 + 어요 → 추어요/춰요 (추어요 is also allowed.)

Vowel contraction is mandatory if there are no consonants in the preceding syllable.

나오다 + 아요 → 나오아요→ 나와요
세우다 + 어요 → 세우어요→ 세워요

4) '애' causes the deletion of the '어' that follows.

보내 + 어요 → 보내요

5) The verb '으' is deleted when combined with other vowels. This results in the following changes:

쓰다 + 어요 → 써요
바쁘다 + 아요 → 바빠요

2. 을/를

· Meaning and Usage

This is added after a noun to indicate that the noun is an object.

· Form

'을' is added when a noun ends in a consonant. '를' is added when a noun ends in a vowel.

Noun ending	Combine with	Example
Consonant	을	책을, 한국말을
Vowel	를	영화를, 누구를

· Example

저는 책을 읽어요.
I read a book.
저는 친구를 찾아요.
I'm looking for a friend.
무엇을 해요?
What do you do?
누구를 기다려요?
Who are you waiting for?

가: 수영 씨가 무엇을 마셔요?
A: What dose Sooyoung drink?
나: 수영 씨가 커피를 마셔요.
B: Sooyoung drinks coffee.

가: 친구는 무엇을 해요?
A: What does your friend do?
나: 친구는 공부해요.
B: My friend studies.

▶읽어 봅시다

우리 반 친구들이에요.
마이클 씨하고 메이린 씨는 미국 사람이에요.
두 사람은 춤을 춰요.
일라이 씨는 책을 읽어요. 일라이 씨는 저하고 같이 한국어를 공부해요.
저는 엠마예요. 프랑스에서 왔어요. 한국 영화를 많이 봐요.
These are my classmates.
Michael and Maylin are American.
They are dancing.
Eli reads a book. Eli studies Korean language with me.
I'm Emma. I am from France. I watch Korean movies a lot.

▶들어 봅시다

[1-2]

1. 여자: 리사 씨, 자요?
Woman: Lisa, are you sleeping?

2. 남자: 누구를 만나요?
Man: Who are you meeting?

[3-4]

서준: 리사 씨, 무엇을 해요?
리사: 민지 씨를 기다려요.
오늘 민지 씨하고 영화를 봐요.
서준: 그리고 뭘 해요?
리사: 민지 씨하고 저녁을 먹어요.
Seojun: Lisa, what are you doing?
Lisa: I am waiting for Minji. I'm watching a movie with her today.
Seojun: What are you doing afterwards?
Lisa: I'm having dinner with Minji.

[5-7]

김 선생님: 안녕하세요? 제임스 씨.
제임스: 네, 안녕하세요? 김 선생님.
김 선생님: 무엇을 해요?

제임스: 책을 빌려요.
김 선생님: 책을 많이 읽어요?
제임스: 네, 책을 좋아해요.
Teacher Kim: Hello, James.
James: Hello, Mr. Kim.
Teacher Kim: What are you doing?
James: I'm borrowing a book from the Library.
Teacher Kim: Do you read many books?
James: Yes, I like books.

▶해 봅시다

2.
[보기]
이 사람은 지니예요. 미국 사람이 아니에요. 한국 사람이에요. 가수예요. 노래를 잘해요.
[Example]
This person is Jini. She is not American. She is Korean. She is a singer. She sings well.

Unit 5

Section1. Whose textbook is that?

엠마: 수영 씨, 그것이 뭐예요?
Emma: Sooyoung, what is it?
수영: 이것은 공책이에요. 그리고 저것은 교과서예요.
Sooyoung: This is a notebook. And that is a textbook.
엠마: 누구의 교과서예요?
Emma: Whose textbook is that?
수영: 제 책이에요.
Sooyoung: It's my book.

문법

1. 은/는[2]

· **Meaning and Usage**
This is added after a noun to express the contrastive feature of the two nouns that are compared.

· **Form**
'은' is used when a noun ends in a consonant.
'는' is used when a noun ends in a vowel.

Noun ending	Combine with	Example
Consonant	은	선생님은, 학생은
Vowel	는	저는, 친구는

· **Example**
아버지는 선생님이에요. 어머니는 은행원이에요.
My father is a teacher. My mother is a banker.
저스틴 씨는 가수예요. 줄리아 씨는 가수가 아니에요.
Justin is a singer. Julia is not a singer.
저는 공부해요. 방 친구는 자요.
I am studying. My roommate is sleeping.
아메리카노는 좋아해요. 에스프레소는 안 좋아해요.
I like americano. I don't like espresso.

가: 책을 읽어요?
A: Do you read books?
나: 잡지는 읽어요. 교과서는 안 읽어요.
B: I read magazines. I don't read textbooks.

가: 친구들이 모두 2학년이에요?
A: Are your friends all sophomores?
나: 아니요, 제임스 씨는 3학년이에요.
B: No, James is a junior.

· **Note**
'은/는' is not used with the particle '이/가' or '을/를' and '도'.
'은/는' can be used with '에' and '에서' as '에는' and '에서는'.

미국에 친구가 많습니다. 한국에는 없습니다.
In the U.S., I have many friends. In Korea, I have none.

? 의

· **Meaning and Usage**
This is added to a noun to show the relationship between that noun and the noun that follows it. Generally, the noun that follows is possessed by or affiliated with the noun that '의' is attached to.

· **Example**
이것은 제 친구의 가방이에요.
This is my friend's bag.
그 가수의 노래를 자주 들어요?
Do you often listen to that singer's songs?
에릭 씨의 부인이 저의 친구예요.
Eric's wife is my friend.
조앤 롤링의 책을 날마다 읽어요?
Do you read books by Joan Rowling everyday?

가: 이것은 누구의 지갑이에요?
A: Whose wallet is this?

나: 제 엄마의 지갑이에요.
B: It is my mom's wallet.

가: 누가 지민 씨의 친구예요?
A: Who is Jimin's friend?
나: 저요.
B: It's me.

· Note
It is common to omit '의' in conversations and in cases where it is combined with pronouns, '나의', '너의', and '저의' are written as '내', '네', and '제' respectively.

제 친구예요.
It's my friend.

▶읽어 봅시다

이것은 제 가방이에요.
그리고 이것은 제 친구 선희 씨의 가방이에요.
저는 한국어를 공부해요.
선희 씨는 영어를 공부해요.
제 책은 한국어 교과서예요.
선희 씨의 책은 영어 소설책이에요.
우리는 날마다 열심히 공부해요.
This is my bag.
And this is my friend Sunhee's bag.
I study Korean.
Sunhee studies English.
My book is a Korean language textbook.
Sunhee's book is an English novel.
We study hard everyday.

▶들어 봅시다

[1-2]
1. 여자: 엠마 씨의 연필이에요?
Woman: Is this Emma's pencil?

2. 남자: 이것은 누구의 지갑이에요?
Man: Whose wallet is this?

3.
수지: 제임스 씨, 무엇이 제임스 씨의 공책이에요?
제임스: 이것이 제 공책이에요.
이것이 제 이름이에요 .제. 임. 스.
수지: 그럼 이것은 누구의 공책이에요?
제임스: 그것은 마이클 씨 공책이에요.
수지: 그럼 엠마 씨 공책은 뭐예요?
엠마: 이것이 제 공책이에요
Susie: James, which notebook is yours?
James: This is my notebook. This is my name: J.A.M.E.S.
Susie: Then whose notebook is this?
James: It's is Michael's notebook.
Susie: Then which one is Emma's notebook?
Emma: This is my notebook.

[4-5]
남자: 이것은 제 룸메이트의 물건이에요.
제 룸메이트는 제임스 씨하고 마이클 씨예요
가방은 제임스 씨의 물건이에요.
거울하고 휴지도 제임스 씨의 물건이에요
필통은 마이클 씨의 물건이에요. 공책도 마이클 씨 물건이에요.
우리는 한국어를 공부해요.
우리는 날마다 같이 공부해요.
Man: These are my roommates' things.
My roommates are James and Michael.
The bag is James'.
The mirror and tissues are also James'.
The pencil case is Michael's. The notebook is also Michael's.
We study Korean.
We study together everyday.

▶해 봅시다

1.
<보기>
가: 이것이 00 씨의 연필이에요?
나: 아니요, 제 볼펜이 아니에요.
이것은 __ 씨의 것이에요.
[Example]
A: Is this 00's pencil?
B: No, this is not my pen.
This is __'s.

2.
<보기>
가: 존 씨의 수첩이에요? 제이든 씨의 수첩이에요?
나: 제이든 씨의 수첩이에요.
[Example]
A: Is it John's pocketbook or Jaden's pocketbook?
B: It is Jaden's pocketbook.

Unit 5

Section2. There is also a map in the classroom

수영: 교실에 달력이 있어요?
Sooyoung: Is there a calendar in the classroom?
엠마: 네, 있어요. 교실에 지도도 있어요. 그림도 많아요.
Emma: Yes, there is. There is also a map. There are many paintings too.
수영: 거울도 있어요?
Sooyoung: Is there a mirror too?
엠마: 아니요, 거울은 없어요.
Emma: No, there is no mirror.

문법

1. 에 있어요(없어요)

· Meaning and Usage

This is added after a locative noun in order to express the location of a person or an item. '에 있어요' is used to express where a person or an item is present, and '에 없어요' is used when a person/item is absent.

· Example

공책이 가방에 있어요.
The Notebook is inside the bag.
엠마 씨가 교실에 없어요.
Emma is not in the classroom.
교실에 지도가 있어요?
Is there a map in the classroom?
화장실이 어디에 있어요?
Where is the toilet?

가: 교과서가 어디에 있어요?
A: Where is the textbook?
나: 교과서가 책상에 있어요.
B: The textbook is on the desk.

가: 학교에 기숙사가 있어요?
A: Is there a dormitory in the school?
나: 아니요, 학교에 기숙사가 없어요.
B: No, there is no dormitory in the school.

2. 도

· Meaning and Usage

This is added after a noun to indicate that the same or similar contents mentioned previously are added. This is added after a noun to indicate the addition of that noun to the same/similar content mentioned previously.

· Example

달력이 있어요. 시계도 있어요.
There is a calendar. There's also a clock.
김치를 좋아해요. 김치찌개도 좋아해요.
I like kimchi. I like kimchi stew too.
이것은 책이 아니에요. 공책도 아니에요.
This is not a book. This is not a notebook either.
학생들이 미국에서 많이 와요. 캐나다에서도 많이 와요.
There are many students from the U.S.. There are many students from Canada too.

가: 텔레비전이 있어요?
A: Is there a television?
나: 네, 있어요.
B: Yes, there is.
가: 라디오도 있어요?
A: Is there also a radio?
나: 네, 라디오도 있어요.
B: Yes, there is a radio too.

가: 다니엘 씨가 자요?
A: Is Daniel sleeping?
나: 네, 자요.
B: Yes, he is sleeping.
가: 제임스 씨도 자요?
A: Is James also sleeping?
나: 아니요, 제임스 씨는 책을 읽어요.
B: No, he is reading a book.

▶읽어 봅시다

여기는 우리 교실이에요.
우리 교실은 커요.
창문도 커요.
우리 교실에 학생이 많아요,
책상하고 의자도 많아요.
우리 교실에는 한국 지도하고 달력이 있어요.
우리 교실에 거울은 없어요. 그림도 없어요.
This is our classroom.
Our classroom is big.
The windows are also big.
There are many students in our classroom.
There are also many desks and chairs.
Our classroom has a map of Korea and a calendar.
There is no mirror in our classroom. There is also no painting.

▶들어 봅시다

[1-2]

1. 여자: 친구가 많아요?
Woman: Do you have many friends?

2. 여자: 마이클 씨가 교실에 있어요?
남자: 네, 교실에 있어요.
Woman: Is Michael in the classroom?
Man: Yes, he is in the classroom.

[3-4]

여자: 우리 교실이에요.
교실에 책상이 있어요.
수지 씨의 가방이 책상에 있어요.
수지 씨 가방이 커요.
가방에 주머니가 있어요.
가방에 지갑하고 사전이 있어요.
수첩도 있어요.
필통은 없어요.
Woman: This is our classroom.
There is a desk.
Susie's bag is on the desk.
Susie's bag is big.
Susie's bag has a pocket.
There is a wallet and a dictionary in the bag.
There is also a pocketbook.
There is no pencil case.

[5-6]

여자: 여기는 우리 교실이에요. 교실이 커요.
남자: 교실에 무엇이 있어요?
여자: 교실에 책상하고 의자가 있어요. 지도도 있어요.
남자: 텔레비전도 있어요?
여자: 네, 텔레비전도 있어요.
남자: 옷걸이도 있어요?
여자: 아니요, 교실에 옷걸이는 없어요.
Woman: This is our classroom. The classroom is big.
Man: What's in the classroom?
Woman: There's a desk and a chair in the classroom. There's a map, too.
Man: Is there a television as well?
Woman: Yes, there is a television.
Man: Is there a hanger?
Woman: No, there is no hanger in the classroom.

▶해 봅시다

1.

[보기]
가: 책상이 있어요?
나: 네 있어요.
가: 의자도 있어요?
나: 네/아니요, ____
[Example]
A: Is there a desk?
B: Yes, there is.
A: Is there a chair too?
B: Yes/No, ____

[보기]
가: 텔레비전이 있어요?
나: 아니요, 없어요.
가: 컴퓨터는 있어요?
나: 네/아니요, ____
[Example]
A: Is there a television?
B: No, there isn't.
A: Is there a computer?
B: Yes/No, ____

2.

<보기>
제 친구 _____ 의 방에 물건이 많아요.
책상이 있어요. 의자도 있어요.
옷장이 커요. 옷이 많아요
책장도 커요. 책도 많아요
텔레비전은 없어요. 라디오도 없어요.
컴퓨터하고 키보드는 있어요.
[Example]
My friend ______'s room has many things.
There is a desk. There is also a chair.
The closet is big. There are many clothes.
The bookshelf is also big. There many books too.
There is no television. There is also no radio.
There is a computer and a keyboard.

Unit 6

Section1. Let's go to the bank together

엠마: 은행이 어디에 있어요?
Emma: Where is the bank?
수영: 학생회관에 있어요.

Sooyoung: It's in the student center.
엠마: 학생회관은 어디에 있어요?
Emma: Where is the student center?
수영: 도서관 앞에 있어요. 은행에 같이 가요.
Sooyoung: It's in front of the library. Let's go to the bank together.

문법

1. 에 가요

· Meaning and Usage

This is added to a place noun to indicate that the subject is moving to the location. '가다' is used when the subject is away from the speaker and '오다' is used when the subject gets closer to the speaker.

· Example

저는 학교에 가요.
I am going to school.
제임스 씨가 노래방에 가요.
James is going to a singing room.
오늘 친구가 집에 와요?
Is your friend coming to your house?
내일 어디에 가요?
Where are you going tomorrow?

가: 집에 가요?
A: Are you going home?
나: 네, 집에 가요.
B: Yes, I'm going home.

가: 어디에 가요?
A: Where are you going?
나: 회사에 가요.
B: I'm going to the company.

2. 은/는[3]

· Meaning and Usage

This is added after a noun to express the subject or topic of the sentence. It is also used to change the topic of a conversation.

· Form

'은' is added when a noun ends in a consonant. '는' is added when a noun ends in a vowel.

Noun ending	Combine with	Example
Consonant	은	선생님은, 책상은
Vowel	는	친구는, 의자는

· Example

이것이 제 볼펜이에요. 이것은 뭐예요?
This is my pen. What is this?
제 이름은 제임스예요. 제 고향은 미국이에요.
My name is James. My hometown is America.
저는 중국 사람이에요. 엠마 씨는 어느 나라 사람이에요?
I'm Chinese. Emma, which country are you from?
민지 씨는 회사원이에요. 민지 씨 회사는 서울역 근처예요.
Minji is an office worker. Minji's company is near Seoul Station.

가: 저는 일본 사람이에요. 웨이 씨는 어느 나라 사람이에요?
A: I'm Japanese. Wei, which country are you from?
나: 중국 사람이에요.
B: I'm Chinese.

가: 도서관이 학생회관 앞에 있어요.
A: The library is in front of the student center.
나: 학생회관은 어디에 있어요?
B: Where is the student center?

· Note

'은/는' can be combined with other particles as in '에는' and '에서는', but it cannot be combined with the subject particle '이/가', the object particle '을/를', and '도'.

▶읽어 봅시다

기숙사는 한국어학당 옆에 있어요.
제 기숙사 방은 2층에 있어요.
제 방에는 침대하고 옷장이 있어요. 책상도 있어요.
책상에 교과서가 있어요. 시계도 있어요.
제 방에 텔레비전이 없어요. 냉장고도 없어요.
텔레비전은 1층에 있어요. 냉장고도 1층에 있어요.
The dormitory is next to the Korean Language Institute.
My room is on the second floor.
There are a bed and a closet in my room.
There is also a desk.
There is a textbook on the desk. There is also a clock.
There is no television in my room. There is also no refrigerator.
The television is on the first floor. The refrigerator is also on the first floor.

▶들어 봅시다

[1-2]

1. 남자: 학생회관에 가요?
Man: Are you going to the student center?

2. 여자: 저는 일본 사람이에요. 마이클 씨는 어느 나라 사람이에요?
Woman: I am Japanese. Which country are you from Michael?

[3-4]

엠마: 수영 씨, 어디에 가요?
수영: 우체국에 가요.
엠마: 우체국은 어디에 있어요?
수영: 우체국은 기숙사 뒤 학생회관 1층에 있어요.
Emma: Sooyoung, where are you going?
Sooyoung: I am going to the post office.
Emma: Where is the post office?
Sooyoung: The post office on the first floor of the student center behind the dormitory.

[5-6]

엠마: 서점이 어디에 있어요?
수영: 학생회관에 서점이 있어요. 학생회관 1층에 있어요.
엠마: 은행은 어디에 있어요?
수영: 은행도 학생회관에 있어요. 학생회관 지하에 있어요.
엠마: 도서관은 어디에 있어요?
수영: 학생회관 옆에 도서관이 있어요.
엠마: 도서관에 식당도 있어요?
수영: 네, 도서관 지하에 식당이 있어요. 식당에 사람이 많아요.
Emma: Where is the bookstore?
Sooyoung: The bookstore is at the student center. It is on the first floor.
Emma: Where is the bank?
Sooyoung: The bank is also at the student center. It is on the basement floor.
Emma: Where is the library?
Sooyoung: Yes, the library is next to the student center.
Emma: Is there a restaurant in the library?
Sooyoung: Yes, There is a restaurant on the library basement floor. There are many people in the restaurant.

▶해 봅시다

2.
[보기]
제임스: 엠마 씨, 어디에 가요?
엠 마: 서점에 가요. 서점이 어디에 있어요?
제임스: 학생회관에 있어요.
엠 마: 학생회관은 어디에 있어요?
제임스: 학생회관은 도서관 앞에 있어요.
[Example]
James: Emma, where are you going?
Emma: I'm going to the bookstore. Where is the bookstore?
James: It is at the student center.
Emma: Where is the student center?
James: The student center is in front of the library.

Unit 6

Section2. I go home by bus or subway

수영: 집이 어디예요?
Sooyoung: Where do you live?
엠마: 신촌 백화점 근처예요.
Emma: Near the Sinchon department store.
수영: 집에 어떻게 가요?
Sooyoung: How do you go home?
엠마: 집에 버스나 지하철로 가요.
Emma: I go home by bus or subway.

문법

1. 으로/로¹

· Meaning and Usage

This is added to a noun in order to express a tool, method, or material used to do something.

· Form

'으로' is added when a noun ends in a consonant. '로' is added when a noun ends in a vowel or in ㄹ.

Noun ending	Combine with	Example
Consonant	으로	숟가락으로, 볼펜으로
Vowel, ㄹ	로	한국어로, 지하철로

· **Example**

저는 학교에 버스로 가요. 친구는 걸어서 가요.
I take the bus to school. My friend walks.
친구하고 영어로 이야기해요? 한국말로 이야기해요?
Do you talk to your friend in English or Korean?
비빔밥은 숟가락으로 먹어요.
I use a spoon when eating bibimbap.
지하철로 집에 가요?
Are you going home by subway?

가: 부산에 기차로 가요?
A: Do you go to Busan by train?
나: 네, 기차로 가요.
B: Yes, I go by train.

가: 이름을 무엇으로 써요?
A: What should I use to write my name?
나: 볼펜으로 써요.
B: Use a pen.

2. 이나/나[1]

· **Meaning and Usage**

This is added to a noun in order to list two or more items, as in 'or' in English, and it signifies that only one option of the choices is selected.

· **Form**

이나 is added when a noun ends in a consonant. 나 is added when a noun ends in a vowel.

Noun ending	Combine with	Example
Consonant	이나	도서관이나, 교실이나
Vowel	나	축구나, 의자나

· **Example**

저는 빵이나 밥을 먹어요.
I eat bread or rice.
친구하고 백화점이나 영화관에 가요.
I go to a department store or a movie theater with my friend.
포크나 젓가락이 있어요?
Do you have a fork or chopsticks?
저는 한국 드라마나 한국 노래로 공부해요.
I study through Korean dramas or Korean songs.

가: 돈이나 카드가 있어요?
A: Do you have money or a card?
나: 네, 저는 카드가 있어요.
B: Yes, I have a card.

가: 커피가 있어요?
A: Do you have coffee?
나: 아니요. 커피가 없어요. 카페나 편의점에 같이 가요.
B: No, I don't have coffee. Let's go to a cafe or a convenience store together.

▶읽어 봅시다

우리 하숙집은 신촌에 있어요.
날마다 지하철이나 버스로 집에 가요.
우리 하숙집은 2층집이에요.
하숙집 앞에는 약국이 있어요.
하숙집 뒤에는 학교가 있어요.
하숙집 옆에는 공원이 있어요.
공원에는 나무하고 꽃이 많아요.
My boarding house is in Shinchon.
I go home by subway or bus everyday
My boarding house is a two-story house.
There is a pharmacy in front of the boarding house.
There is a school behind the boarding house.
There is a park next to the boarding house.
There are many trees and flowers in the park.

▶들어 봅시다

[1-2]

1. 여자: 제임스 씨, 영어로 이야기해요?
Woman: James, do you speak in English?

2. 남자: 집에 어떻게 가요?
Man: How do you get home?

[3-4]

선희: 다니엘 씨, 오늘 무엇을 해요?
다니엘: 한국 친구를 만나요.
선희: 한국 친구하고 어느 나라 말로 이야기해요?
다니엘: 영어나 한국말로 이야기해요.
Sunhee: Daniel, what are you doing today?
Daniel: I'm meeting my Korean friend.
Sunhee: What language do you speak with your Korean friend?
Daniel: We talk in English or Korean.

[5-6]

수영: 마리 씨, 집이 어디에 있어요?
마리: 신촌에 있어요. 신촌은 연세 대학교 근처에 있어요.
수영: 집에 어떻게 가요?
마리: 지하철로 집에 가요.

수영: 집 근처에 무엇이 있어요?
마리: 집 근처에 교회하고 가게가 있어요. 마이클 씨 집도 있어요.
수영: 그래요? 집 근처에 공원도 있어요?
마리: 네, 집 근처에 공원도 있어요. 공원이 좋아요.
Sooyoung: Marie, where is your house?
Marie: It's in Sinchon. Sinchon is near Yonsei University.
Sooyoung: How do you get home?
Marie: By subway.
Sooyoung: What's near your house?
Marie: There is a church and a store near my house. Michael's house is also nearby.
Sooyoung: Is that so? Is there a park near your house too?
Marie: Yes, there is a park near my house. The park is nice.

▶해 봅시다

3.
[보기]
엠마: 제임스 씨, 집이 어디예요?
제임스: 신촌동이에요.
엠마: 무엇으로 가요?
제임스: 지하철이나 버스로 가요.
엠마: 제임스 씨 집 근처에 무엇이 있어요?
제임스: 지하철역하고 공원이 있어요. 백화점도 있어요.
[Example]
Emma: James, where is your house?
James: It's at Shinchon-dong.
Emma: How do you get there?
James: By subway or bus.
Emma: What's near your house James?
James: There's a subway station and a park. There is a department store too.

Unit 7

Section1. What photo are you looking at?

서준: 제임스 씨, 무슨 사진을 봐요?
Seojun: James, what photograph are you looking at?
제임스: 가족 사진을 봐요.
James: I'm looking at my family photo.
서준: 집에 전화는 자주 해요?
Seojun: Do you call them often?
제임스: 아니요, 안 해요. 전화를 자주 못 해요. 한국하고 고향에 시차가 있어요.
James: No, I don't. I can not call them often. There's a time difference between Korea and my hometown.

문법

1. 무슨

· Meaning and Usage
This is used in front of a noun when asking about uncertain situations, objects and things.

· Example
무슨 운동이 재미있어요?
What kind of exercise is fun?
무슨 색을 좋아해요?
What color do you like?
오늘이 무슨 요일이에요?
What day is it today?
무슨 생각을 해요?
What are you thinking about?
무슨 말이에요?
What are you saying?

가: 무슨 음식을 좋아해요?
A: What kind of food do you like?
나: 한국 음식을 좋아해요.
B: I like Korean food.

2. 안

· Meaning and Usage
'안' is added before an action verb or a descriptive verb to negate the action or state. It can be used as '-지 않다'.

· Example
제 방이 안 커요.
My room is not big.
여기는 공기가 안 좋아요.
The air here is not good.
방학에 고향에 가지 않아요.
I don't go to my hometown during vacation.
무슨 음식을 안 좋아해요?
What kind of food don't you like?

가: 날씨가 좋아요?
A: Is the weather nice?
나: 아니요, 안 좋아요.
B: No, it's not nice.

· Note
The way questions are answered in Korean is based on agreement or disagreement with the content of the question, regardless of whether the question is asked positively or negatively.
Saying '네' to a negative question means agreement with the negative content of the question: "What you said is correct. I agree with what you said."
Answering '아니요' to a negative question means disagreement with the negative content: "What you said is incorrect. I don't agree with what you said."

가: 태권도를 안 배워요?
A: You don't learn Taekwondo, right?
나: 네, 안 배워요.
B: No, I don't.

3. 못

· Meaning and Usage
'못' is added before an action verb to express impossibility or lack of ability to do something. It can be used as '-지 못하다'.

· Example
제 동생은 책을 못 읽어요. 세 살이에요.
My younger brother can not read. He is three years old.
저는 바빠요. 모임에 못 가요.
I am busy. I can not make it to the meeting.
떡볶이가 매워서 못 먹겠어요.
I can not eat the topokki because it's spicy.
저는 피아노를 잘 치지 못해요.
I can not play the piano well.

가: 제임스 씨, 숙제했지요?
A: James, did you do your homework?
나: 아니요, 어제 너무 아파서 숙제를 못 했어요.
B: No, I was sick yesterday so I couldn't do it.

· Note
This should only be used with an action verb.

▶읽어 봅시다

우리 하숙집에 시경 씨, 조슈아 씨하고 에릭 씨가 있어요.
시경 씨는 은행원이에요.
시경 씨는 운동을 좋아해요. 테니스를 좋아해요.
조슈아 씨는 신문사 기자예요.
조슈아 씨도 운동을 좋아해요. 하지만 운동을 자주 못 해요. 가끔 해요. 날마다 바빠요.
에릭 씨는 무역 일을 해요.
에릭 씨는 한국 음식을 좋아해요. 한국 반찬을 날마다 먹어요.
우리는 날마다 한국어로 이야기해요. 하숙집 생활이 재미있어요.
Sikyung, Joshua, and Eric live in my boarding house.
Sikyung is a banker.
Sikyung likes to exercise. He likes tennis.
Joshua is a newspaper reporter.
Joshua also likes to exercise, but he can't exercise often but sometimes. He is busy every day.
Eric works in trade.
Eric likes Korean food. He eats Korean side dishes every day.
We talk in Korean every day. Life in the boarding house is fun.

▶들어 봅시다

[1-2]

1. 여자: 무슨 책을 봐요?
Woman: What book are you reading?

2. 남자: 운동을 좋아해요?
Man: Do you like to exercise?

3.
여자: 운동을 자주 해요?
남자: 네, 날마다 운동해요.
여자: 무슨 운동을 좋아해요?
남자: 달리기를 좋아해요.
여자: 날마다 달리기를 해요?
남자: 네. 그리고 수영도 날마다 해요.
산책도 자주 해요.
여자: 숙제는요?
남자: 숙제도 날마다 해요. 숙제가 많아요.
여자: 책은요? 책도 자주 읽어요?
남자: 아니요, 책은 안 읽어요.

여자: 가족하고 전화는 자주 안 해요?
남자: 네, 자주 안 해요. 가끔 해요.
여자: 컴퓨터 게임은 자주 해요?
남자: 컴퓨터 게임도 가끔 해요.
Woman: Do you exercise often?
Man: Yes, I exercise every day.
Woman: What kind of exercise do you like?
Man: I like to run.
Woman: Do you run every day?
Man: Yes. I also swim every day. I often go for walks too.
Woman: What about homework?
Man: I also do my homework every day. I have a lot of homework.
Woman: What about books? Do you also read books often?
Man: No, I don't read books.
Woman: You don't talk to your family on the phone often, right?
Man: Yes, not often. I do it sometimes.
Woman: Do you play computer games often?
Man: I also play computer games sometimes.

[4-5]
리사: 안녕하세요? 저는 리사예요.
이것은 우리 가족 사진이에요.
집 근처에 공원이 있어요. 우리 가족은 공원을 좋아해요.
언니는 커피를 마셔요. 남동생은 과자를 먹어요.
저는 책을 읽어요. 저는 책을 좋아해요. 날마다 책을 읽어요.
저는 여동생도 있어요. 여동생은 사진에 없어요.
여동생은 미국에 있어요. 대학생이에요.
Lisa: Hello. I'm Lisa.
This is a picture of my family.
There is a park near our house. My family likes the park.
My older sister drinks coffee. My younger brother eats snacks.
I read books. I like books. I read books every day.
I also have a younger sister. She is not in the picture.
My sister is in America. She is a college student.

Unit 7

Section2. Are your parents in your hometown?

서준: 가족이 몇 명이에요?
제임스: 아버지, 어머니, 누나 그리고 저, 모두 네 사람이에요.
서준: 부모님은 고향에 계세요? 고향 소식을 자주 들어요?
제임스: 네, 부모님께서는 고향에 계세요. 자주 전화를 하세요.
Seojun: How many people are there in your family?
James: There are four of us. My father, my mother, my sister and me.
Seojun: Are your parents in your hometown? Do you often hear about your hometown?
James: Yes, my parents are in my hometown. They call me often.

문법

1. -으세요/세요[1]

· Meaning and Usage

This is added to an action verb or a descriptive verb to show respect to the subject when explaining and questioning.

· Form

'-으세요' is added when the stem ends in a consonant.
'-세요' is added when the stem ends in a vowel or ㄹ.

Action and Descriptive verb stem ending	Combine with	Example
Consonant	-으세요	앉으세요.
Vowel, ㄹ	-세요	가세요. 만드세요.

· Example

이분이 우리 선생님이세요.
This is our teacher.
우리 아버지는 참 재미있으세요.
My father is really fun.
할머니는 친구가 많으세요.
My grandma has lots of friends.
할머니께서 문을 여세요.
My grandma opens the door.

가:김 선생님은 오늘 수업이 있으세요?
A: Does teacher Kim have class today?

나: 아니요, 수업이 없으세요.
B: No, she does not.

가: 누구세요?
A: Who are you?
나: 저예요, 선희.
B: It's me, Sunhee.

· **Note**
'께서' is a particle added to a personal noun(the subject of the sentence), but as opposed to '이/가', it is used to elevate (show respect to) the subject.
'께서' is matched with '-으세요' to make honorific sentences.
'께서' can be switched with the subject particle '이/가'.
'은/는' and '도' cannot be switched with '께서'.
'는' and '도' must be used after '께서' in the form of '께서는' and '께서도'.

가: 부모님께서 어디에 계세요?
A: Where do your parents live?
나: 로스앤젤레스에 사세요.
B: They live in Los Angeles.
가: 할아버지께서도 로스앤젤레스에 사세요?
A: Does your grandpa live in L.A. too?
나: 아니요, 할아버지께서는 안 계세요.
B: No, my grandpa passed away.

2. ㄷ 동사

· **Meaning and Usage**
For action verb stems ending in 'ㄷ', the final consonant 'ㄷ' changes to 'ㄹ' when followed by vowels.
For example, '걷다' can be used as '걸어요, 걸어서, 걸으니까, 걸을까요?'.
These are called 'ㄷ verbs,' which include '걷다, 듣다, 묻다, 싣다, etc.'

· **Example**
학교에 걸어서 와요. (걷다)
I walk to school.
라디오를 들어요. (듣다)
I listen to the radio.
질문이 있을 때 선생님에게 물어요. (묻다)
When I have any questions, I ask the teacher.
먼저 가방을 차에 실어요. (싣다)
First, load the bag into the car.

가: 날마다 버스로 와요?
A: Do you come by bus every day?
나: 아니요, 학교까지 자주 걸어요.
B: No, I walk to school often.

가: 무슨 노래를 들어요?
A: What songs are you listening to?
나: 한국 노래를 들어요.
B: I'm listening to Korean music.

· **Note**
'닫다', '믿다', and '받다' are not ㄷ verbs. Those are regular verbs.
For example, those are used as '닫아요', '믿어요', and '받아요'.

▶읽어 봅시다

우리 가족은 다섯 명이에요.
아버지, 어머니, 누나, 여동생 그리고 저예요.
우리 가족은 미국 로스앤젤레스에 있어요.
아버지는 의사세요.
어머니는 주부세요.
누나도 의사예요.
여동생은 고등학생이에요.
저는 한국에서 한국말을 배워요.
There are five people in my family.
My father, mother, older sister, younger sister and me.
My family is in Los Angeles, US.
My father is a doctor.
My mother is a housewife.
My older sister is also a doctor.
My younger sister is a high school student.
I am learning Korean in Korea.

▶들어 봅시다

[1-2]
1. 남자: 가족이 몇 명이에요?
Man: How many people are there in your family?

2. 여자: 형이 지금 무엇을 해요?
Woman: What does your older brother do now?

[3-4]
슈테판: 안녕하세요?
저는 슈테판이에요. 독일에서 왔어요.

아버지는 독일 사람이에요. 회사원이세요.
어머니는 한국 사람이에요. 한국어 선생님이세요.
두 분 모두 독일에 계세요.
저는 동생도 한 명 있어요.
동생은 대학생이에요. 미국에서 공부해요.

Stefan: Hello.
I'm Stefan. I am from Germany.
My father is German. He is an office worker.
My mother is Korean. She is a Korean teacher.
Both of them are in Germany.
I also have a younger sibling.
He/She is a college student. He/She is studying in the US.

[5-6]

남자: 애니 씨, 형제가 있어요?
여자: 네, 여동생이 하나, 남동생이 하나 있어요.
남자: 동생들은 어디에 있어요? 동생들도 한국에 있어요?
여자: 아니요, 모두 고향에 있어요.
남자: 동생들은 무슨 일을 해요?
여자: 여동생은 연구원이에요. 남동생은 대학교에 다녀요.
남자: 부모님도 고향에 계세요?
여자: 네, 부모님하고 할머니도 고향에 계세요. 할아버지는 안 계세요. 할머니는 선생님이세요. 참 재미있으세요. 부모님은 회사에 다니세요.

Man: Annie, do you have any siblings?
Woman: Yes, I have a younger sister and a younger brother.
Man: Where are your siblings? Are they in Korea as well?
Woman: No, they are all in my hometown.
Man: What do your siblings do?
Woman: My younger sister is a researcher. My younger brother goes to university.
Man: Are your parents also in your hometown?
Woman: Yes, my parents and grandmother are also in my hometown. My grandfather has passed away. My grandmother is a teacher. She is so much fun. My parents work at a company.

▶해 봅시다

2.

[보기]
저는 동생이 한 명 있어요.
동생 이름은 조쉬예요. 조쉬는 미국 애틀랜타에 있어요.
동생은 초등학생이에요.
동생은 날마다 자전거를 타고 노래를 해요.
사랑스럽고 착해요. 노래도 잘해요.
저는 자주 동생에게 인터넷 전화를 해요.

[Example]
I have one younger sibling.
His name is Josh. Josh is in Atlanta, US.
My brother is an elementary school student.
He rides his bicycle and sings every day.
He is lovable and nice. He is also good at singing.
I often make internet calls to my brother.

Unit 8

Section1. The air is nice and it's quiet

서준: 여기가 고향이에요?
Seojun: Is this your hometown?
제임스: 네, 우리 고향에는 산이 많아요. 공기도 좋고 조용해요.
James: Yes, there are lots of mountains in my hometown. The air is fresh and it's quiet there.
서준: 고향 날씨는 어때요?
Seojun: How is the weather in your hometown?
제임스: 날씨가 좀 더워요.
James: It's a little hot in my hometown.

문법

1. -고[1]

· Meaning and Usage

This is added to an action verb or a descriptive verb in order to list two or more actions, state, or facts.

· Example

집이 크고 깨끗해요.
The house is big and clean.
피시방이 시끄럽고 복잡해요.
The internet cafe is noisy and crowded.
저는 공부하고 동생은 운동해요.

I am studying and my brother is exercising.
케빈 씨는 기자이고 민지 씨는 회사원이에요.
Kevin is a journalist and Minji is an office worker.

가: 서준 씨가 어때요?
A: How is Seojun?
나: 서준 씨가 똑똑하고 재미있어요.
B: Seojun is smart and fun.

가: 이 사람들이 무엇을 해요?
A: What are they doing?
나: 남자는 자고 여자는 공부해요.
B: The man is sleeping and the woman is studying.

2. ㅂ 동사

· Meaning and Usage

For some action verbs or descriptive verbs with stems that end with 'ㅂ', the 'ㅂ' changes to '우/오' when followed by vowels. For Example, '덥다' can be used as "더워요", "더워서", "더우니까", and "더울까요?". These are called 'ㅂ verbs', which include "덥다", "맵다", "쉽다", "귀엽다", "더럽다", "어렵다", "시끄럽다", and "아름답다".

· Example

날씨가 더워요.
The weather is hot.
교실 밖이 시끄러워요.
It's noisy outside the classroom.
제가 친구를 도와요.
I am helping my friend.
고향이 아름다워요?
Is your hometown beautiful?

가: 김치가 매워요?
A: Is the kimchi spicy?
나: 네, 김치가 매워요.
B: Yes, the kimchi is spicy.

가: 날씨가 어때요?
A: How is the weather?
나: 아주 추워요.
B: It is very cold.

· Note

When followed by the vowel '으', '돕다' changes to "도우니까, 도울까요?" because the 'ㅂ' changes to '우'. However, when followed by '아', the 'ㅂ' changes to '오', as in "도와서, 도와요".

'입다', '잡다', and '좁다' do not change because those are not ㅂ verbs.

▶읽어 봅시다

토모미 씨, 안녕하세요?
저는 지금 제주도에 있어요.
제주도는 제 고향이에요.
제주도에는 한라산과 바다가 있어요.
공기도 좋고 경치도 아름다워요.
귤도 참 맛있어요.
토모미 씨, 요즘도 많이 바빠요?
방학 잘 보내세요.
- 12.20. 김정우

Hello Tomomi.
I'm in Jeju Island right now.
Jeju Island is my hometown.
Jeju Island has Hallasan Mountain and the sea.
The air is nice and the scenery is beautiful.
The tangerines are also really delicious.
Are you still busy these days Tomomi?
Have a nice vacation.
- 12.20 Jungwoo Kim

▶들어 봅시다

[1-2]

1. 여자: 교실이 어때요?
Woman: How's the classroom?

2. 남자: 날씨가 추워요?
Man: Is the weather cold?

[3-4]

리사: 학교 앞 커피숍이 어때요?
지민: 넓고 깨끗해요.
리사: 시끄러워요?
지민: 아니요, 조용해요.
Lisa: How is the coffee shop in front of the school?
Jimin: It's spacious and clean.
Lisa: Is it noisy?
Jimin: No, it's quiet.

[5-7]

엠마: 고향이 어디예요?
수영: 제 고향은 부산이에요.
엠마: 부산은 어때요?
수영: 부산은 크고 사람들이 많아요.
엠마: 부산에 무엇이 있어요?

수영: 부산에는 바다가 있어요. 생선이 많아요. 그리고 대학교하고 공원도 있어요. 겨울에는 따뜻하고 여름에는 시원해요.
엠마: 부산 사람들은 어때요?
수영: 친절하고 따뜻해요. 저는 제 고향을 아주 좋아해요.
Emma: Where is your hometown?
Sooyoung: My hometown is Busan.
Emma: What is Busan like?
Sooyoung: Busan is big and crowded
Emma: What is in Busan?
Sooyoung: There is the sea in Busan. There's a lot of fish. There's also a university and a park. It's warm in the winter and cool in the summer.
Emma: How are the people in Busan?
Sooyoung: They are kind and warm. I like my hometown very much.

▶해 봅시다

2.
[보기]
엠마: 고향이 어디예요?
제임스: 제 고향은 미국 하와이예요.
엠마: 고향에 무엇이 있어요?
제임스: 제 고향에는 바다하고 산이 있어요.
엠마: 고향은 어때요?
제임스: 경치가 아름답고 사람들이 친절해요. 저는 제 고향을 아주 사랑해요.
[Example]
Emma: Where is your hometown?
James: My hometown is in Hawaii, USA.
Emma: What is there in your hometown?
James: In my hometown, there are seas and mountains.
Emma: How is your hometown?
James: The scenery is beautiful and the people are friendly. I love my hometown very much.

3.
[보기]
제임스 씨 고향은 미국 하와이예요.
제임스 씨 고향에는 바다하고 산이 있어요.
제임스 씨 고향은 경치가 아름답고 사람들이 친절해요.
제임스 씨는 고향을 아주 사랑해요.
[Example]
James' hometown is in Hawaii, USA.
In James' hometown, there are seas and mountains.
James' hometown has beautiful scenery and the people are friendly.
James loves his hometown very much.

Unit 8

Section2. He majors in economics at University

서준: 이 사람은 누구예요?
Seojun: Who is this person?
제임스: 제 고향 친구예요. 대학교에서 경제학을 전공해요.
James: My hometown friend. This friend majors in economics at university.
서준: 친구도 한국말을 잘해요?
Seojun: Is your friend good at Korean?
제임스: 네, 잘해요. 그렇지만 말하기는 제가 나아요.
James: Yes, he's good. But I'm better at speaking Korean than my friend.

문법

1. 에서

· Meaning and Usage
This is added after a noun to indicate the place where the action occurred.

· Example
저는 학생식당에서 점심을 먹어요.
I eat lunch at the student cafeteria.
수영 씨는 편의점에서 아르바이트를 해요.
Sooyoung works part time at the convenience store.
누가 도서관에서 공부해요?
Who studies in the library?
마이클 씨가 어디에서 한국말을 배워요?
Where does Michael learn Korean?

가: 엠마 씨, 백화점에서 가방을 사요?
A: Emma, do you buy bags at the department store?
나: 네, 저는 백화점에서 가방을 사요.
B: Yes, I buy bags at the department store.

가: 제임스 씨가 어디에서 태권도를 해요?
A: Where does James practice Taekwondo?

나: 제임스 씨가 학교 체육관에서 태권도를 해요.
B: James practices Taekwondo at the school gym.

2. ㅅ 동사

· Meaning and Usage

For some of the action verbs with stems that end with 'ㅅ', the 'ㅅ' consonant placed under the vowel is removed when the following word starts with the vowels '으' or '어/아'. An abbreviation does not occur with the verb stem and word ending. These words are called 'ㅅ' verbs and include '긋다, 낫다, 붓다, 잇다, 젓다, and 짓다'.

· Example

여기에 선을 그어요.
Draw a line right here.
드라마가 끝나면 이어서 광고를 합니다.
Commercials follow right after a drama.
국에 소금을 넣어요. 그리고 잘 저어요.
Put salt in the soup, and stir well.
약을 먹고 잘 쉬세요. 그럼 감기가 빨리 나아요.
Take medicine and rest well. Then, your cold will get better quickly.

가: 어디에 집을 지어요?
A: Where are you building your house?
나: 지금 바다 앞에 집을 지어요.
B: I'm building my house in front of the sea now.

가: 왜 눈이 부었어요?
A: Why are your eyes swollen?
나: 슬픈 영화를 보고 울었어요.
B: I cried after watching a sad movie.

· Note

'웃다, 씻다, and 벗다' are not included among 'ㅅ' verbs.

▶읽어 봅시다

제 친구 민수는 대학생이에요.
전공이 경영학이에요.
민수는 미국 뉴욕에서 왔어요.
지금 한국에서 한국말을 공부해요.
민수는 노래를 잘 부르고 춤도 잘 춰요.
가끔 학교에서 춤을 춰요.
우리는 모두 민수를 좋아해요.
My friend Minsu is a college student.
His major is in business administration.
Minsu is from New York, USA.
He is currently studying Korean in Korea.
Minsu sings well and dances well too.
Sometimes, he dances at school.
We all like Minsu.

▶들어 봅시다

[1-2]

1. 여자: 수영 씨는 보통 어디에서 공부해요?
Woman: Where does Sooyoung usually study?

2. 남자: 김치찌개가 매워요. 어떻게 해요?
Man: The Kimchi stew is spicy. What should I do?

[3-4]

선희: 리사 씨, 제가 지금 시간이 없어요. 버스가 나아요? 택시가 나아요?
리사: 지금 길이 복잡해요. 지하철이 나아요. 오늘 어디에 가요?
선희:오늘 신촌에서 친구를 만나요.
리사: 그래요? 지하철로 빨리 가요.
Sunhee: Lisa, I don't have much time right now. Is the bus better or is a taxi better?
Lisa: The road is congested right now. The subway is better. Where are you going today?
Sunhee: I'm meeting a friend in Sinchon today.
Lisa: Really? Take the subway to get there quickly.

[5-6]

수영: 마리 씨, 친구 사진이에요?
마리: 네, 수영 씨. 제 친구예요. 친구 이름은 브라이언이에요.
수영: 친구는 한국에 있어요?
마리: 아니요. 브라이언은 지금 한국에 없어요. 하와이에 있어요.
수영: 그래요? 브라이언 씨는 학생이에요?
마리: 네, 브라이언은 학생이에요. 대학교에서 역사학을 공부해요.
Sooyoung: Marie, is this a picture of your friend?
Marie: Yes, Sooyoung. He's my friend. His name is Brian.
Sooyoung: Is your friend in Korea?
Marie: No. Brian is not in Korea right now. He's in Hawaii.

Sooyoung: Really? Is Brian a student?
Marie: Yes, Brian is a student. He's studying history at university.

▶해 봅시다

2.
[보기]
엠마: 제임스 씨, 친구 이름이 뭐예요?
제임스: 제 친구 이름은 케빈이에요.
엠마: 대학생이에요?
제임스: 네, 지금 연세 대학교에서 경영학을 공부해요.
엠마: 케빈 씨는 어때요?
제임스: 제 친구 케빈은 노래를 잘하고 재미있어요. 그리고 한국 음악을 좋아해요.
[Example]
Emma: James, what is your friend's name?
James: My friend's name is Kevin.
Emma: Is he a college student?
James: Yes, he's currently studying business administration at an American university.
Emma: What is Kevin like?
James: Kevin sings well and is funny. He also likes Korean music.

3.
[보기]
친구 이름은 줄리아예요. 대학생이에요.
지금 미국 대학교에서 영문학을 공부해요.
줄리아 씨는 재미있고 춤을 잘 춰요.
그리고 한국 드라마를 좋아해요.
[Example]
My friend's name is Julia. She is a college student.
She's currently studying English literature at an American university.
Julia is fun and dances well.
She also enjoys Korean dramas.

Unit 9

Section1. I work from 2 to 6

리사: 지금 몇 시예요?
Lisa: What time is it now?
다니엘: 열 시 십 분이에요.
Daniel: It's ten past ten (10:10).
리사: 어디에 가세요?
Lisa: Where are you going?
다니엘: 일하러 가요. 선배 회사의 인턴 사원이에요.
Daniel: I'm going to work. I work as an intern at a senior colleague's company.
리사: 몇 시까지 일해요?
Lisa: Until what time do you work?
다니엘: 두 시부터 여섯 시까지 일해요.
Daniel: I work from two o'clock to six o'clock.

문법

1. -으러/러

· Meaning and Usage

This is added to an action verb to express a purpose of movement.
It is usually followed by '가다' and '오다' type action verbs, such as '가다', '오다', and '다니다'.

· Form

'-으러' is added when the stem ends in a consonant.
'-러' is added when the stem ends in a vowel or 'ㄹ'.

Action verb stem ending	Combine with	Example
Consonant	-으러	먹으러
Vowel, ㄹ	-러	공부하러, 팔러

· Example

밥을 먹으러 가요.
I'm going to have a meal.
친구를 만나러 가요.
I am going to meet a friend.
영화를 보러 가요.
I am going to watch a movie.
무엇을 하러 오세요?
What are you coming for?

가: 어디에 가세요?
A: Where are you going?
나: 친구를 만나러 가요.
B: I am going to meet a friend.

가: 누구를 만나러 가세요?
A: Who are you going meet?
나: 잭슨 씨를 만나러 가요.
B: I am going to meet Jackson.

· **Note**
This should only be used with an action verb.

2. 부터 까지

· **Meaning and Usage**
They are added to nouns to denote the finishing point of time or place.
When the noun is a time, it represents both the beginning and end of that time.
When the noun is used to describe a place, it represents both the beginning and end of that place.

· **Example**
여기에서부터는 혼자 가요.
From here, I go alone.
언제까지 이 일을 끝내요?
By when should I finish this?
제 발표는 여기까지입니다.
This is the end of my presentation.
날마다 새벽부터 저녁까지 일해요.
I work from dawn until evening every day.
몇 쪽부터 몇 쪽까지 읽어요?
From what page to what page do we read?

가: 뭐부터 하면 돼요?
A: What should I do first?
나: 빨래부터 하세요.
B: Start with the laundry.

가: 몇 시까지 집에 가세요?
A: Until what time do you go home?
나: 일곱 시 반까지 가요.
B: I go home by seven-thirty.

가: (택시에서) 손님, 어디까지 가세요?
A: (In a taxi) Sir/Ma'am, where are you going?
나: 서울역까지 가요.
B: Take me to Seoul Station.

가: 1교시는 몇 시부터 몇 시까지예요?
A: What time does the first class start and end?
나: 9시부터 9시 50분까지예요.
B: It starts at 9 o'clock and ends at 9:50.

▶읽어 봅시다

아침 여덟 시 반이에요.
먼저 리사 씨가 들어와요. 리사 씨는 샌드위치를 먹어요.
여덟 시 사십오 분이에요.
마이클 씨가 그다음에 와요. 마이클 씨는 커피를 마셔요.
여덟 시 오십오 분이에요.
제임스 씨와 엠마 씨가 공부하러 와요.
엠마 씨는 리사 씨 옆에 앉아요. 두 사람이 같이 이야기해요.
아홉 시예요.
마지막에 선생님께서 교실에 들어오세요.
우리는 아홉 시부터 한 시까지 공부를 해요.
It's eight-thirty in the morning.
First, Lisa comes in. Lisa eats a sandwich.
It's 8:45.
Next, Michael arrives. Michael drinks coffee.
It's 8:55.
James and Emma come in to study.
Emma sits next to Lisa. The two of them chat together.
It's 9 o'clock.
Finally, the teacher enters the classroom.
We study from 9 o'clock to 1 o'clock.

▶들어 봅시다

[1-2]

1. 여자: 몇 시까지 공부하러 가요?
Woman: Until what time do you go to study?

2. 여자: 몇 시부터 몇 시까지 자요?
남자: 열 시부터 일곱 시까지 자요.
Woman: From what time to what time do you sleep?
Man: I sleep from 10 o'clock to 7 o'clock.

[3-4]

여자: 제임스 씨, 몇 시까지 학교에 가세요?
남자: 여덟 시 반까지 학교에 가요.
여자: 몇 시부터 몇 시까지 공부하세요?
남자: 아홉 시부터 한 시까지 공부해요.
여자: 언제 운동하러 가세요?
남자: 보통 오후 세 시부터 다섯 시까지 운동해요.
Woman: James, until what time do you go to school?
Man: I go to school until 8:30.
Woman: From what time to what time do you study?
Man: I study from 9 to 1.
Woman: When do you go exercise?
Man: I usually exercise from 3 to 5 in the afternoon.

[5-6]
엠마: 선생님, 지금 시간 있으세요?
선생님: 무슨 일이세요?
엠마: 질문을 하러 왔어요.
선생님: 그래요? 지금 몇 시예요? 제가 네 시까지 회의에 가야 돼요
엠마: 지금 세 시 반이에요.
선생님: 그럼 삼십 분쯤 시간이 있어요. 들어오세요. 무슨 질문이에요?
Emma: Teacher, do you have time now?
Teacher: What's the matter?
Emma: I came to ask a question.
Teacher: Oh, really? What time is it now? I have to get to a meeting by 4.
Emma: It's 3:30 now.
Teacher: Then we have about 30 minutes. Come in. What's your question?

7.
[보기]
저는 보통 오후에 숙제를 해요. 그리고 운동도 해요. 오후 두 시부터 세 시까지 숙제를 해요. 숙제를 하러 도서관에 가요. 그리고 다섯 시부터 여섯 시 반까지 운동해요. 보통 한 시간 반쯤 운동해요. 그리고 저녁을 먹으러 집에 가요.
[Example]
I usually do my homework in the afternoon. I also exercise.
I do homework from 2 to 3 in the afternoon. I go to the library to do my homework.
Then, I exercise from 5 to 6:30. I usually exercise for about an hour and a half.
Afterwards, I go home to have dinner.

▶해 봅시다

1.
[보기]
가: 지금 몇 시예요?
나: 오전 아홉 시 이십 분이에요.
가: 무엇을 해요?
나: 공부해요.
[Example]
A: What time is it?
B: It's nine twenty in the morning.
A: What are you doing?
B: I'm studying.

Unit 9

Section2. What is the date today?

리사: 오늘이 몇 월 며칠이에요?
Lisa: What is the date today?
제임스: 시월 팔 일이에요.
James: It's October eighth.
리사: 무슨 요일이에요?
Lisa: What day is it today?
제임스: 금요일이에요. 오늘 뭘 할 거예요?
James: It's Friday. What are you going to do today?
리사: 저는 운동하러 갈 거예요. 제임스 씨도 5시까지 오세요.
Lisa: I'm going to go exercise. You should come by 5 o'clock, James.
제임스: 저는 집에서 쉴 거예요. 내일 봐요.
James: I'm going to go rest at home. See you tomorrow.

문법

1. -을/ㄹ 거예요

· Meaning and Usage
This is added to an action verb in order to express the speaker's plan or intention, or to ask the intention of the listener. When this is used in the first-person, the form carries the meaning of intention and planning. This is used after an action or descriptive verb in the second-person and third-person to show the speaker's conjecture (guess, assumption).

· Form
'-을 거예요' is added when a stem ends in a consonant.
'-ㄹ 거예요' is added when a stem ends in a vowel or 'ㄹ'.

Verb stem ending	Combine with	Example
Consonant	-을 거예요	먹을 거예요. 앉을 거예요
Vowel, ㄹ	-ㄹ 거예요	갈 거예요, 살 거예요

· Example
저는 내일 친구들하고 놀 거예요.
I am going to play with my friends tomorrow.
대학교에서 무엇을 공부할 거예요?
What are you going to study at college?

주말에 비가 많이 올 거예요.
I think it's going to rain a lot this weekend.
청바지는 그렇게 비싸지 않을 거예요.
I don't think the jeans will be that expensive.

가: 엠마 씨, 저녁에 한식을 드실 거예요?
A: Emma, are you going to eat Korean food for dinner?
나: 네, 한식을 먹을 거예요.
B: Yes, I'm going to eat Korean food.

가: 에릭 씨는 어디에 있어요?
A: Where is Eric?
나: 아마 도서관에서 공부하고 있을 거예요.
B: He's probably studying in the library.

· Note
This should only be used with an action verb in the first-person to express the speaker's plan or intention. This form is used in the second-person and third-person with verbs to express the speaker's assumptions.

2. -으세요/세요[2]

· Meaning and Usage
This is added to an action verb in order to express a polite command or to make a suggestion to the listener that the speaker needs to show respect to.

· Form
'-으세요' is added when the action verb stem ends in a consonant.
'-세요' is added when the action verb stem ends in a vowel or 'ㄹ'.

Action verb stem ending	Combine with	Example
Consonant	-으세요	읽으세요. 닫으세요.
Vowel, ㄹ	-세요	보세요, 만드세요

· Example
듣고 따라하세요.
Listen and repeat.
잠깐만 기다리세요.
Wait a second.
여기를 보세요.
Look here.
문을 여세요.
Open the door.

가: 어서 오세요, 뭘 드시겠어요?
A: Welcome. What would you like to have?
나: 비빔밥 하나 주세요.
B: Give me one serving of Bibimbap.

가: 여기에서 기다리세요.
A: Wait here.
나: 네, 알겠어요.
B: Yes, I will.

· Note
This should only be used with an action verb.

▶읽어 봅시다

오늘은 10월 1일 일요일이에요.
모레는 개천절이에요.
7일은 추석이에요.
그래서 8일까지 3일 쉬어요.
한국 사람들은 추석에 고향에 가요.
제 친구 선희 씨도 고향에 갈 거예요.
저도 선희 씨 고향에 같이 갈 거예요.
9일은 한글날이에요.
제 동생 생일도 10월이에요.
25일이 제 동생 생일이에요.
Today is Sunday, October 1st.
The day after tomorrow is National Foundation Day.
The 7th is Chuseok (Korean Thanksgiving).
Therefore, we have a 3-day break until the 8th.
Korean people go to their hometowns during Chuseok.
My friend Sunhee is also going to her hometown.
I'm going to Sunhee's hometown with her.
The 9th is Hangeul Day.
My younger sibling's birthday is also in October.
His/Her birthday is on the 25th.

▶들어 봅시다

[1-2]

1. 여자: 이번 주 일요일이 몇 월 며칠이에요?
Woman: What month and day is it this Sunday?

2. 남자: 일요일에 뭐 할 거예요?
Man: What are you going to do on Sunday?

[3-4]

리사: 제임스 씨, 생일이 언제예요?
제임스: 1월 22일이에요. 이번 토요일이에요.
리사: 생일에 뭘 할 거예요?
제임스: 학교 근처에서 파티를 하고 노래방에 갈 거예요. 리사 씨도 오세요. 저녁 6시쯤 오세요.
리사: 네, 좋아요. 식당이 어디예요?
Lisa: When is your birthday James?
James: It's January 22nd. It's this Saturday.
Lisa: What will you do on your birthday?
James: I'm going to have a party near school and go to karaoke. You should come too, Lisa. Come around 6 pm.
Lisa: Yes, sounds great. Where is the restaurant?

[5-6]

여자: 12월 5일하고 8일에 시험이 있어요. 그렇지만 12월 11일부터 방학을 해요. 기분이 좋아요. 12월 11일 방학 때 친구들과 파티를 할 거예요. 그리고 12월 15일부터 19일까지 한국을 여행할 거예요. 친구들하고 기차로 여행할 거예요.
한국 음식도 많이 먹을 거예요. 12월 22일 월요일에 비행기로 고향에 돌아갈 거예요. 크리스마스 이브에 고향에서 가족 모임을 할 거예요.
Woman: I have exams on December 5th and 8th. However, vacation starts on Friday, December 11th. I feel great. I will have a party with my friends during vacation on December 11th. I'll also be traveling to Korea from December 15th to 19th. I'm going to travel by train with my friends. I'm also going to eat lots of Korean food. I will be returning home by plane on Monday, December 22nd. On Christmas Eve, I will have a family gathering in my hometown.

7.

<보기>
- 나의 방학 계획 -
12월 11일부터 방학이에요. 그날은 금요일이에요. 방학은 학교에 안 가요. 그래서 친구들을 많이 만날 거예요. 친구들과 한국 여행을 할 거예요. 재미있을 거예요 맛집에도 다닐 거예요. 맛있는 한국 음식이 많을 거예요. 다음 학기 예습도 할 거예요. 다음 학기는 수업이 더 어려울 거예요. 열심히 공부할 거예요. 방학을 잘 보낼 거예요. 방학이 기대가 돼요.

<Example>
-My Vacation Plan-
Vacation starts on December 11th. That day is Friday. I don't go to school during vacation. So, I will meet many friends. I'm going to travel to Korea with my friends. It'll be fun. I'm also going to go to great restaurants. There will be a lot of delicious Korean food. I will also prepare for next semester. Classes will be more difficult next semester. I'm going to study hard. I'm going to spend my vacation well. I'm looking forward to my vacation.

▶해 봅시다

1.

[보기]
가: 생일이 언제예요?
나: 4월 5일이에요.
가: 뭐 하실 거예요?
나: 친구들과 파티를 할 거예요.
파티가 재미있을 거예요.
[Example]
A: When is your birthday?
B: It's April 5th.
A: What are you going to do?
B: I'm having a party with my friends.
The party will be fun.

2.

[보기]
제 생일은 4월 5일이에요. 봄이에요.
저는 보통 생일에 가족과 식사를 해요.
선물도 받아요.
그런데 이번 생일에는 한국에 있어요.
그래서 친구들과 생일 파티를 할 거예요.
그리고 자전거로 한국을 여행할 거예요.
한국 음식도 많이 먹을 거예요.
[Example]
My birthday is April 5th. It's spring.
I usually eat with my family on my birthday.
I also receive gifts.
But this birthday, I'm in Korea.
So, I'm going to have a birthday party with my friends.
I will also travel around Korea by bicycle.
I'm also going to eat lots of Korean food.

Unit 10

Section1. I get up at 7:30

수지: 아침에 몇 시에 일어나요?
Susie: What time do you get up?
다니엘: 일곱 시 반에 일어나요.
Daniel: I get up at seven thirty.
수지: 아침을 먹고 학교에 가요?
Susie: Do you have breakfast before you go to school?
다니엘: 아니요, 아침은 안 먹어요.
Daniel: No, I don't have breakfast.
수지: 수업은 날마다 있어요?
Susie: Do you have classes everyday?
다니엘: 네, 월요일부터 금요일까지 있어요.
Daniel Yes, I have classes from Monday to Friday.

문법

1. 에

· Meaning and Usage

This is added at the end of a temporal noun in order to express the time when an action or situation is taking place.

· Example

민지 씨가 여덟 시에 회사에 가요.
Minji goes to work at eight o'clock.
저는 오전에 한국말을 배워요.
I learn Korean in the morning.
저는 주말에 영화를 볼 거예요.
I'm going to watch a movie during the weekend.
제임스 씨, 몇 시에 자요?
James, what time do you sleep?

가: 아침에 운동을 해요?
A: Do you exercise in the morning?
나: 네, 아침에 운동을 해요.
B: Yes, I exercise in the morning.

가: 몇 시에 한국어를 배워요?
B: What time do you learn Korean?
나: 여덟 시에 한국어를 배워요.
B: I learn Korean at eight o'clock.

· Note

It is not added to nouns such as 어제(yesterday), 오늘(today), 내일(tomorrow), 모레(the day after tomorrow), and 그제(the day before yesterday).

2. -고[2]

· Meaning and Usage

This is added to an action verb to indicate that the second action continued after the first action.

· Example

저는 숙제하고 놀아요.
I do my homework and then play.
영화를 보고 저녁을 먹어요.
I watch a movie and then have dinner.
우리는 밥을 먹고 커피를 마실 거예요.
We are going to eat and then drink coffee.
이를 닦고 세수해요? 세수하고 이를 닦아요?
Do you brush your teeth and then wash your face or wash your face and then brush your teeth?

가: 내일 저녁을 먹고 무엇을 할 거예요?
A: What are you going to do after dinner tomorrow?
나: 저녁을 먹고 영화를 볼 거예요.
B: I'm going to watch a movie after dinner.

가: 아침을 먹고 무엇을 해요?
A: What do you do after breakfast?
나: 학교에 가요.
B: I go to school.

▶읽어 봅시다

오늘은 금요일이에요.
저는 아침 일곱 시부터 여덟 시까지 수영을 해요.
아홉 시부터 오후 한 시까지는 한국어 수업이 있어요.
오늘은 수업이 끝나고 학생식당에서 점심을 먹을 거예요.
점심을 먹고 회사에 갈 거예요.
두 시부터 여섯 시까지 회사에서 열심히 일할 거예요.
여섯 시 반에 약속이 있어요.
명동에서 친구를 만날 거예요.
친구와 같이 저녁을 먹고 여덟 시에 영화를 볼 거예요.
이야기도 많이 할 거예요.
Today is Friday.
I swim from seven to eight in the morning.
I have Korean class from nine to one in the afternoon.
I will have lunch at the student cafeteria after class today.
I'm going to go to work after lunch.
I will work hard at the company from two to six.

I have an appointment at 6:30.
I'm going to meet a friend in Myeongdong.
I'm going to have dinner with my friend and watch a movie at eight.
We'll also be talking a lot.

▶들어 봅시다

[1-2]

1. 여자: 다니엘 씨, 우리 언제 만나요?
Woman: Daniel, when are we meeting?

2. 남자: 리사 씨, 주말에 무엇을 할 거예요?
Man: Lisa, what are you doing this weekend?

[3-4]

엠마: 서준 씨, 오늘 집에서 무엇을 해요?
서준: 숙제를 하고 텔레비전을 봐요.
엠마: 그리고 잘 거예요?
서준: 아니요, 저녁 8시에 운동하러 공원에 갈 거예요.
Emma: Seojun, what are you doing at home today?
Seojun: I will do my homework and watch TV.
Emma: Will you sleep afterward?
Seojun: No, I'm going to the park to exercise at 8 pm.

[5-6]

선희: 제임스 씨는 보통 몇 시에 일어나요?
제임스: 저는 보통 6시 30분에 일어나요.
선희: 그리고 무엇을 해요?
제임스: 7시에 세수를 해요. 그리고 8시 20분에는 버스를 타요. 학교에 가요.
선희:그래요? 그럼 언제 점심을 먹어요?
제임스: 1시 10분에 학생식당에서 친구들하고 점심을 먹어요. 점심을 먹고 집에 가요.
선희: 숙제는 언제 해요?
제임스: 저녁을 먹고 7시 반에 숙제를 해요. 저는 보통 숙제하고 8시 50분에 텔레비전을 봐요.
선희: 그럼 보통 몇 시에 자요?
제임스: 저는 보통 11시에 자요.
Sunhee: James, what time do you usually wake up?
James: I usually wake up at 6:30.
Sunhee: And then?
James: I wash my face at 7. I take the bus at 8:20 and go to school.
Sunhee: Really? Then when do you have lunch?
James: I have lunch with my friends at the student cafeteria at 1:10. I go home after lunch.
Sunhee: When do you do your homework?
James: I do my homework at 7:30 after dinner. I usually do my homework and then watch TV at 8:50.
Sunhee: Then what time do you usually sleep?
James: I usually go to bed at 11.

▶해 봅시다

2.

[보기]
저는 토요일 오전 8시에 운동을 하고 아침을 먹을 거예요.
10시 30분에는 숙제를 하고 한국어 공부를 할 거예요.
12시에는 점심을 먹고 산책할 거예요.
그리고 오후 3시 20분에 청소를 하고 친구를 만날 거예요.
6시 40분에는 저녁을 먹고 집에 올 거예요.
밤 9시에 책을 읽고 잘 거예요.
[Example]
I will exercise and eat breakfast at 8 AM on Saturday.
At 10:30, I will do my homework and study Korean.
At 12 PM, I will have lunch and take a walk.
At 3:20, I'll clean up and meet a friend.
I will have dinner and come home at 6:40.
I'm going to read a book and sleep at 9.

3.

[보기]
엠마: 이번 주말에 무엇을 할 거예요?
마이클: 오전에는 8시에 운동을 하고 아침을 먹을 거예요. 그리고 10시 30분에 숙제도 하고 한국어 공부도 할 거예요.
엠마: 점심은 언제 먹을 거예요?
마이클: 12시에 점심을 먹을 거예요. 점심을 먹고 산책을 할 거예요.
엠마: 그럼 오후에는 무엇을 할 거예요?
마이클: 3시 20분에 청소를 하고 친구를 만날 거예요. 친구하고 같이 6시 40분에 저녁을 먹고 집에 올 거예요. 이번 주 토요일에는 밤 9시에 책을 읽고 잘 거예요.
[Example]
Emma: What are you going to do this weekend?
Michael: In the morning, I will exercise at 8 and have breakfast. At 10:30, I will do my

homework and study Korea.
Emma: When are you going to have lunch?
Michael: I'm going to have lunch at 12 PM. I'll take a walk after lunch.
Emma: Then what are you going to do in the afternoon?
Michael: I will clean up and meet my friend at 3:20. I will have dinner with my friend at 6:40 and then come home. This Saturday, I will read a book and sleep at 9.

Unit 10

Section2. What did you do yesterday?

수지: 어제 무엇을 했어요?
Susie: What did you do yesterday?
다니엘: 친구를 만났어요.
Daniel: I met a friend.
수지: 친구를 만나면 보통 무엇을 해요?
Susie: What do you usually do when you meet your friends?
다니엘: 영화를 봐요.
Daniel: I usually watch movies.
수지: 어제도 영화를 봤어요?
Susie: Did you watch a movie yesterday, too?
다니엘: 네, 영화가 아주 재미있었어요.
Daniel: Yes, the movie was very interesting.

문법

1. -으면/면

· Meaning and Usage

This is added to an action verb or a descriptive verb in order to express the condition for the action in the second clause.

· Form

-으면 is added when the stem ends in a consonant. -면 is added when the stem ends in a vowel or ㄹ.

Action verb and descriptive verb stem ending	Combine with	Example
Consonant	-으면	읽으면, 들으면
Vowel, ㄹ	-면	가면, 만나면, 만들면

· Example

피곤하면 좀 쉬세요.
Get some rest if you are tired.
음악을 들으면 기분이 좋아요.
I feel good when I listen to music.
내일 비가 많이 오면 축구를 못 해요.
I can't play soccer if it rains a lot tomorrow.
시간이 있으면 내일 같이 만나요.
Let's meet tomorrow if you have time.

가: 요즘 배우는 것이 어려워요.
A: It's hard to learn these days.
나: 어려우면 복습하세요.
B: Review if it's hard.

가: 어디에 한복 가게가 많아요?
A: Where are there many hanbok shops?
나: 인사동에 가면 한복 가게가 많아요.
B: If you go to Insadong, you can see many hanbok shops.

2. -었/았/였-

· Meaning and Usage

This is added to an action verb or descriptive verb to describe that an action or status happened in the past or is completed.

· Form

'-았어요' is used when action verb and descriptive verb stem syllables end with 'ㅏ'ㅗ', '-었어요' is used for other syllables (ㅓ, ㅜ, ㅡ, ㅣ) and '-였어요'(했어요) is used for '하-'

Action verb and descriptive verb stem ending	Combine with	Example
ㅏ, ㅗ	-았어요	많았어요, 좋았어요
Other Vowel (ㅓ, ㅜ, ㅡ, ㅣ)	-었어요	먹었어요, 울었어요, 컸어요, 입었어요
하	-였어요 (했어요)	청소했어요, 깨끗했어요

· Example

저는 중국에서 왔어요.
I came from China.
고향에서 회사에 다녔어요.
I worked at a company in my hometown.
지난주에 아주 바빴어요.
I was very busy last week.

어제 방 청소를 했어요?
Did you clean your room yesterday?

가: 아침을 먹었어요?
A: Did you have breakfast?
나: 네, 아침을 먹었어요.
B: Yes, I had breakfast.

가: 어제 몇 시에 전화했어요?
A: What time did you call yesterday?
나: 여덟 시에 전화했어요.
B: I called at eight o'clock.

▶읽어 봅시다

4월 20일 일요일
오늘은 7시에 일어났어요.
우유를 마시고 집 근처 공원에 갔어요.
거기서 30분쯤 운동했어요.
집에서 샤워를 하고 음악을 들었어요.
1시에 백화점 앞에서 여자 친구를 만났어요.
백화점에는 사람들이 많았어요.
우리는 백화점 9층 식당에서 점심을 먹고 옷을 구경했어요.
여자 친구는 치마를 샀어요.
저는 백화점 지하에서 과일을 샀어요.
Sunday, April 20th.
I woke up at 7 today.
I drank milk and went to the park near my house.
I worked out for about 30 minutes there.
I took a shower at home and listened to music.
I met my girlfriend in front of the department store at 1 PM.
There were many people in the department store.
We had lunch at the restaurant on the 9th floor and looked at some clothes.
My girlfriend bought a skirt.
I bought fruits in the basement level of the department store.

▶들어 봅시다

[1-2]

1. 여자: 서준 씨, 저 머리가 아파요.
Woman: Seojun, I have a headache.

2. 남자: 어제 친구를 어디에서 만났어요?
Man: Where did you meet your friend yesterday?

[3-4]

선희: 다니엘씨, 어제 파티가 재미있었어요?
다니엘: 네, 재미있었어요.
선희: 파티에서 무엇을 했어요?
다니엘: 친구들하고 이야기를 하고 게임도 했어요. 피자도 먹었어요. 선희 씨도 다음에 파티에 오면 친구들이 좋아할 거예요.
Sunhee: Daniel, was the party fun yesterday?
Daniel: Yes, it was fun.
Sunhee: What did you do at the party?
Daniel: I talked with friends and played games. I also ate pizza. They'll love it if you come to the party next time, Sunhee.

[5-6]

수지: 제임스 씨, 어제 무엇을 했어요?
제임스: 어제 1시에 학교 앞에서 친구를 만났어요.
수지: 친구하고 같이 무엇을 했어요?
제임스: 1시 30분에 친구하고 점심을 먹었어요. 점심을 먹고 도서관에서 공부를 했어요.
수지: 공부를 많이 했어요? 몇 시에 집에 갔어요?
제임스:어제 도서관에서 공부를 많이 했어요. 밤 9시에 집에 갔어요.
수지: 그럼 어제는 몇 시에 잤어요?
제임스: 저는 보통 10시에 자요. 하지만 어제는 12시에 잤어요.
Susie: James, what did you do yesterday?
James: I met a friend in front of the school at 1PM yesterday.
Susie: What did you do with your friend?
James: I had lunch with my friend at 1:30. After lunch, I studied in the library.
Susie: Did you study a lot? What time did you go home?
James: I studied a lot at the library yesterday. I went home at 9PM.
Susie: Then what time did you go to bed last night?
James: I usually go to bed at 10, but yesterday I slept at 12.

▶해 봅시다

3.

[보기]
지난주 토요일은 바빴어요.
6시부터 뮤직 비디오 촬영을 했어요.
9시에 노래 연습을 하고 11시에 노래 녹음을 했어요.
점심은 오후 1시 30분에 먹었어요.

3시 30분부터 춤 연습을 하고 6시에 저녁을 먹었어요.
그리고 오후 7시에 콘서트를 했어요.
콘서트가 끝나고 밤 10시에 인터뷰를 했어요.
[Example]
I was busy last Saturday.
I started shooting a music video at 6AM.
I practiced singing at 9 and recorded songs at 11.
I ate lunch at 1:30PM.
I practiced dancing from 3:30 and had dinner at 6.
Then, I had a concert at 7.
After the concert, I had an interview at 10.

문화

1과

아름다운 한글 간판

고향에서 자주 갔던 커피숍이나 식당을 한국에서 만나면 반가운 마음이 들지요? 이렇게 익숙한 커피숍이나 식당 이름이 영어 알파벳이 아니라 한글로 쓰여 있는 것을 본 적이 있나요? 서울 인사동에 가면 여러분이 잘 아는 가게의 간판이 예쁜 한글로 되어 있는 것을 볼 수 있습니다.
한글로 되어 있는 간판을 읽을 수 있으면 평소 익숙했던 커피숍과 식당이라고 해도 더 반갑고 재미납니다. 반가운 한글 간판을 읽어 봅시다. 그리고 아름다운 한국어 간판도 읽어 봅시다. 한국어를 더 공부해서 언젠가 '소리' 뿐만이 아니라 그 '뜻'까지 알게 되면 새로운 언어를 통하여 더 넓은 세상을 만나는 행복이 커질 것입니다.

반가운 한글 간판	아름다운 한국어 간판

Beautiful Hangul Signs

Isn't it nice when you come across coffee shops or restaurants in Korea that you used to go to in your hometown? Have you ever seen the names of these familiar coffee shops and restaurants written in Hangul instead of the English alphabet? If you go to Insa-dong in Seoul, you can see signboards of stores you know well written in Hangul.
If you can read Hangul signs, even if you are familiar with the coffee shops and restaurants, it is more pleasant and entertaining. Let's read pleasant Hangul signs. Let's also read beautiful Korean signs too. By studying more Korean and someday learning not only "sounds" but also their "meaning," through this new language, your happiness in meeting the wider world will grow.

Pleasant Hangul Signs	Beautiful Korean Signs

2과

재미있는 한국어의 소리

한국어에는 소리를 재미있게 표현한 단어들이 많습니다. 먼저 동물의 소리를 살펴보면 강아지 소리는 "멍멍", 고양이 소리는 "야옹"으로 표현합니다.
전화가 올 때 나는 소리와 자전거에서 나는 소리는 모두 "따르릉"으로 표현합니다. 이 외에도 배가 고플 때 배에서 나는 소리는 "꼬르륵"으로, 방이나 화장실 문 앞에서 노크할 때 내는 소리는 "똑똑"으로 표현하는 등 다양한 소리 표현이 있습니다.
여러분 고향에서는 동물 소리, 전화 소리 등을 어떻게 표현합니까? 한국어 표현과 비슷합니까? 친구들과 같이 이야기해 봅시다.

한국어의 소리 표현	고향의 소리 표현
멍멍	
야옹	
따르릉	
꼬르륵	
똑똑	
딩동댕	
쿵쿵	
하하하	
흑흑	
빵빵	

Interesting Sounds in Korean

In Korean, there are many words that express sounds in interesting ways. First, if you look at the sounds of animals, the sound of a dog is expressed as "woof woof", and the sound of a cat is expressed as "meow". The sounds made by phone calls and bicycles are both expressed as "ring ring". In addition, there are various expressions of sound, such as "gurgle/growl" from the stomach when you are hungry, and "knock knock" when you knock on the door of a room or bathroom.
How do you express the sounds of animals, phones, and so on in your hometown? Is it similar to Korean? Let's talk about this with our friends.

Korean Expressions of Sound	Expressions of Sound from your Hometown
멍멍 (woof woof)	
야옹 (meow)	
따르릉 (ring ring)	

꼬르륵 (gurgle/growl)	
똑똑 (knock knock)	
딩동댕 (ding dong dang)	
쿵쿵 (thump thump)	
하하하 (ha ha ha)	
흑흑 (sob)	
빵빵 (bang/beep/honk)	

3과

이름

한국인의 이름은 대부분 세 글자입니다.
보통 한 글자는 성이고 두 글자는 이름입니다.
한글로 이름을 쓸 때 앞에 성을 먼저 쓰고 뒤에 이름을 씁니다.
가끔 성이 두 글자인 경우도 있습니다.
이름의 경우에도 한 글자이거나 세 글자인 경우도 있습니다.
한국에는 270여 개의 성이 있는데 그중 '김'이 가장 많습니다. 다음으로는 '이', '박', '최' 등이 많습니다.

	홍길동	선우재희	박철	김빛나리
성	홍	선우	박	김
이름	길동	재희	철	빛나리

Names

Generally, Korean names have three syllables.
The first syllable is the family name and the last two syllables are the given name.
When you are writing your name in Korean, the family name is written first and your given name comes after.
Occasionally, there are two syllables in the family name.
The given name can also be one or three syllables.
There are 270 different family names in Korea, among which 'Kim' is the most common. Other more common family names include 'Lee', 'Park', 'Choi,' and many more.

	홍길동	선우재희	박철	김빛나리
Family Name	홍	선우	박	김
Given Name	길동	재희	철	빛나리

4과

인사말

한국어는 상황에 따라 쓰는 인사말이 아주 다양합니다. 인사를 할 때는 고개를 숙여서 인사하면서 말합니다. 한국의 여러 인사말을 연습해 봅시다.

상황	인사말
만났을 때 하는 인사말	안녕하세요? 잘 지내셨어요?
헤어질 때 하는 인사말	안녕히 계세요. 안녕히 가세요.
고마울 때 하는 인사말	고마워요. 감사합니다.
미안할 때 하는 인사말	미안해요. 죄송합니다.
처음 만나는 사람에게 하는 인사말	처음 뵙겠습니다. 만나서 반가워요.
식사 때 하는 인사말	잘 먹겠습니다. 잘 먹었습니다.
손님이 왔을 때 하는 인사말	어서 오세요.
잠자기 전에 하는 인사말	안녕히 주무세요.

Greetings

In Korean, there are various greetings depending on the situation. When greeting someone, people bow their heads and speak at the same time. Let's practice various Korean greetings.

Situation	Greetings
When you meet someone	Hello. How are you?
When you part with someone	Goodbye. (to be the one leaving) Goodbye. (seeing someone leaving)
When you thank someone	Thanks. Thanks you.
When you apologize to someone	Sorry. I am sorry.
When you meet someone for the first time	Nice to meet you. Glad to meet you.
When you are having a meal with someone	Thank you for the meal. (Before meal) Thank you for the meal. (After meal)

When a guest arrives	Welcome.
Before you sleep	Good night.

5과

숫자 세기

여러분 나라에서는 손가락으로 어떻게 숫자를 셉니까? 한국에서는 손을 모두 편 후에 손가락을 접으면서 수를 셉니다. 엄지를 접으면 1, 엄지와 검지를 접으면 2, 이렇게 모두 접으면 5가 됩니다. 6부터 10은 접은 손가락을 하나씩 펴면서 셉니다. 그런데 이때 새끼손가락부터 하나씩 펴면서 셉니다.

Counting numbers

How do you count numbers with your fingers in your country? In Korea, people count by spreading all their fingers and folding them one by one. Folding the thumb means "1", folding both the thumb and index finger means "2", and folding all the fingers together means "5". From 6 to 10, we count by opening our folded fingers one by one, but this time, starting with the little finger.

6과

한국의 학교

한국의 학교는 기본적으로 초등학교 6년, 중학교 3년, 고등학교 3년, 대학교 4년인 6-3-3-4학제입니다. 초등학교와 중학교는 국가의 의무교육 과정이고 초등학교는 보통 만 7세에 입학합니다.

모든 학교가 3월에 새 학기를 시작하고 다음 해 2월 초에 1년 과정이 끝납니다. 1년에 두 학기가 있고 여름방학, 겨울방학, 봄방학이 있습니다.

한국 사람들이 '학생입니까?', '어느 학교에 다닙니까?', '몇 학년입니까?'라고 물으면 '대학생입니다.', '연세대학교에 다닙니다.', '1학년입니다.' 하고 대답하십시오.

학교	학년
어린이집/유치원	
초등학교	1학년
	2학년
	3학년
	4학년
	5학년
	6학년
중학교	1학년
	2학년
	3학년
고등학교	1학년
	2학년
	3학년
대학교	1학년
	2학년
	3학년
	4학년

Korean School System

The basic structure of Korean schools is 6-3-3-4: 6 years of elementary school, 3 years of middle school, 3 years of high school, and 4 years of college.

Korea's compulsory education includes elementary and middle school, the entry age for elementary school typically being 7.

The school-year begins in March and ends in early February of the following year. A school-year consists of two semesters, with summer, winter and spring vacations in between.

When Koreans ask "Are you a student?"('학생입니까?'), "What school do you go to?"('어느 학교에 다닙니까?') and "What grade are you in?"('몇 학년입니까?'), answer with "I'm a college student."('대학생입니다.'), "I go to Yonsei University."('연세 대학교에 다닙니다.'), and "I'm a freshman."('1학년입니다.').

School	Grade
Day care center/Kindergarten	
Elementary school	1st Grade
	2nd Grade
	3rd Grade
	4th Grade
	5th Grade
	6th Grade
Middle school	1st Grade
	2nd Grade
	3rd Grade
High school	1st Grade
	2nd Grade
	3rd Grade

College	Freshman
	Sophomore
	Junior
	Senior

7과

나이

한국에서는 새해 첫 날이 되는 1월 1일부터 한 살씩 많아집니다. 그래서 한국에서 나이를 물을 때 '올해 몇 살입니까?' 또는 '한국 나이로 올해 몇 살입니까?'라고 질문합니다. 이것은 한국의 나이가 다른 나라에서 말하는 나이와 좀 다르기 때문이니다.
어른께는 '올해 연세가 어떻게 되십니까?'라고 질문합니다. 나이를 이야기할 때는 '(올해) -- 살입니다.'라고 이야기합니다.

1살	한 살	11살	열한 살	30살	서른 살
2살	두 살	12살	열두 살	40살	마흔 살
3살	세 살	13살	열세 살	50살	쉰 살
4살	네 살	14살	열네 살	60살	예순 살
5살	다섯 살	~	~	70살	일흔 살
6살	여섯 살	20살	스무 살	80살	여든 살
7살	일곱 살	21살	스물한 살	90살	아흔 살
8살	여덟 살	22살	스물두 살	100살	백 살
9살	아홉 살	23살	스물세 살		
10살	열 살	24살	스물네 살		

Age

In Korea, on January 1st, the first day of the New Year, you become a year older. So when you ask someone about their age in Korea, you ask, 'How old are you this year?'('올해 몇 살입니까?') or 'How old are you this year in Korean age?'('한국 나이로 올해 몇 살입니까?'). This is because Korean age is a bit different than in other countries.
If you ask your superior or someone older than you, you should ask, "What is your age this year?" ('올해 연세가 어떻게 되십니까?'). When talking about your own age, you say, "This year, I am [age] years old" ('올해 [age]살입니다').

Age	year(s) old	Age	year(s) old	Age	year(s) old
1	one	11	eleven	30	thirty
2	two	12	twelve	40	forty
3	three	13	thirteen	50	fifty
4	four	14	fourteen	60	sixty
5	five	~	~	70	seventy
6	six	20	twenty	80	eighty
7	seven	21	twenty one	90	ninety
8	eight	22	twenty two	100	one hundred
9	nine	23	twenty three		
10	ten	24	twenty four		

8과

친구

여러분은 한국 친구가 많습니까? 대부분 외국인은 친해지면 친구라고 생각하지만 한국에서는 많이 친해도 나이가 다르면 친구라고 생각하지 않습니다. 한국 사람들은 나와 나이가 같은 사람을 친구라고 생각합니다. 나보다 나이가 많거나 적으면 친한 언니, 오빠, 형, 누나, 동생이 됩니다. 이렇게 한국에서는 사람을 사귈 때 나이가 중요합니다. 그래서 다른 사람들을 처음 만나면 나이를 묻습니다.

Friends

Do you have many Korean friends? Most foreigners consider someone a friend once they become close. However, in Korea, even if you become close, people don't consider you a friend if you're a different age. Koreans consider someone their friend if they are the same age. If a person is older or younger, they are considered as a close brother or sister. In Korea, age is very important when making friends. Therefore, when meeting new people, Koreans ask about each other's ages.

9과

한국의 명절

한국의 전통 명절은 많습니다. 그렇지만 현대의 한국 사람들이 지키는 큰 전통 명절은 설날과 추석입니다.
설날은 새해가 시작되는 음력 1월 1일이고 추석은 음력 8월 15일입니다.
추석은 가을에 추수가 끝난 후에 풍성한 수확을 거두게 해

준 조상에게 감사를 드리는 날이며 다른 말로 한가위라고 도 합니다.
추석에는 "풍성한 한가위 보내세요." 또는 "행복한 추석을 보내세요."라고 인사합니다.
설날에는 "새해 복 많이 받으십시오."라고 인사합니다

Korean Holidays

Korea has many traditional holidays. However, the two main holidays that Koreans celebrate today are New Year's Day 설날 and Chuseok 추석.
New Year's Day is on January 1st of the lunar calendar when the new year begins, and Chuseok is on August 15th of the lunar calendar.
Chuseok is a day to give thanks to our ancestors for giving us a bountiful harvest after the fall harvest and is also called '한가위(Hangawi)'.
On Chuseok, we greet each other by saying "Have a prosperous Chuseok." or "Have a happy Chuseok.". On New Year's Day, we say, "Happy New Year.".

10과

존댓말과 반말

한국어에는 말하는 사람과 듣는 사람의 관계에 따라 존댓말과 반말이 있습니다. 처음 만나는 사람이나 나이가 많은 사람에게는 존댓말을 합니다. 아주 친한 친구나 나이가 어린 사람에게는 반말을 합니다. 회사에서 말할 때나 공식적인 자리에서는 '-습니다/ㅂ니다'라고 말합니다.

Formal(honorific) and Casual Speech

In Korean, depending on the relationship between the speaker and the listener, formal and informal speech is used. When meeting a person for the first time or a person who is older than you, formal speech is used. When a person is a close friend or is younger, informal speech is used. When speaking at work or in a formal setting, '-습니다/ㅂ니다' is used.

어휘 색인

ㄱ			
가게	store/shop	6과2항	주제 어휘
가깝다	to be close	8과1항	문법 어휘
가끔	sometimes	7과1항	과제 1
가다	to go	4과2항	주제 어휘
가르치다	to teach	4과2항	문법 어휘
가방	bag	5과1항	주제 어휘
가수	singer	4과1항	주제 어휘
가족	family	7과1항	대화 어휘
간호사	nurse	4과1항	주제 어휘
갈비	rib	10과2항	주제 어휘
강당	auditorium	6과1항	과제 3
같이	together	4과2항	대화 어휘
개	counting unit for items	7과2항	주제 어휘
개천절	National Foundation Day of Korea	9과2항	과제 1
거기	there	10과2항	과제 1
거울	mirror	5과1항	주제 어휘
걷다	to walk	7과2항	문법 어휘
걸어서	on foot	6과2항	과제 3
게임	game	7과1항	과제 2
게임하다	to play a game	10과1항	과제 2
겨울	winter	8과1항	문법 어휘
경영학	Business Administration	8과2항	주제 어휘
경제학	economics	8과2항	대화 어휘
경제학과	department of economics	3과1항	문법 어휘
경찰	police	4과1항	주제 어휘
경치	scenery	8과1항	과제 1
계시다	to be(honorific)	7과2항	대화 어휘
계획	plan	9과2항	과제 3
고등학생	high school student	7과2항	과제 1
고향	hometown	3과2항	문법 어휘
곧	in a moment	9과1항	과제 2
골프	golf	7과1항	문법 어휘
공기	air	8과1항	대화 어휘
공부하다	to study	4과2항	대화 어휘
공원	park	6과2항	주제 어휘
공책	notebook	5과1항	대화 어휘
과일	fruits	10과2항	과제 1
과자	cookie, snacks	5과1항	주제 어휘
관광학	tourism	8과2항	과제 1
교과서	textbook	5과1항	대화 어휘
교수	professor	4과1항	과제 2
교실	classroom	4과1항	과제 2
교회	church	6과2항	과제 1
구월	September	9과2항	주제 어휘
국적	nationality	3과2항	과제 1
권	counting unit for books	7과2항	주제 어휘
귀엽다	to be cute	8과1항	문법 어휘
귤	tangerine	8과1항	과제 1
그	that	5과1항	주제 어휘
그것	that(thing)	5과1항	대화 어휘

그다음에	next	9과1항	과제 1
그런데	by the way	3과1항	과제 2
그럼	then	4과1항	대화 어휘
그렇지만	but	8과2항	대화 어휘
그리고	and	3과2항	과제 1
그림	painting	5과2항	대화 어휘
그제/그저께	the day before yesterday	10과2항	주제 어휘
극장	theater	6과2항	주제 어휘
근처	near, around	6과2항	대화 어휘
금요일	Friday	9과2항	대화 어휘
긋다	to draw	8과2항	문법 어휘
기다리다	to wait	4과2항	과제 2
기대가 되다	to look forward to	9과2항	과제 3
기분	feeling	7과2항	문법 어휘
기숙사	dormitory	6과1항	과제 1
기자	reporter, journalist	4과1항	주제 어휘
기차	train	9과2항	과제 2
김치	kimchi	4과2항	문법 어휘
김치찌개	kimchi stew	5과1항	문법 어휘
깨끗하다	to be clean	8과1항	주제 어휘
꽃	flower	6과2항	과제 1
끝나다	to finish, to be over	10과1항	과제 1
ㄴ			
나	I	7과2항	주제 어휘
나라	country	3과2항	대화 어휘
나무	tree	6과2항	과제 1
나쁘다	to be bad	5과2항	주제 어휘
날마다	every day	4과2항	대화 어휘
날씨	weather	5과2항	주제 어휘
남동생	younger brother	7과1항	과제 2
남자	male	7과2항	주제 어휘
낫다	to be better (than)/to recover	8과2항	대화 어휘
내년	next year	10과2항	주제 어휘
내리다	to get off	10과1항	주제 어휘
내일	tomorrow	9과2항	대화 어휘
냉장고	refrigerator	6과1항	과제 1
넓다	to be wide	8과1항	주제 어휘
네	yes	3과1항	대화 어휘
넷/네	four	7과2항	대화 어휘
노래	song	4과2항	문법 어휘
노래방	singing room	9과2항	과제 2
녹음하다	to record	10과2항	과제 3
녹차	green tea	7과1항	문법 어휘
놀다	to play	4과2항	문법 어휘
누구	who	3과1항	과제 2
누나	older sister to younger males	7과2항	대화 어휘
뉴스	news	7과2항	문법 어휘
뉴욕	New York	3과2항	문법 어휘
ㄷ			
다니다	to attend	7과2항	과제 1
다리	leg	9과2항	문법 어휘
다섯	five	7과2항	주제 어휘

다음 달	next month	10과2항	주제 어휘
다음 주	next week	10과2항	주제 어휘
다음날	next day	9과1항	문법 어휘
닫다	to close	7과2항	문법 어휘
달력	calendar	5과2항	대화 어휘
달리기	running	7과1항	과제 2
대답하다	to answer	3과1항	과제 3
대학교	university	3과1항	주제 어휘
대학생	college student	4과1항	대화 어휘
더	more	9과2항	과제 3
더럽다	to be dirty	8과1항	주제 어휘
덥다	to be hot	8과1항	대화 어휘
도서관	library	6과1항	대화 어휘
도시	city	3과2항	문법 어휘
독일	Germany	3과2항	문법 어휘
돈	money	5과1항	주제 어휘
돈을 찾다	withdraw money	10과2항	문법 어휘
돌아가다	to return, to go back	9과2항	과제 2
돕다	to help	8과1항	문법 어휘
동대문 시장	Dongdaemun Market	10과2항	문법 어휘
된장찌개	korean bean paste stew	5과1항	문법 어휘
둘(두)	two	3과2항	과제 2
뒤	behind	6과1항	주제 어휘
드라마	drama	6과2항	문법 어휘
드시다	to eat(honorific)	7과2항	주제 어휘
듣기	listening	10과2항	과제 1
듣다	to listen	7과2항	대화 어휘
들	a suffix to express plural	4과2항	과제 1
들어오다	to come in	9과1항	과제 1
따뜻하다	to be warm	8과1항	주제 어휘
따르릉	ting-a-ling	7과2항	문법 어휘

ㄹ			
라디오	radio	5과2항	문법 어휘
라면	ramyeon, instant noodles	6과2항	문법 어휘
런던	London	3과2항	과제 2
로스앤젤레스	Los Angeles	3과2항	과제 3
로잔	Lausanne	3과2항	과제 1
록	rock music	7과1항	문법 어휘
룸메이트	roommate	5과1항	과제 2

ㅁ			
마시다	to drink	4과2항	문법 어휘
마지막에	finally	9과1항	과제 1
마커	marker	5과2항	주제 어휘
만나다	to meet	4과2항	주제 어휘
만들다	to make	4과2항	문법 어휘
많다	to be a lot(of)	5과2항	대화 어휘
많이	a lot	4과2항	과제 1
말	language	6과2항	문법 어휘
말씀하시다	to speak(honorific)	7과2항	주제 어휘
말하다	to speak	7과2항	주제 어휘
맛없다	to taste bad	5과2항	주제 어휘
맛있다	to be delicious	5과2항	주제 어휘

맛집	great restaurant	9과2항	과제 3
맞다	to be right	3과2항	문법 어휘
매일	every day	7과2항	문법 어휘
맵다	to be spicy	8과1항	문법 어휘
머리	head	10과2항	문법 어휘
먹다	to eat	4과2항	주제 어휘
먼저	first	9과1항	과제 1
메모	memo	5과1항	과제 1
멕시코	Mexico	3과2항	문법 어휘
멜버른	Melbourne	3과2항	과제 2
며칠	how many days	9과2항	대화 어휘
명	counting unit for people	7과2항	대화 어휘
명동	Myeongdong	10과1항	과제 1
명함	business card	3과1항	주제 어휘
몇	how many	7과2항	대화 어휘
모두	everyone	5과1항	문법 어휘
모레	the day after tomorrow	9과2항	과제 1
모임	gathering	9과2항	과제 2
모자	hat	5과1항	주제 어휘
목요일	Thursday	9과2항	주제 어휘
무슨	what, what kind of	7과1항	대화 어휘
무엇	what	4과2항	문법 어휘
무역	trade	7과1항	과제 1
문	door	5과2항	주제 어휘
묻다	to ask	7과2항	문법 어휘
물	water	5과2항	문법 어휘
물건	thing, object	5과1항	주제 어휘
물통	water bottle	5과1항	과제 1
뭐	what	3과2항	문법 어휘
뭘	what	4과2항	과제 2
뮤직 비디오	music video	10과2항	과제 3
미국	U.S.A.	3과2항	대화 어휘
미국 사람	an American	3과1항	문법 어휘
믿다	to believe	7과2항	문법 어휘
밑	below/under	6과1항	주제 어휘

ㅂ			
바다	sea	8과1항	과제 1
바닥	floor	5과2항	문법 어휘
바쁘다	to be busy	7과1항	과제 1
밖	outside	6과1항	주제 어휘
반	half	9과1항	주제 어휘
반갑다(반가워요)	to be glad to meet(Glad to meet you)	3과1항	과제 3
반찬	side dish	7과1항	과제 1
받다	to receive	7과2항	문법 어휘
밤	night	9과1항	문법 어휘
밥	meal	4과2항	문법 어휘
방	room	6과1항	과제 1
방학	school vacation	8과1항	과제 1
배가 고프다	to be hungry	9과2항	문법 어휘
배드민턴	badminton	7과1항	문법 어휘
배우	actor	4과1항	주제 어휘
배우다	to learn	4과2항	문법 어휘
백반집	korean home-style restaurant	9과2항	문법 어휘

백화점	department store	6과2항	대화 어휘
버스	bus	6과2항	대화 어휘
법학	Law	8과2항	주제 어휘
법학과	department of law	3과1항	문법 어휘
벗다	take off	8과2항	문법 어휘
벽	wall	5과2항	문법 어휘
변호사	lawyer	4과1항	주제 어휘
병원	hospital	6과2항	주제 어휘
보내다	to spend time	8과1항	과제 1
보다	to see	4과2항	문법 어휘
보통	usually	8과2항	과제 2
복사실	copy room	6과1항	과제 3
복습	review	10과2항	문법 어휘
복잡하다	to be crowded	8과1항	주제 어휘
볼펜	pen	5과1항	주제 어휘
부르다	to address someone	3과1항	과제 3
부르다	to sing	8과2항	과제 1
부모님	parents	7과2항	대화 어휘
부산	Busan	8과1항	과제 2
분	minute	9과1항	대화 어휘
붓다	to swell/to pour	8과2항	문법 어휘
브라질	Brazil	3과2항	주제 어휘
비빔밥	bibimbap	5과1항	문법 어휘
비서	secretary	4과1항	주제 어휘
빌리다	to borrow	4과2항	과제 2
빨리	quickly, fast	8과2항	과제 2

ㅅ			
사다	to buy	4과2항	문법 어휘
사람	person	3과1항	과제 1
사랑스럽다	to be lovable	7과2항	과제 3
사랑하다	to love	8과1항	과제 3
사무실	office	6과1항	주제 어휘
사월	April	9과2항	주제 어휘
사전	dictionary	5과1항	주제 어휘
사진	picture, photograph	7과1항	대화 어휘
산	mountain	8과1항	대화 어휘
산책	walk	7과1항	주제 어휘
삼월	March	9과2항	주제 어휘
샌드위치	sandwich	9과1항	과제 1
생물학	biology	8과2항	주제 어휘
생물학과	department of biology	3과1항	문법 어휘
생선	fish	8과1항	과제 2
생일	birthday	9과2항	주제 어휘
생활	life	7과1항	과제 1
샤워	shower	10과2항	과제 1
샤프	sharp pencil	5과1항	주제 어휘
서울	Seoul	3과2항	문법 어휘
서점	bookstore	6과1항	주제 어휘
선배	senior	9과1항	대화 어휘
선생님	teacher	3과1항	주제 어휘
성	surname	3과1항	주제 어휘
세계	world	5과2항	문법 어휘
세수하다	wash one's face	10과1항	주제 어휘

셋(세)	three	7과2항	주제 어휘
소설	novel	8과1항	과제 1
소설책	novel	5과1항	과제 1
소식	news	7과2항	대화 어휘
손수건	handkerchief	5과1항	주제 어휘
수도	capital	3과2항	문법 어휘
수업	class	10과1항	대화 어휘
수영	swim	7과1항	과제 2
수영장	swimming pool	10과2항	주제 어휘
수요일	Wednesday	9과2항	주제 어휘
수첩	pocketbook	5과1항	주제 어휘
숙제	homework	7과1항	주제 어휘
숟가락	spoon	6과2항	문법 어휘
술	alcoholic drink	10과1항	주제 어휘
쉬다	to rest	9과2항	대화 어휘
쉽다	to be easy	8과1항	문법 어휘
슈투트가르트	Stuttgart	3과2항	과제 1
스위스	Switzerland	3과2항	과제 1
시	poetry	8과1항	과제 1
시	o'clock	9과1항	대화 어휘
시간	time	8과2항	과제 2
시간표	time table	9과1항	과제 3
시계	clock	6과1항	과제 1
시끄럽다	to be noisy	8과1항	주제 어휘
시원하다	to be cool	8과1항	주제 어휘
시월	October	9과2항	대화 어휘
시장	market	6과2항	주제 어휘
시차	time difference	7과1항	대화 어휘
시험	exam	9과2항	과제 2
식당	restaurant	6과1항	주제 어휘
식사하다	to have a meal	7과1항	주제 어휘
신문사	newspaper company	4과1항	과제 3
신발	shoes	8과2항	문법 연습
신분증	ID card	5과1항	주제 어휘
신촌	Sinchon	6과2항	대화 어휘
싣다	to load	7과2항	문법 어휘
싫어하다	to dislike	5과1항	문법 어휘
십이월	December	9과2항	주제 어휘
십일월	November	9과2항	주제 어휘
싱가포르	Singapore	3과2항	주제 어휘
쓰다	to write	4과2항	주제 어휘
씨	Mr., Ms.	3과1항	주제 어휘
씻다	to wash	8과2항	문법 어휘

ㅇ			
아니요	no	3과2항	대화 어휘
아래	below/under	6과1항	주제 어휘
아르바이트	part time job	9과1항	문법 어휘
아름답다	to be beautiful	8과1항	문법 어휘
아마	probably	9과2항	문법 어휘
아버지	father	7과2항	대화 어휘
아주	very	8과1항	과제 2
아침	morning	9과1항	문법 어휘
아침	breakfast, morning	10과1항	대화 어휘

아프다	to be sick	9과2항	문법 어휘
아홉	nine	7과2항	주제 어휘
안	inside	6과1항	주제 어휘
안녕하다(안녕하세요)	to be well(hello)	3과1항	대화 어휘
앉다	to sit	4과2항	주제 어휘
앞	front	6과1항	대화 어휘
애틀랜타	Atlanta	7과2항	과제 3
약	medicine, drug	8과2항	문법 어휘
약국	pharmacy	6과2항	주제 어휘
약속	appointment	10과1항	과제 1
어느	which	3과2항	대화 어휘
어디	where	6과1항	대화 어휘
어떻게	how	6과2항	대화 어휘
어떻다(어때요)	to be how(How is it?)	5과2항	과제 1
어렵다	to be difficult	8과1항	문법 어휘
어머니	mother	7과2항	대화 어휘
어저께	yesterday	10과2항	주제 어휘
어제	yesterday	10과2항	대화 어휘
언니	older sister to younger females	7과1항	과제 2
언어 교환	language exchange	9과1항	과제 3
언제	when	9과1항	문법 어휘
없다	to not exist, to not have	5과2항	대화 어휘
에서	from	3과2항	과제 1
여권	passport	5과1항	주제 어휘
여기	here	3과2항	문법 어휘
여덟	eight	7과2항	주제 어휘
여동생	younger sister	7과1항	과제 2
여러분	you all	7과1항	문법 어휘
여름	summer	8과1항	문법 어휘
여섯	six	7과2항	주제 어휘
여자	female	7과2항	주제 어휘
여행	travel	8과2항	과제 1
역사학	History	8과2항	주제 어휘
연구원	researcher	4과1항	주제 어휘
연락	contact	6과2항	문법 어휘
연습하다	to practice	10과2항	과제 3
연필	pencil	4과2항	문법 어휘
열	ten	7과2항	주제 어휘
열쇠	key	5과1항	주제 어휘
열심히	hard, diligently	5과1항	과제 1
영국	The United Kingdom	3과2항	주제 어휘
영문학	English literature	8과2항	주제 어휘
영어	English language	5과1항	과제 1
영화	movie	4과2항	문법 어휘
영화관	movie theater	6과2항	주제 어휘
옆	next to	6과1항	주제 어휘
예쁘다	to be pretty	8과1항	주제 어휘
예습하다	to prepare one's lesson	9과2항	과제 3
오늘	today	4과2항	과제 2
오다	to come	4과2항	주제 어휘
오빠	older brother to younger females	7과2항	주제 어휘
오월	May	9과2항	주제 어휘
오전	AM, morning	9과1항	주제 어휘
오후	PM, afternoon	9과1항	주제 어휘

올해	this year	10과2항	주제 어휘
옷	clothes	4과2항	문법 어휘
옷걸이	hanger	5과2항	주제 어휘
옷장	closet	5과2항	과제 3
왔어요	came	3과2항	과제 1
외할머니	maternal grandmother	7과2항	주제 어휘
외할아버지	maternal grandfather	7과2항	주제 어휘
요일	day of a week	9과2항	대화 어휘
요즘	nowadays, lately	8과1항	과제 1
우리	our	3과1항	문법 어휘
우리	we	3과1항	문법 어휘
우산	umbrella	7과2항	문법 어휘
우유	milk	8과2항	문법 어휘
우체국	post office	6과1항	주제 어휘
운동	exercise	7과1항	주제 어휘
운동선수	athlete	4과2항	과제 3
웃다	to laugh	4과2항	문법 어휘
원	won(monetary unit of Korea)	9과1항	주제 어휘
월	month	9과2항	대화 어휘
월요일	Monday	9과2항	주제 어휘
위	above	6과1항	주제 어휘
유월	June	9과2항	주제 어휘
은행	bank	6과1항	대화 어휘
은행원	banker	4과1항	주제 어휘
음식	food	7과1항	문법 어휘
음악	music	7과1항	문법 어휘
의사	doctor	4과1항	주제 어휘
의자	chair	5과2항	주제 어휘
의학	medicine, medical science	8과2항	주제 어휘
이	this	3과1항	과제 1
2(이)학년	sophomore, second-grade	3과1항	문법 어휘
이것	this(thing)	5과1항	대화 어휘
이를 닦다	to brush one's teeth	10과1항	주제 어휘
이름	name, given name	3과1항	주제 어휘
이메일	e-mail	6과2항	문법 어휘
이번 달	this month	10과2항	주제 어휘
이번 주	this week	10과2항	주제 어휘
이야기	talk	7과1항	주제 어휘
이월	February	9과2항	주제 어휘
이탈리아	Italy	7과1항	문법 어휘
인도	India	3과2항	문법 어휘
인사하다	to greet	3과2항	과제 2
인터넷	internet	7과2항	문법 어휘
인터뷰	Interview	10과2항	과제 3
인턴 사원	intern employee	9과1항	대화 어휘
일	work	7과1항	주제 어휘
일	day	9과2항	대화 어휘
1(일)학년	freshman, first-grade	3과1항	문법 어휘
일곱	seven	7과2항	주제 어휘
일기	diary	8과1항	과제 1
일본	Japan	3과2항	대화 어휘
일어나다	to get up	10과1항	대화 어휘
일요일	Sunday	9과2항	주제 어휘
일월	January	9과2항	주제 어휘

일찍	early	10과1항	과제 2
일하다	to work	4과2항	문법 어휘
읽다	to read	4과2항	주제 어휘
입다	to wear	4과2항	주제 어휘
잇다	to connect	8과2항	문법 어휘
있다	to exist, to have	5과2항	대화 어휘

ㅈ			
자	ruler	5과1항	주제 어휘
자다	to sleep	4과2항	주제 어휘
자전거	bicycle	8과2항	과제 2
자주	often	7과1항	대화 어휘
작년	last year	10과2항	주제 어휘
작다	to be small	5과2항	주제 어휘
잘	well	8과1항	과제 1
잠	sleep	10과1항	주제 어휘
잡수시다	to eat(honorific)	7과2항	주제 어휘
잡지	magazine	5과1항	주제 어휘
재미있다	to be fun	7과1항	과제 1
재즈	jazz music	7과1항	문법 어휘
저	I	3과1항	대화 어휘
저	that	5과1항	주제 어휘
저것	that(thing)	5과1항	대화 어휘
저녁	evening, dinner	4과2항	과제 2
적다	to be little, to be few	5과2항	주제 어휘
전공하다	to major in	8과2항	대화 어휘
전화	phone call	7과1항	대화 어휘
전화하다	to make a phone call	4과2항	문법 어휘
점심	lunch	9과1항	문법 어휘
젓가락	chopsticks	6과2항	문법 어휘
젓다	to stir	8과2항	문법 어휘
정치학	politics	8과2항	주제 어휘
제	my	3과1항	문법 어휘
제주도	Jeju Island	8과1항	과제 1
조용하나	to be quiet	8과1항	대화 어휘
좀	a little	8과1항	대화 어휘
좁다	to be narrow	8과1항	주제 어휘
종이	paper	5과1항	주제 어휘
좋다	to be good	5과2항	주제 어휘
좋아하다	to like	4과2항	문법 어휘
주다	to give	4과2항	문법 어휘
주말	weekend	10과1항	과제 2
주머니	pocket	5과1항	과제 1
주무시다	to sleep(honorific)	7과2항	주제 어휘
주부	housewife	7과2항	과제 1
주스	juice	5과2항	문법 어휘
중국	China	3과2항	문법 어휘
지갑	wallet	5과1항	주제 어휘
지금	now	5과1항	문법 어휘
지난달	last month	10과2항	주제 어휘
지난주	last week	10과2항	주제 어휘
지도	map	5과2항	대화 어휘
지우개	eraser	5과1항	주제 어휘
지하	underground	6과1항	과제 2

지하철	subway	6과2항	대화 어휘
질문	question	7과1항	주제 어휘
집	house	6과2항	대화 어휘
짓다	to make/to build	8과2항	문법 어휘
쯤	or so, around	9과1항	과제 2
찌개	stew	5과1항	문법 어휘

ㅊ			
차	tea	7과1항	문법 어휘
착하다	to be good-natured, to be nice	7과2항	과제 3
창문	window	5과2항	주제 어휘
책	book	4과2항	문법 어휘
책상	desk	5과1항	주제 어휘
책장	bookshelf	5과2항	과제 3
처음 뵙겠습니다	nice to meet you	4과2항	대화 어휘
청소하다	to clean up	10과1항	과제 2
체육관	gym	6과1항	과제 3
초등학생	elementary school student	7과2항	과제 3
촬영하다	to film	10과2항	과제 3
추다	to dance	4과2항	문법 어휘
추석	Chuseok, Korean Thanksgiving Day	9과2항	과제 1
춤	dance	4과2항	과제 1
춥다	to be cold	8과1항	주제 어휘
층	floor	6과1항	과제 1
치마	skirt	10과2항	과제 1
친구	friend	3과1항	문법 어휘
친절하다	to be kind	8과1항	과제 2
칠월	July	9과2항	주제 어휘
칠판	board	5과2항	주제 어휘
침대	bed	6과1항	과제 1

ㅋ			
카드	credit card	5과1항	주제 어휘
카페	cafe	6과1항	과제 3
캐나다	Canada	3과2항	문법 어휘
캐모마일차	camomile tea	7과1항	문법 어휘
커튼	curtain	5과2항	문법 어휘
커피	coffee	7과1항	문법 어휘
커피숍	coffee shop	6과2항	문법 어휘
컴퓨터	computer	5과2항	과제 3
컴퓨터 공학	computer engineering	8과2항	주제 어휘
컴퓨터과학과	department of computer science	3과1항	과제 2
컴퓨터실	computer lab	6과1항	과제 3
케이팝	K-pop music	7과1항	문법 어휘
콘서트	concert	10과2항	과제 3
크다	to be big	5과2항	주제 어휘
크리스마스	Christmas	9과2항	주제 어휘
크리스마스 이브	Christmas Eve	9과2항	과제 2
클래식	classical music	7과1항	문법 어휘
키보드	keyboard	5과2항	과제 3

ㅌ			
타다	to take, to ride	4과2항	문법 어휘
태국	Thailand	3과2항	주제 어휘

택시	taxi	8과2항	과제 2
테니스	tennis	7과1항	문법 어휘
텔레비전	television	5과2항	주제 어휘
토론토	Toronto	3과2항	과제 2
토요일	Saturday	9과2항	주제 어휘

ㅍ			
파티	party	9과2항	과제 2
팔월	August	9과2항	주제 어휘
편의점	convenience store	6과2항	주제 어휘
편지	letter	8과1항	과제 1
포크	fork	6과2항	문법 어휘
프랑스	France	3과2항	문법 어휘
프로그래머	programmer	8과2항	주제 어휘
피아노	piano	8과2항	과제 1
피자	pizza	10과2항	과제 2
필통	pencil case	5과1항	주제 어휘

ㅎ			
하나(한)	one	7과2항	주제 어휘
하다	to do	4과2항	문법 어휘
하루	a day	10과1항	과제 1
하숙집	bording house	6과2항	과제 1
하와이	Hawaii	8과2항	과제 2
하지만	but	7과1항	과제 1
학생	student	3과1항	문법 어휘
학생 식당	student cafeteria	9과1항	문법 어휘
학생증	student card	3과1항	주제 어휘
학생회관	student center	6과1항	대화 어휘
한국	Korea	3과2항	대화 어휘
한국말	Korean language	6과2항	문법 어휘
한국어	Korean language	3과1항	주제 어휘
한글날	Hangul Proclamation Day	9과2항	과제 1
한라산	Halla Mountain	8과1항	과제 1
할머니	grandmother	7과2항	주제 어휘
할아버지	grandfather	7과2항	주제 어휘
형	older brother to younger males	7과2항	주제 어휘
형제	sibling	7과2항	주제 어휘
호주	Australia	3과2항	주제 어휘
혼자	alone	5과1항	과제 2
화요일	Tuesday	9과2항	주제 어휘
화장실	toilet	6과1항	주제 어휘
회사	company	6과2항	주제 어휘
회사원	office worker	4과1항	대화 어휘
회의	business meeting	9과1항	과제 2
휴대폰	cellular phone	5과1항	과제 1
휴지	tissue	5과1항	주제 어휘

문법 색인

ㄱ	
-고[1]	8과1항
-고[2]	10과1항

ㄷ	
ㄷ 동사	7과2항
도	5과2항

ㅁ	
못	7과1항
무슨	7과1항

ㅂ	
ㅂ 동사	8과1항
부터 까지	9과1항

ㅅ	
ㅅ 동사	8과2항

ㅇ	
안	7과1항
-어요	4과2항
-었-	10과2항
에	10과1항
에 가요	6과1항
에 있어요(없어요)	5과2항
에서	8과2항
-으러	9과1항
으로[1]	6과2항
-으면	10과2항
-으세요[1]	7과2항
-으세요[2]	9과2항
은/는[1]	3과1항
은/는[2]	5과1항
은/는[3]	6과1항
-을 거예요	9과2항
을/를	4과2항
의	5과1항
이/가	3과2항
이/가 아니에요	4과1항
이나[1]	6과2항
이에요	3과1항
이에요?	3과2항

ㅎ	
하고(과/와)	4과1항

memo 메모

memo 메모

YONSEI KOREAN

for college students

101 부록